Licht aus der Tiefe der Zeit

edition pen Band 216
Die edition pen wird im Auftrag des
Österreichischen P.E.N. herausgegeben.
Redaktion: Helmuth A. Niederle

Licht aus der Tiefe der Zeit

Predigten des lusitanischen
Jesuitenpaters Antonio Vieira
(1608–1697)

Herausgegeben von Gloria Kaiser
und Roman A. Siebenrock

Aus dem Portugiesischen
übertragen und mit Kommentaren
von Gloria Kaiser

Mit einem Essay von
Roman A. Siebenrock
sowie zwei Vignetten von
Reinhart Hosch und
Helmuth A. Niederle

Löcker

Gedruckt mit freundlicher Unterstützung der Kulturabteilung der Stadt Wien (MA7), Wissenschafts- und Forschungs-förderung.

Lektorat: Reinhart Hosch

Herstellung: Prime Rate, Budapest
ISBN 978-3-99098-128-3

Inhalt

»Wie sollen Worte sein?

Worte müssen sein wie die Sterne,
klar, verständlich und erhaben.

Worte müssen so genau sein, dass jene
sie verstehen, die nicht gebildet sind,
und sie müssen so erhaben sein,
dass jene, die gebildet sind,
viel Nutzen davon haben.

Der Bauer findet in den Sternen
Fingerzeige für seine Arbeit,
der Seemann für die Schifffahrt,
der Mathematiker für seine
Beobachtungen und Berechnungen.

So sollen Worte sein.«

Antonio Vieira SJ

Roman A. Siebenrock

Ignatianische Vorgehensweise Theologische Orientierung für die Predigtsammlung

Dass Pater Antonio Vieira ein Jesuit war, besagt mehr als eine soziologische Gruppenzugehörigkeit. Mit seiner Ordenszugehörigkeit sind eine spirituelle Bildung und eine methodische Vorgehensweise verbunden, die nicht nur sein Leben, sondern seine ganze seelsorgerliche Arbeit durchdringen. Wenn Predigten P. Vieiras SJ, die hier in kluger Auswahl als eine Einführung in den christlichen Weg zusammengefasst und in deutscher Sprache herausgegeben werden, heute noch von Kraft und Inspiration sind, dann liegt das natürlich an der überragenden Persönlichkeit dieses Wanderers zwischen den Welten. Aber es dürfte auch daran liegen, dass er aus einer Quelle neuzeitlicher Frömmigkeit und Theologie schöpft, die bis heute nicht versiegt ist, ja deren Bedeutung immer wieder neu erschlossen werden kann und soll. Karl Rahner fasst die Bedeutung des Ordensgründers, des Basken Ignatius von Loyola, und seiner Exerzitien mit Worten zusammen, die diese epochale Bedeutung unterstreichen:

»Die unter den einfachen Worten des Buches verborgene Theologie gehört zu den wichtigsten Grundlagen des abendländischen Christentums der Neuzeit, ja ist in der Schultheologie der Kirche und der üblichen Praxis der Frömmigkeit noch gar nicht völlig eingeholt, sondern hat noch eine große Zukunft. Denn bei aller Selbstverständlichkeit, mit der sich der hier skizzierte Vorgang einer totalen Lebensentscheidung auf dem Boden eines überlieferten Christentums und einer römisch-katholischen Kirchlichkeit abspielt, wollen diese «Übungen» den Menschen eine radikale Unmittelbarkeit zu Gott erfahren lassen, die für Ignatius auch alles Christliche und Kirchliche letztlich trägt und umfasst. Ignatius ist davon überzeugt, dass eine solche «mystische» Unmittelbarkeit zu Gott wirklich möglich ist. Diese Unmittelbarkeit zu Gott ist für Ignatius in einem gegenseitigen Bedingungsverhältnis in Einheit mit der Begegnung mit Jesus, dem Armen, Gekreuzigten und Auferstandenen. Diese Unmittelbarkeit zu Gott ereignet sich für Ignatius in der von Gott gegebenen, existentiell in «Armut» realisierten Indifferenz, die biblisch Freiheit über alle Mächte und Gewalten heißt und im Mitvollzug des armen und in Gottes Unbegreiflichkeit hinein sterbenden Lebens Jesu geschieht. Aber diese Unmittelbarkeit zu Gott über alle Einzelwirklichkeiten der menschlichen Existenz hinaus bedeutet für Ignatius doch nicht (nur) ein mystisches Sichverlieren in der schweigenden Unbegreiflichkeit Gottes. Die ignatianischen Übungen stellen eine Logik der existentiellen Entscheidung dar, in der die Einmaligkeit des einzelnen Menschen und die Einmaligkeit des Willens Gottes über alle bloße Normativität allgemeiner Prinzipien hinaus zum Durchbruch kommt. Von seiner Freiheit in Gott und von Gott selbst her kehrt der Mensch zur konkreten Entscheidung, zur konkreten Aufgabe und Tat in dieser Welt zurück, vollzieht er den schöpferischen und erlösenden Abstieg der Liebe Gottes zu Seiner Welt mit, um Gott nicht nur in Seiner weiselosen Unbegreiflichkeit allein, sondern in allem zu finden.«[1]

Deshalb erschien es sinnvoll, die Predigten in diesem Band als mystische Einführung in den christlichen Glaubens- und Lebensweg mit einer ignatianischen Orientierung zu ordnen. Dabei erschienen die vier Wochen der großen Exerzitien als hilfreicher Rahmen. Dieses Herzstück ignatianischer Frömmigkeit ist nicht nur für die Mitglieder des Ordens zentral, sondern kann Christgläubige und auch andere Menschen

---

1 Rahner, Karl, »Vorwort zu Adolf Haas: Ignatius von Loyola: Geistliche Übungen«. In: Karl Rahner: *Sämtliche Werke*, 25 (2008). Freiburg-Basel-Wien, 232–233, hier 232.

zu einem bewussten Leben inspirieren. Der Orden und seine Mitglieder strukturieren mit diesem Instrument ihre doppelte Zielorientierung, den Seelen, den Menschen zu helfen und alles zu je größeren Ehre Gottes zu tun.[2]

In den Exerzitien wollte Ignatius seine eigenen spirituellen Erfahrungen für alle nützlich werden lassen. Sein Charisma wirkt, wie es Paulus forderte (1 Kor 12–13), bis heute für viele erbauend, tröstend und die Liebe fördernd. Daher sind sie nicht zuerst zu lesen, sondern einzuüben. In ihnen geht es darum, den konkreten Willen Gottes für das eigene Leben zu finden. Diese Grundanliegen haben die hier veröffentlichten Predigten tief geprägt. Statt als Schlussfolgerung entwickeln die Exerzitien ihre Kraft als geistlichen Prozess, der die Komplexität des christlichen Lebens nicht reduziert, sondern in einer Unterscheidung der Geister diese miteinander verbindet, um so den Menschen einen eigenen Weg vor Gott zu ermöglichen. Wir können diese Suche nach dem Willen Gottes für den Einzelnen auch als seine Berufung bezeichnen. Um den gesamten Weg der Exerzitien vor Augen zu haben, soll hier zunächst in einer ersten Orientierung der Weg skizzenhaft vorgestellt werden.[3]

---

2 Heute wird diese allgemeine Grundorientierung durch vier »Universale Apostolische Präferenzen« konkretisiert: »1. Ein Weg zu Gott: Durch Unterscheidung und Geistliche Übungen Gott finden helfen. 2. An der Seite der Benachteiligten: Gemeinsam mit den Armen, den Verworfenen der Welt, den in ihrer Würde Verletzten auf dem Weg sein, gesandt zu Versöhnung und Gerechtigkeit. 3. Mit jungen Menschen: Jugendliche und junge Erwachsene bei der Gestaltung einer hoffnungsvollen Zukunft begleiten. 4. Für die Schöpfung: In der Sorge für das Gemeinsame Haus zusammenarbeiten« (siehe: https://www.jesuiten.org/apostolische-praeferenzen).

3 Der Text der Exerzitien, der »geistlichen Übungen« des Ignatius werden mit der klassischen Nummernabkürzung zitiert nach: Ignatius von Loyola, »Geistliche Übungen«. MI Ex, 140–416. In: Ignatius von Loyola (Hg.): *Deutsche Werkausgabe*. Bd. II.: *Gründungstexte der Gesellschaft Jesu*. Unter Mitarbeit von Peter Knauer. 2 Bände. Würzburg 1998, 83–269. Für ein erstes Kennenlernen dieser Tradition sei verwiesen

Vier Wochen oder die vier Stadien der konkreten Suche

Die Exerzitien entwerfen einen geistlichen Weg auf 30 Tage hin, also ungefähr. vier Wochen. Mit Woche meint Ignatius nicht einen strengen 7-Tage-Zeitraum, sondern unterscheidbare Stadien auf dem Weg zur geistlichen Entscheidung mit der Rückkehr in den Alltag. Dass diese Stadien je ungefähr eine Woche dauern können oder sollen, ist ein Erfahrungswert, der nicht gepresst werden darf. Damit wird deutlich, dass die geistliche Erfahrung, das Erkennen des Willens Gottes für mein Leben, nicht gemacht oder gar fabriziert werden kann. Vielmehr bedarf es der Zeit, damit das ersehnte geistliche Ereignis sich vollziehen kann. In dieser Zeit soll eine Bereitung geschehen, die nicht der messbaren Zeit gehorcht. Einen Automatismus gibt es nicht. Gnade hat die christliche Tradition genannt, was heute als Unverfügbarkeit[4] bedacht wird.

Diese vier Wochen, die einen Prozess mit Unterscheidungen initiieren wollen, sodass wir nicht auf erste Stimmungen und plötzliche Einfälle verfallen, haben eine innere Logik und eine klare Strukturierung (EB 4). Die erste Woche ist der Gewissenserforschung gewidmet, die die Person vor allem mit der eigenen Verfallenheit und Sünde konfrontiert. Ohne radikale Ehrlichkeit zu sich selbst ist ein geistlicher Prozess

auf: Köster, Peter; Adriessen, Hans, *Sein Leben ordnen. Anleitung zu den Exerzitien des Ignatius von Loyola.* Freiburg – Basel – Wien 1991; Haub, Rita; Paal, Bernhard, *Die Exerzitien des Hl. Ignatius. Bilder und Betrachtungen.* Würzburg 2006. Einen kontemplativen Zugang hat ermöglicht: Jalics, Franz, *Kontemplative Exerzitien. Eine Einführung in die kontemplative Lebenshaltung und in das Jesusgebet.* Würzburg 2016. Gefesselt hat mich die Biographie: Tellechea, Ignacio, *Ignatius von Loyola »Allein und zu Fuß«. Eine Biographie.* Aus dem Spanischen von Georg Eickhoff. Zürich – Düsseldorf 1998. Wichtig ist mir die Exerzitienauslegung Karl Rahners geworden: »Betrachtungen zum Ignatianischen Exerzitienbuch«. In: Karl Rahner: *Sämtliche Werke*, 13. Freiburg-Basel-Wien 2006, 35–265, sowie: Einübung priesterlicher Existenz, in: Ebd., 269–437.

4 Rosa, Hartmut, *Unverfügbarkeit.* Frankfurt a.M. 2020.

nicht möglich. Nichts soll unter den Teppich gekehrt werden, nichts aber auch isoliert und damit nur negativ gelesen werden. Die begleitende Person darf sich nicht in diesen Prozess direkt einmischen, weil Gott unmittelbar mit dem Geschöpf handeln möchte (EB 15). Schon hier beginnt jene Unterscheidung der Geister, die das Herz des Prozesses darstellt. Dieser Prozess beansprucht alle geistigen Fähigkeiten des Menschen – Erinnerung, Verstand, Wille und Gefühl – und setzt auf die vorausgehende und immer neu sich als die eigentliche Wirklichkeitsmacht der Geschichte erweisende Liebe Gottes. Deshalb sind die nächsten drei Wochen durch die Betrachtungen der Gestalt Jesu geprägt, in der uns Gott mit seiner Liebe und Selbstmitteilung entgegengekommen ist und uns auch hier und heute rufen und prägen möchte (Contemplatio de amore: EB 234). Diese drei Wochen entwickeln die geistliche Unterscheidung im Blick auf das Leben Jesu. Alle können »socius Jesu« werden, weil in der Nachfolge und in der Teilhabe am Leben Christi Christsein besteht: »Christus lebt in mir« (Gal 2, 20). Christus selbst setzt Sein Leben in unserem fort. Die zweite Woche ist dem Leben Jesu bis zum Einzug in Jerusalem gewidmet, die dritte Woche der Passion und die vierte Woche der Auferstehung und Himmelfahrt.

Diese vier Wochen haben ihre je eigenen Gebetsweisen, durch die die Exerzitanden eine immer tiefere Vertrautheit erfahren können, mit sich selbst, dem Evangelium und den Möglichkeiten des eigenen Lebens in der Nähe Gottes, der es zur guten Vollendung hin zu bewegen sucht. Doch diese Erwägungen finden unter der Vorgabe einer hoffnungsvollen Interpretation des Evangeliums statt.

Die Voraussetzungen: Gottes vorausgehende Liebe

Normalerweise sind wir von sehr unterschiedlichen Stimmungen und Sehnsüchten geprägt. Ignatius spricht hier gerne von »Geistern«, d.h. Stimmungen und geistigen Bewegungen.

Da die Exerzitien versprechen, das eigene Leben zu ordnen und es auf den Willen Gottes auszurichten, ist es ihr erstes Anliegen, ungeordnete Neigungen zu überwinden (EB 1). Mit unterschiedlichen Methoden – Gebet, Betrachtung und Zwiegespräch mit Gott und den Heiligen – kann eine erste Voraussetzung ermöglicht werden (EB 3). Wir Menschen erkennen auch uns selbst nur im Gespräch mit und in der Begleitung von anderen Menschen. Selbsterkenntnis ohne die anderen ist nicht möglich. Wie kann aber ein anderer mich selbst so spiegeln, dass ich mich wahrhaft zu erkennen vermag?

Das ist nur möglich, wenn der andere selbst von Gott herkommt und der vorausgesetzten Beziehung zwischen Gott und Seinem Geschöpf dient, nicht ihr im Wege steht. Ignatius ist tief davon überzeugt, dass Gott mit Seinem Geschöpf unmittelbar handeln, ja sich Seinem Geschöpf mitteilen möchte (EB 15; EB 234). Weil wir Menschen aber von allen möglichen Regungen und Vorstellungen verstellt sind, kommt der Person, die die Exerzitien gibt, die Aufgabe zu, geistliche Bewegungen zu ermöglichen. In diesen Prozessen erkennt Ignatius aus eigener Erfahrung ein ganz besonderes Phänomen: den Trost. Er weiß aber auch um Trostlosigkeit, innere Unruhe und Unzufriedenheit.[5] Von zentraler Bedeutung bleibt, dass die beglei-

---

5 Da die Predigten keinen Exerzitienprozess im eigentlichen Sinne anstoßen können, weil dieser nur im geschützten Raum möglich wird, sei wenigstens darauf verwiesen, dass mit dem Phänomen »Trost« jene Erfahrung zum Ausdruck kommt, in welcher der Mensch sicher werden kann, in der Wahl den Willen Gottes zu erfüllen. Für diesen Prozess kennt Ignatius drei Wahlzeiten. Die erste Wahlzeit entspricht einer plötzlichen selbstevidenten Erfahrung. Die zweite Wahlzeit entwickelt sich in einem Abwägen mit der Erfahrung eines Trostes ohne vorhergehende Ursache. Die dritte Wahlzeit kann als Überlegen und eher rationales Entscheiden bestimmt werden. Die anhaltende Diskussion um das Verständnis und die Bedeutung der einzelnen Wahlzeiten kann hier nicht wiedergegeben werden. Dazu darf ich verweisen auf: Zahlauer, Arno, *Karl Rahner und sein »produktives Vorbild« Ignatius von Loyola.* Innsbrucker theologische Studien, 47. Innsbruck-Wien 1996. Für eine

tende Person sich nicht in den Prozess selbst einzumischen versucht.[6] Vielmehr muss und soll sie vor voreiligen Entscheidungen schützen, sodass ein wirklich ebenso freier wie radikal engagierter Prozess zwischen Gott und Seinem Geschöpf geschehen kann. Oft muss sie dazu verhelfen, dass die Person, die die Exerzitien nimmt, gegen eine erste Orientierung arbeitet (EB 16: »contra agere«), damit diese Person »indifferent« werden kann, d.h. von sich selbst her keine bestimmte Lebensorientierung bevorzugt; auch nicht einen geistlichen Weg. Für mich gehört es zu den herausragenden Unterscheidungen des Ignatius, dass nicht immer fromm ist, was einem so erscheint. Vielmehr kommt der böse Geist den Frommen fromm und den Laschen lasch. Ich muss mich also gut kennengelernt haben, bevor ich über meine Regungen eine Entscheidung treffen kann.

Die fruchtbaren Spannungen des geistlichen Lebens kultivieren

Dazu muss allerdings die Person jene konstitutiven Spannungen zulassen und als fruchtbar erfahren, die das ganze christliche Leben prägen; – und die für Ignatius besonders wichtig werden. Ignatius ist sich sehr bewusst, wie eng und diffizil sich göttliches und menschliches Handeln verbinden, wie Gnade und Freiheit interagieren (EB 184/237). Eine Konkurrenzvorstellung ist ihm ebenso fremd wie eine Passivität

allgemeine Theologie der Berufung wurde die ignatianische Weise der Unterscheidung der Geister fruchtbar gemacht bei: Rojas, Hernán J., »Wohin, Herr, willst du mich bringen?«. Eine Theologie der Berufung im Gespräch mit Karl Rahner. Innsbruck 2020. Rojas kann nachweisen, dass in allen Wahlzeiten das Wachsen in der je größeren Gottes- und Nächstenliebe als das selbstverständliche Grundkriterium aller Entscheidungen anzusehen ist.

6 Dieses Prinzip nicht anzuerkennen, ist die Ursache für jenes Übel, das wir heute »geistlichen Missbrauch« nennen.

des Menschen. Gottes entschiedener Heilswille wird realisiert auf dem Weg menschlicher Heilsaneignung, die von einer klaren Grundoption geprägt sein muss. Selbstverständlich bezieht sich das Heilsereignis in Christus auf alle Menschen (EB 102; EB 95). Diesem universalen Heilswillen sollen die Jüngerinnen in ihrer Sendung verpflichtet bleiben (EB 145f; EB 95). Jedem Menschen ist hinreichend Gnade und Nähe Gottes geschenkt.[7]

Die Dynamiken von Gottes geschichtlichem Handeln und der Freiheit des Menschen, die sich in persönlichen Erfahrungen widerspiegeln, müssen also von einer Grundoption getragen bleiben, wenn sie das Evangelium nicht verraten wollen. Ignatius hat einen genauen Blick für die Doppelbödigkeit unserer Selbstwahrnehmung. In traditioneller Sprache (»Geister«; »böser Feind«) sollen die Exerzitanden lernen, dass nicht alles, ich muss es wiederholen, was fromm und christlich erscheint, auch schon deshalb wirklich christlich ist. Nirgends sind wir Menschen so gefährdet, wie wenn wir uns fromm, vernünftig und gut vorkommen. Es bedarf des zweiten kritischen Blicks.

Gottes Kampf gegen die Mächte des Bösen und der Prozess der Unterscheidung der Geister, dem sich die Person unterzieht, findet ihren Höhepunkt in der sogenannten »Zwei-Banner-Meditation« (EB 136–148). In den Betrachtungen der Exerzitien sollen die Exerzitanden immer einen Platz bereiten, damit sie aktiv an den biblischen Betrachtungen oder als heilsgeschichtliche Szenen erklärten Konstellationen teilnehmen können. Die Liebe der frühen Gesellschaft Jesu zum Theater dürfte hier ihre Inspirationsquelle haben. Kraft eigener Imagination kann die Person dadurch sich selbst unmittelbar in die

---

7 Dass alle Menschen im Heiligen Geist die Möglichkeit haben, dem Tod und der Auferstehung Jesu verbunden zu sein, hat das Zweite Vatikanische Konzil gelehrt (*Gaudium et spes* 22). Hier heißt es sogar, dass diese Menschen dem Mysterium Christi »zugesellt« werden (»consocientur«).

Szene involvieren. Die »Zwei-Banner-Besinnung« arrangiert die lebenstragende Fundamentalentscheidung eines Menschen mit den Bildern zweier gegeneinander gestellten Heere. Die militärischen Bilder können vielleicht noch heute darauf hinweisen, dass um diese fundamentale Entscheidung eines Lebens hart gerungen werden muss, nicht nur einmal, sondern wohl immer wieder neu. In der Kraft der Imagination wird die Rede Luzifers skizziert, die typologisch alle Großmächte dieser Welt symbolisiert: Ganz dem zeitlich-irdischen verhaftet werden seine Anhänger mit weltlicher Ehre, Reichtum und Hochmut zu fesseln gesucht. Auf den ersten Blick ist dies attraktiv. Warum nicht Vizekönig in Brasilien werden, oder Chef eines Weltkonzerns? Solche Ambitionen sind auch nach Ignatius nicht von vornherein als schlecht zu verwerfen, wenn sie dem Willen Gottes entsprechen und nicht unter frommer Bemäntelung den eigenen Egoismen frönen.

Wodurch aber ein Christ seine Ambitionen läutern und prüfen soll, wodurch er allein das wahre Leben zu finden vermag, wird in der zweiten Rede, der Rede Christi, deutlich. Beide Reden werde nicht wörtlich ausgeführt, sondern nur in ihren Grundoptionen vorgestellt. Damit können die Exerzitanden selbst erwägen, wie heute Christus alle Seine Knechte und Freunde ruft. Was empfiehlt Er ihnen? Sie sollen allen helfen wollen, indem sie eine »Karriere nach unten« antreten, deren Siegel immer die geistliche und aktuale Armut ist und die im Erlernen der Demut ihr Ziel gewinnt. Dabei sind drei Stufen zu erwägen, die die Grundoption für Jesus Christus ausbuchstabieren: »die erste: Armut gegen Reichtum; die zweite: Schmähung oder Geringschätzung gegen die weltliche Ehre; die dritte: Demut gegen den Hochmut« (EB 146). Nur auf diesen drei Stufen wird Tugend, das heißt: Befähigung zu einem gelingenden Leben, möglich. Diese Vorstellung einer radikalen Alternative ist zutiefst biblisch. Am Ende des letzten Buches der Thora stellt Moses das Volk vor diese radikale Alternative, die in unser aller Leben eingeschrieben ist: »Siehe, hiermit lege ich dir heute das Leben und das Glück, den Tod und das Unglück vor« (Dtn 30, 15).

Aus dieser Grundsatzentscheidung entwickelt sich ein anhaltendes Ringen, das Ignatius im Motiv des Kampfes und Feindes drastisch schildert. Ziel jedoch ist nicht Zerstörung und Vernichtung, sondern der Weg der Passion, die Teilhabe am Leiden Jesu (EB 196; 313). Das Herz will sich von diesem Bösen selbst lösen, indem es zuerst in der Unterscheidung der Geister den Prozess durchführt, um dann in der täglichen Treue unter dem Banner des Kreuzes diese Wahl zu leben. Doch dieser Weg kann in der Geschichte nur »sub contrario« gelebt werden. Die je größere Ehre Gottes ist mit der Vorliebe für Armut und Niedrigkeit verbunden, die Ignatius auch mit dem Begriff »Selbstverachtung« (EB 146) zu beschreiben vermag. Die Letztorientierung an der je größeren Ehre Gottes, »ad maiorem Dei gloriam« (AMDG), wird aber immer von Gottes Liebe bewegt sein müssen (EB 46; 179;183; 184).

Die Schlussbetrachtung der vierten Woche (»Betrachtung, um Liebe zu erlangen«, EB 230–237), durch die die Exerzitanden in ihren Alltag entlassen werden, um Gott in allen Dingen zu finden, ist eingangs von der Betrachtung getragen, dass Gott sich dem Menschen in Christus ganz geschenkt hat (EB 234) und dass Er täglich schwere Arbeit auf sich nimmt: »para mì« (EB 236). Diese Betrachtung birgt in sich ein Gebet, das »Suscipe«, das jene Haltung bewirken möchte, die das Leben in allem zu tragen vermag: »Nehmt, Herr, und empfangt meine ganze Freiheit, mein Gedächtnis, meinen Verstand und meinen ganzen Willen, all mein Haben und mein Besitzen. Ihr habt es mir gegeben; Euch, Herr, gebe ich es zurück. Alles ist Euer, verfügt nach Eurem ganzen Willen. Gebt Eure Liebe und Gnade, denn diese genügt mir« (EB 234). In dieser Haltung kann der Mensch nun beginnen, nach dem je größeren Gut zu suchen. Dieses ist aber in der je größeren apostolischen Fruchtbarkeit im Raum der Kirche zu finden. Das ist für Ignatius selbstverständlich: Die Wahl erfolgt immer in den

Grenzen, die von der Kirche bestimmt worden sind (EB 170, 177; v.a. 352–370).

Leitorientierung: Jesus Christus

Die Konzentration auf die verschiedenen Betrachtungen der Mysterien des Lebens Jesu, die als Grundstruktur der Suche nach dem Willen Gottes die Exerzitien prägt, ist deshalb von besonderer Bedeutung, weil Jesus Christus in Seiner Person beide Aspekte in exemplarischer Vollendung gelebt hat: die menschliche und die göttliche Begegnung zum Heil der ganzen Schöpfung. Insofern ist die christologische Matrix wohl auch in den Predigten des Antonio Vieira SJ immer wieder zu entdecken. Doch wohl nicht nur diese, sondern auch der Exerzitienprozess mit seinen vier Etappen und die Grundorientierung, dass Gott heute auch mit den Menschen handeln möchte, d.h. Sein Reich zu verwirklichen sucht, schwingen immer neu mit. Die Hörenden zum Abwägen zu bewegen, das Beispiel der Heiligen vor Augen zu stellen mit einer radikalen Grundentscheidung, die Hörenden auch zu konfrontieren mit ihrer Scheinheiligkeit oder auf Reichtum und Ehrsucht ausgerichteten Selbsttäuschung; immer wieder aber mit der Zusage des Trostes und der Auferbauung zu einem geistlichen Prozess der Umkehr zu ermutigen, …; – all das wird in den Predigten dieses Buches zu finden sein. Aber auch die Ermutigung, die Zusage der Liebe Gottes, die tröstet und aufrichtet, und vor allem Gottes besondere Liebe zu den Armen. In allen Predigten sind jene zwei Grundorientierungen als Matrix zu erkennen, die einen Jünger des Ignatius auszeichnen sollten: den Seelen zu dienen; und alles zur je größeren Ehre Gottes zu tun. Darin wächst immer jene Demut, die wir, wie Ignatius selbst sagt, am spätestens und am schwersten erreichen können. In dieser Selbstvergessenheit aber erwächst jenes Leben, das ganz aus der Liebe und Gnade Gottes wird.

Gloria Kaiser

Prolog

Für Schreibende von literarischen Biografien werden jene Personen, über die sie oder er arbeitet und forscht, meist Vertraute, beinahe Freunde, auch wenn sie aus einem anderen Jahrhundert sprechen – ich denke in meinem Fall an Dona Leopoldina, an Anita Garibaldi, an Pedro II., an Maria-Glória, an Christina von Schweden. Die erforschten Figuren kommen und gehen, im Guten, und es ist eine besondere Fügung, wenn aus ihrer Vielzahl immer wieder eine Figur, ein Mensch heraus leuchtet und Orientierung gibt.

Und wir bedürfen der Orientierung, denn welches Leben läuft schon flach und geradlinig. Vielleicht sieht es manchmal so aus. Doch wir wissen, unser Inneres wird oft gewendet und gewalkt, lange Phasen des Durchhaltens werden uns abverlangt, Arbeit und Einsatz ohne sichtbares Ergebnis, von Erfolg gar nicht zu reden.

Wer wird es also leugnen, wir brauchen Orientierung und eine Kraftquelle, um den uns vorgegebenen Weg zu bewältigen, bis wir in jener Spur gehen, für die wir vorgesehen sind. Oft schon wurde ich nach meinen Kraftquellen gefragt, und meine Antwort war meist ausweichend, denn die Frage erschien mir zu persönlich. Doch irgendwann ist die Zeit reif für eine Antwort. Jetzt.

Kraftquelle, glasklar und nie versiegend, welch ein schönes Bild. Genauso wichtig ist das Bild von ausgebreiteten Armen, die immer und in jeder Situation bereit sind aufzufangen.

Diese beiden Eigenschaften lebt für mich seit Jahrzehnten der lusitanische Jesuitenpater Antonio Vieira SJ. Das Lesen seiner Predigten, seiner Briefe nimmt die Erlebnisform von Gesprächen mit ihm an. Kristallklar seine Formulierungen, nie in Seichtheit abgleitend seine Beredsamkeit, immer ausgebreitet seine Arme. Mit Vieira im Gespräch, das ist Wahrheitssuche, tief gepflügt. Da kommt niemals Frömmelei auf, da wird nicht ausgewichen. Er ist, vor etwa 350 Jahren, Zeit seines Lebens niemals aus der Realität geflüchtet. Und vor allem, es gab bei ihm keinen Lebensbereich, der ihm fremd war; er kannte die Lebensphasen, die voll waren von Enttäuschung, in denen kein Weg an Schmerz und Bitternis vorbeiführte; er kannte die Suche nach der vollkommenen Liebe.

Gute Fügung hat mir Antonio Vieira SJ vor etwa dreißig Jahren zugeführt, und er hat sich nicht mehr aus meinen Forschungen zurückgezogen.

Dafür geht mein Dank nach Oben.

Und ganz irdisch darf ich meinen Dank an Univ. Professor Roman A. Siebenrock richten. Er ist seit Jahren der unverzichtbare Begleiter dieses Predigtprojektes. Mit wahrlich unendlicher Geduld gab Prof. Siebenrock Orientierung und Mut, das Projekt zu beginnen und dann auch fortzusetzen. Ohne seine Leitung und Begleitung wäre dieses Buch Idee geblieben.

Gloria Kaiser

Antonio Vieira SJ
6. Februar 1608 – 18. Juli 1697

Ein Portrait vor dem Hintergrund seiner Reisen in Europa und in Brasilien

Alles im langen Leben dieses Jesuiten ist außergewöhnlich.

Antonio Vieira SJ war einer der besten Rhetoriker seiner Zeit, war politisch unerschrocken und unermüdlich in seinem Einsatz als Missionar für Indios und Afrikaner. Immer stand er in absolutem Gehorsam zu seinem Orden, er formulierte seine Schriften bar aller Schnörkel, folgte stets dem Anspruch, **seine** Wahrheit auszudrücken.

Wahrheit – ein Begriff, der sich jeder Messbarkeit entzieht. Es leben in jedem Menschen wie in jeder Situation mehrere Wahrheiten – das ist der Grundton seiner Predigten und der ist stets tröstlich. Vieira ermutigt und richtet auf, gibt Kraft für Neubeginn, und wenn man sich mit seinem Werk beschäftigt, ist man bald im Sog seiner Sprachenergie, seiner Wahrheitssuche.

In seiner Diplomatentätigkeit war der Friedensgedanke der goldene Faden, den er bei keiner Verhandlung aus der Hand gab, und seine diplomatischen Reisen waren besonders heikle Aufgaben, fanden sie doch während des Dreißigjährigen Krieges statt.

Geboren wurde Antonio Vieira 1608 in Lissabon. Als er 6 Jahre alt war, übersiedelten seine Eltern mit ihm nach Salvador, der damaligen Hauptstadt Brasiliens. Dort kam er ins Colégio dos Jesuítas, der Companhia de Jesus. Mit 15 Jahren erlebte er eine Krise. Als Einwandererkind hatte er in der geschlossenen Gesellschaft der wohlhabenden Söhne der Zuckerbarone nicht wirklich Zugehörigkeit gefunden. Er war in einem Maße verunsichert, dass er sogar fürchtete, dem Unterricht nicht folgen

zu können. Schließlich floh er in eine Kapelle. Nach stunden-
langer Meditation hatte er dort sein Offenbarungserlebnis und
von da an war die Richtung seines Lebensweges klar: Er würde
in die Gemeinschaft des Jesuitenordens eintreten.

Wie damals in der Ausbildung üblich, wurde er schon während des Noviziates als Missionar ausgesandt, mit 17 Jahren.
Er kam nach Espírito Santo, in eine Missionssiedlung südlich
von Salvador. Diese ersten Missionserfahrungen waren prägend für seinen lebenslangen Einsatz für die Indios wie für die
eingeschleppten Afrikaner. Im Alltag mit den Indigenen lernte
er deren Werte und Vorstellungen kennen, eine Welt, die voll
war von Mysterien; er folgte etwa der einfachen Sternenkunde
zur geografischen Orientierung, er folgte dem Ablesen der Zeit
an den Schattenbildern von Bäumen und Riesenfarnen; er re-
spektierte, dass Sümpfe nicht gestört, nicht betreten werden
sollten, da sich dort der kulturellen Überlieferung zufolge die
Verstorbenen aufhielten.

Die sprachliche Verständigung mit den Indios war für die Jesuiten schwierig, also erlernte Vieira Tupi; er erstellte Gram-
matiken und schrieb in den folgenden Jahren den Katechismus
in mehreren Indigenasprachen. Das war wesentlich, denn mit
der Kenntnis ihrer Sprache gewann er das Zutrauen und Vertrauen der Indios, sie kamen zu Messfeiern, ließen sich aus der
Bibel erzählen und nahmen bald einen europäisch strukturier-
ten Lebensablauf an (z.B. die Einehe).

Nach dieser ersten Missionserfahrung durfte Vieira den Jah-
resbrief schreiben, mit 18 Jahren, darin stellte er schonungslos
fest: »... Sie werden eingefangen wie Tiere ... und alles für die
süße Hölle (Doce inferno) ...«

Sein Novizenmeister, seine vorgesetzten Mitbrüder waren beeindruckt, welch kritischer Geist in ihrer Gemeinschaft
lebte, und sofort wurde Vieira nach Pernambuco entsandt, an
die Universität in Olinda, um dort Rhetorik zu lehren und
gleichzeitig Theologie und Philosophie, Kunst und die Sprache
Brasílica zu studieren.

In seinen Jahren als Lehrender und gleichzeitig Studierender perfektionierte Vieira die Kunst der öffentlichen Rede, die bei festlichen und liturgischen Zeremonien erwartet wurde.

Mit seiner Hinwendung zur Sprache, zum gesprochenen und geschriebenen Wort, folgte er mit allem Enthusiasmus seinem Ordensgründer Loyola – einzig und nur mit dem Wort zu wirken, nur mit dem Wort zu kämpfen.

Mit 25 Jahren, 1633, durfte er seine erste öffentliche Predigt in der Kapelle einer Zuckermühle halten, eine Rosenkranzpredigt. Er sprach zu den Sklaven, die aus Afrika eingeschleppt worden waren. »... Die besondere Mutterschaft von Maria ist eine dreifache: Sie ist die Mutter von Christus, sie ist die Mutter von Johannes dem Evangelisten, den sie als Sohn annahm, und sie ist die Mutter aller Christen Afrikas«.

Und in einem zweiten Bereich folgte Vieira der Spur seines Ordensgründers – ihm war die ganze Welt Heimat; er war kein Heimatsuchender, er hatte Heimat in seinem Orden gefunden, und er erfüllte jede Aufgabe, wo immer er sie zu erfüllen hatte, mit bedingungslosem Gehorsam.

Zwölf Jahre lang, bis in sein 32. Lebensjahr, 1640, zog er als Missionar durch Bahia und Pernambuco, und weiter in den Norden nach Maranhão, nach São Luís.

Beharrlich schrieb er in diesen Jahren Briefe nach Lissabon, er wollte Brasilien vom Mutterland Portugal besser wahrgenommen wissen. Er berichtete auch von der Invasion der Holländer, die eine ernste Bedrohung für den Norden Brasiliens war, denn sie hatten sich bereits in Pernambuco niedergelassen und die Administration übernommen. Es war für Vieira ein zentrales Anliegen, dass Brasilien für das Mutterland Portugal ohne territoriale Einbußen erhalten blieb.

Im Jahr 1640 änderte sich in Portugal die politische Situation.

Nach 60 Jahren gelang die Befreiung von der spanischen Monarchie, Portugal war wieder eine freie, eigenständige Nation;

Dom João aus dem Hause Bragança (1604–1656) wurde König von Portugal.

Diese politische Neuordnung im Mutterland Portugal war der Anlass, dass Antonio Vieira mit einigen Mitbrüdern nach Lissabon segeln durfte, um stellvertretend für die Gesellschaft Jesu von Brasilien in Lissabon den Treueschwur für König Dom João abzulegen.

Antonio Vieira war damals 33 Jahre alt.

Mit dieser ersten Reise von Brasilien nach Lissabon begann für ihn ein neuer Lebensabschnitt.

Vieira kam 1641 in Lissabon an und schon das erste persönliche Treffen vermittelte dem König den Eindruck, in Antonio Vieira SJ einen Gesprächspartner, einen Berater gefunden zu haben, der, obwohl vom fernen Kontinent Lateinamerika kommend, die Kenntnis und Fähigkeit hatte, die politische und die wirtschaftliche Situation Portugals realistisch einzuschätzen.

Portugal war durch die Jahrzehnte währende Union mit Spanien wirtschaftlich ausgeblutet, die Kriege der Spanier hatten viel Geld und Vermögen gekostet.

Das nun befreite Portugal benötigte Handelsbeziehungen und Vieira wies in den Gesprächen mit dem König immer wieder darauf hin, es sollten die jüdischen Kauf- und Handelsleute, die vor der portugiesischen Inquisition geflohen waren, wieder zurück nach Portugal kommen; man sollte ihnen für einen Neubeginn in Portugal günstige Bedingungen in Aussicht stellen, vor allem sollte ihnen das konfiszierte Vermögen zumindest zum Teil rückerstattet werden.

Das war der wirtschaftliche Aspekt der Überlegungen Vieiras.

Die politische Position Portugals war fragil, denn die Spanier standen in Bereitschaft, die portugiesische Administration neuerlich der spanischen einzugliedern, wie das 60 Jahre lang der Fall gewesen war (1580–1640).

Es gab damals in Europa nur eine diplomatische Vertretung Portugals, eingesetzt 1641, und zwar in Stückholm. Schweden unterstützte die Schifffahrt, die Handelsflotte Portugals, und hatte so die Möglichkeit, durch den Handel mit Waren aus Brasilien Gewinne zu lukrieren. Im Jahr 2016 wurden in Lissabon 375 Jahre diplomatischer Verbindung Portugal – Schweden gefeiert.

Für Portugal war es also dringend nötig, wirtschaftliche und politische Allianzen zu finden, und mit diesen Aufgaben betraute Dom João den Jesuiten Antonio Vieira; er sollte in diplomatischer Mission für Portugal durch Europa reisen.

Für Antonio Vieira war das nicht nur eine große Ehre, sondern auch die Möglichkeit, Portugal, das in Europa als kleines, wenig bedeutendes Land galt, als eine Nation von Bedeutung darstellen zu können. Immerhin hatte Portugal das riesige Brasilien als Kolonialland.

Vieira reiste also ab 1646 als Diplomat im Auftrag des portugiesischen Königs nach Den Haag und verhandelte dort mit Rabbiner Menasseh Ben Israel über die Bedingungen für die Rückholung jüdischer Kaufleute nach Portugal.

Er reiste nach Paris, führte Gespräche mit Anna von Österreich und mit Kardinal Mazarin, er predigte dem Infanten (Ludwig XIV), versuchte eine Heirat von Teodoso von Bragança mit der Tochter des Duc d'Orléans einzufädeln.

Er reiste neuerlich nach Den Haag und erwarb Schiffe für die nationale portugiesische Flotte, er verhandelte in Amsterdam den Handelsvertrag mit den Holländern.

Und er war in diplomatischer Mission in Rom, es sollte eine Friedens- und Heiratsallianz mit der Erbprinzessin von Spanien eingeleitet werden.

Zehn Jahre lang, von 1642 bis 1652, war Antonio Vieira Berater und Diplomat des Königs Dom João; er schrieb in diesen zehn Jahren auch weiter an seinen Predigten.

Immer nannte er Missstände beim Namen, er prangerte die Verfehlungen der Mächtigen an, und er tat das in seiner unmissverständlichen Sprache, was ihm schließlich die Gegnerschaft der Inquisition einbrachte.

Die Inquisition von Coimbra war politisch sehr mächtig; ihr Ziel war strikt gelebter, obrigkeitshöriger Katholizismus in Portugal. Ein kritischer Geist wie Antonio Vieira wurde beinahe als Störfaktor wahrgenommen; vor allem sollte das Kolonialland Brasilien nicht überbewertet werden, die dort herrschenden sozialen Gegebenheiten, Sklaverei, Ausbeutung von Mensch und Natur sollten nicht von der Kanzel gepredigt werden – wie Vieira das tat.

Es ist leicht nachvollziehbar, dass die Inquisition bald nur noch bestrebt war, den Jesuiten Antonio Vieira aus dem Kreis der Berater des Königs wegzudrängen.

Im Jahr 1652, nach 10 Jahren als Berater und Botschafter im Dienst des Königs, reiste Vieira von Lissabon nach Maranhão, São Luís, er wollte, nun mit 44 Jahren, wieder als Missionar tätig sein.

Die nächste Phase seiner Reisetätigkeit, 1652 – 1654, führte ihn von Maranhão weiter in den Norden Brasiliens bis nach Tocantins.

Schon nach zwei Jahren, 1654, segelte er wieder zurück nach Lissabon, um für die Gesellschaft Jesu Vollmachten zu erwirken, damit die Missionare in der Gerichtsbarkeit für die Indios und Sklaven aus Afrika ein Mitspracherecht erhielten.

Nach wenigen Monaten in Lissabon brach Vieira 1655, mit Vollmachten ausgestattet, neuerlich nach Brasilien auf. Er hatte nun die Oberaufsicht über die Missionstruppe und er zog in den folgenden 6 Jahren mit einer gut organisierten Gruppe von Mitbrüdern und Indigenas von Bahia nach Alagoas, Pernambuco, Paraíba, Rio Grande do Norte, Ceará, Maranhão, Tocantins und Pará, bis in die Gebiete des Amazonas. Es war eine ununterbrochene Wallfahrt zwischen den Schönheiten der

Tropenwälder, den gefährlichen Kanufahrten, dem Schlafen unter freiem Himmel, und seinem Wirken als Missionar.

Überall, wo er Ausbeutung und würdelose Zustände sah und erlebte, auf Zuckermühlen und Baumwollfazendas, griff er ein; zum Beispiel ließ er gefangene Indios frei.

Die Reaktion der Kolonisten auf die Aktivitäten der Jesuiten war selbstverständlich ablehnend. Die Kolonisten, es waren durchwegs Zuckerbarone und Fazendeiros, waren davon überzeugt, dass die Gewinne, die sie erzielen wollten, nur durch eine entsprechende Anzahl von Sklaven und deren bis zum Äußersten herausgepresste Arbeitsleistung möglich sei. Da die Jesuiten sich in den Tages- und Arbeitsablauf einmischten, kam es zu Spannungen, es wurden Verleumdungen ausgestreut, den Missionaren wurden eigene kommerzielle Interessen unterstellt, es begann der Widerstand der Kolonisten gegen die Jesuiten ...

Die Situation wurde 1660 für die Missionare, auch für Antonio Vieira, gefährlich, und es blieb nur die Rückreise nach Lissabon. Vieira wollte auch persönlich Berichte überbringen, doch es kam anders.

Seine Gegner auf der anderen Seite des Atlantiks waren nicht untätig geblieben; sie hatten Angriffspunkte in seinen Predigten und Briefen gesucht, in dem Bestreben, sein Wirken in Brasilien zu schmälern.

Im Jahr 1661, nun mit 53 Jahren, segelte Vieira also ein weiteres Mal über den Atlantik und wurde in Lissabon von Beamten der Inquisition sofort nach Porto und weiter nach Coimbra gebrachte. Es wurden Gespräche mit ihm geführt, die eigentlich Verhöre waren, er lebte von aller Öffentlichkeit abgeschottet, mehr oder weniger in Hausarrest, er reiste, pendelte unter Aufsicht der Inquisition von Coimbra nach Porto, nach Lissabon. Er durfte im kleinsten Kreise die Messe lesen und während dieser zensurierte Predigten halten, er durfte seine Schriften überarbeiten, es wurde ihm ein Gehilfe zugeteilt

– äußerlich fehlte es ihm an nichts. Es war ihm aber verwehrt, zurück nach Brasilien, zurück zu seiner Missionstätigkeit zu reisen beziehungsweise vor der gewohnten Öffentlichkeit zu predigen.

Die Inquisition prüfte und untersuchte seine Berichte, seine Briefe, seine Predigten, und es blieb als (von Vieira selbst formulierte) Essenz der Anklage: »Wie bringt man einen Mann zum Schweigen, dessen Wort man fürchtet? Indem man ihm die öffentliche Rede verbietet.«

Das war, einfach ausgedrückt, auch der Urteilsspruch, der über Antonio Vieira SJ im Jahr 1669 ausgesprochen wurde.

Gemildert wurde das Urteil durch eine Art Verbannung von 5 Jahren nach Rom.

Diese Reise trat Vieira 1669 an und er wurde in Rom Seelsorger für die abgedankte Königin Christina von Schweden, er hielt Vorträge in der Akademie von Christina, predigte über »Die verborgenen guten Werke«, und er schrieb seine berühmten Predigten »Die fünf Steine in der Schleuder Davids«.

1675 wurde Vieira von Papst Clemens X. von aller Schuld freigesprochen und er reiste zunächst nach Florenz, lebte einige Monate bei der Familie Medici und segelte dann zurück nach Lissabon.

In Lissabon lebte er in der Companhia de Jesus. Er war zwar von Schuld freigesprochen, er arbeitete an seinem Werk »Historia do Futuro«, an seinen Schriften und Predigten, jedoch fehlte die öffentliche Wahrnehmung, denn er wurde von keiner Universität, von keiner Institution zu Vorträgen eingeladen. Dennoch ist die kirchenpolitische Dimension nicht zu übersehen: Dass Pater Vieira SJ vom Papst freigesprochen worden war, kam einer indirekten päpstlichen Zurechtweisung der Inquisition von Coimbra gleich, war doch deren Urteil vom Papst nicht bestätigt worden.

Antonio Vieira war 73 Jahre alt, er spürte das Wenigerwerden seiner körperlichen Kräfte und zog sich, 1681, endgültig nach Salvador zurück. Es war seine siebente und letzte Reise über den Atlantik.

In Salvador unterrichtete er am Colégio der Jesuiten, er schrieb, ordnete und korrigierte seine über 200 Predigten mit seinem Gehilfen José Soares. Eine neuerliche Reise nach Europa unternahm er nicht, obwohl er sogar vom Papst eingeladen wurde nach Rom zu kommen, um in »der ewigen Stadt« als freier Jesuit zu predigen. Doch Antonio Vieira verließ Salvador nicht mehr.

Mehr als 50 Jahre lang war er gereist, immer im höheren, im höchsten Auftrag, er war durch den Urwald gezogen, hatte alle Gefahren bestanden, war sieben Mal über den Atlantik gesegelt, jedes Mal unter unvorstellbaren Strapazen, hatte als Schiffbrüchiger nur knapp überlebt, hatte sich von Mangelernährung, Abmagerung und Skorbut immer wieder erholt, und war zuletzt doch schwächer geworden. In Salvador fühlte er sich »angekommen«. Er hatte die lusitanische Welt, das lateinische Europa verinnerlicht und bereist und ganz bestimmt setzten sein Geist und seine Seele die Reisen fort, in der Aufarbeitung seiner Schriften.

Wahrscheinlich war die Saudade, die Sehnsucht nach Angenommenwerden und Gemeinschaft in ihm übermächtig geworden; das alles hatte er in Salvador in der Companhia de Jesus gefunden und in der Quinta do Tanque erlebt, an jenem Ort, wo man ihn heute noch zu spüren vermeint.

*

Bereits diese kurze Biografie zeigt die Dramatik eines außerordentlichen Lebens.

Lusitanische Kultur, theologisches Wissen, Erfahrung als Missionar und Priester hatten sich in Vieira in einer spirituellen Form vereint, die ihn befähigte, wie ein Seismograph in feinster Sensibilität die Regungen der erschütterten und geschundenen Seelen aufzuzeichnen, immer voll Kühnheit und auch voll Beklemmung. Sogar Zittern ist zwischen den Zeilen spürbar, denn oft musste er sich Stillstand, auch Schweigen befehlen, und das war für ihn eine sehr fordernde Disziplinierung. Wahrscheinlich strömen deshalb Kraft und Energie bis heute so unverbraucht aus seinen Texten, weil er seine persönliche, jesuitisch anerzogene Selbstbeherrschung und seine feurige Emotionalität mit strenger Selbstbeobachtung in Balance zu halten wusste. Wenn er scheiterte, dann verwandelte, veredelte er alle Bitternis und Traurigkeit darüber, dass eine Idee von ihm nicht Gestalt annehmen konnte, in die Aktivität seiner Missionsarbeit. Ein Aspekt änderte sich indes nie – das Feuer seiner Imagination, die Kraft seines Glaubens, seine geistige Beweglichkeit. Kein Urteil konnte ihm die Flügel seiner Imagination stutzen oder die Brillanz seiner Intelligenz trüben. Sein Credo blieb – ein Leben mit und in christlichen Werten musste lebbar sein, für alle sozialen Schichten.

In seiner Weltsicht und damit in seinem Verhalten innerhalb und außerhalb des Ordens blieb er unabhängig, das brachte ihm oft Schwierigkeiten. Niemals hat er sich jedoch von seinem Orden entfernt; der Societas Iesu (SJ) und der Gemeinschaft, die er dort erlebte und lebte, hatte er seine Seele verschrieben.

Beim Lesen seiner Texte ist zu spüren, hätte er das Wort, das geschriebene Wort nicht gehabt, dann wäre er vielleicht an Widerständen, an Situationen, die er nicht ändern konnte, zerbrochen. Wenn er dem Ansturm von Ereignissen, die sich ihm tief ins Fleisch von Seele und Geist gegraben hatten, nicht mehr standhalten konnte, dann goss er seine Wahrnehmung in Worte der Verkündigung, in seine Predigten, nie den sicheren Boden der Bibel und die ehernen Predigtgesetze verlassend:

Eine Predigt soll haben – nur eine Farbe, nur ein Objekt, nur ein Motiv, nur einen Handlungsfaden. Sie sollte aus einer Quelle kommen, aus einem Motiv.

Und – eine Rede soll lehren, bewegen, ergötzen.

Diese Weisungen von Vieira haben nichts von ihrer Gültigkeit verloren, sie gelten für jeden, der mit Worten, mit Sprache arbeitet.

Ist man einmal mit Antonio Vieira im Dialog, dann hat man einen verlässlichen Gesprächspartner gefunden, einen, der zuhört, der nie verurteilt, der einen Fragenden und Suchenden begleitet und ihm sein eigenes Vertrauen in den Allmächtigen einflößt, die Zuversicht, mit der wir den eigenen Weg finden, akzeptieren und gehen dürfen. Antonio Vieiras Predigten sich zu erlesen, mit ihm auf diese Weise ins Gespräch zu kommen und im Gespräch zu bleiben – das bringt Mut, Hoffnung, Trost.

*

Noch ein paar Worte zur Quinta do Tanque, wo Antonio Vieira seine letzten Lebensjahre verbrachte.

Die Quinta do Tanque war ein klösterlicher Rückzugsort der Jesuiten, damals am Stadtrand von Salvador. Architektonisch wurde das barocke Bauwerk ganz dem Auftrag entsprechend errichtet – Kontemplation, Gebet und Gemeinschaft sollten darin Platz haben, ja im Bauwerk zum Ausdruck kommen. Arkadengänge führten in Abgeschiedenheit, es gab weitläufige Räume zum Leben in Gemeinschaft, Kammern für den Rückzug, breit geschwungene Steinstiegen vermittelten den Eindruck, in den Tropenhimmel zu führen, vor allem in den tropischen Sternenhimmel. Wesentlich auch, Fenster und Nischen wurden so geplant, dass aus allen Richtungen Licht, aber nur sehr wenig direkte Sonnenstrahlen, also kaum Tropenhitze in den Gebäudekomplex eindrang. Es herrschte Stille, nur unterbrochen vom Plätschern des Brunnens im Hof, vom Gesang der Vögel, dem Geschrei der Papageien, dem Rasseln der Palmenfächer, dem Knirschen der trockenen Mandelbaumblätter.

Dieser Ort ist bis heute unverändert; er beherbergt gegenwärtig das Archiv des Bundesstaates Bahia, und wer sich dort zu Forschungszwecken niederlässt, meint noch heute Antonio Vieira zu spüren.

»Adeus Quinta do Tanque«
ist in den Steinsockel gemeißelt, auf dem die Büste von Antonio Vieira SJ steht.

*

Antonio Vieira SJ starb am 18. Juli 1697 im 90. Lebensjahr in der Quinta do Tanque in Salvador, der heutigen Hauptstadt des brasilianischen Bundesstaates Bahia.

Roman A. Siebenrock

Zur Anordnung der Predigten

Vieiras Predigten ziehen in der Auslegung der Schrift und in
der Rezeption der philosophischen und theologischen Tradition die Zuhörerschaft nicht nur in seine eigenen Überlegungen hinein, sondern konfrontieren sie auch mit ihrer eigenen
oft verdrängten Realität. Prophetische Intervention, Analy-
sen der menschlichen Existenz und schonungslose Darstellung der gesellschaftlichen und politischen Realitäten spiegeln sich in diesen Predigten ebenso wie das unbedingte
Vertrauen auf die Barmherzigkeit und Liebe Gottes, die er im
Licht der Gestalt Christi den Hörenden vor Augen stellt und
so ans Herz legt. Er weiß dabei sehr genau um die Orte seiner Predigten und die soziale Stellung seiner »Gemeinde«. In
der Zuckerrohrplantage in Brasilien und in der königlichen
Kapelle von Lissabon spricht er aber seine Zuhörenden immer mit der gleichen Hochachtung an: »Hochverehrte«. Sehr
oft werden diese Kontexte in den Texten ausdrücklich genannt. Nie wird die Ansprache zur neutralen Vorlesung. Immer greift er die Situation der Menschen auf. Und zugleich
entlässt er niemals seine Hörenden ohne ein Wort der Zuversicht und der Ermutigung. Diese Hoffnung nährt sich aus
dem Leben der Heiligen und vor allem dem Zeugnis von Jesus Christus, in das er unlösbar seine Mutter Maria eingebun-
den sieht. Diese erste Gefährtin erscheint als exemplarische
Christin, aber nicht als Privileg in exklusiver Begabung, sondern als Mutter der Kirche und, so wohl nur von ihm, als Mutter Afrikas. Immer geht es Vieira um die Welt des Menschen,
die von tiefer Ambivalenz gezeichnet ist. Diese Ambivalenz
betrifft auch des Menschen Frömmigkeit und seine scheinbar
evidenten Einsichten. Nirgends wird die ignatianische Kunst
der Unterscheidung der Geister deutlicher als in diesen hell-
sichtigen Passagen.

Ausgehend von der zentralen Gestalt seines Ordensgründers sind deshalb die Predigten in vier Feldern angeordnet. Im ersten Teil werden Texte gesammelt, die auf verschiedene Weise die Situation des Menschen analysieren und das Ohr für das Evangelium immer wieder zu öffnen suchen. Der zweite und dritte Teil sammelt Predigten, die den christlichen Weg näher umreißen, in seinen grundlegenden Haltungen und in der Beziehung zu den exemplarischen Personen, vor allem zur Mutter Jesu, Maria. Der vierte Teil konzentriert das Evangelium und das christliche Leben auf das eine zentrale Gebot: das Gebot der Liebe.

PREDIGTEN VON ANTONIO VIEIRA SJ

Auf das Fest des heiligen
Ignatius von Loyola –
des Gründers der Gesellschaft Jesu

Gehalten am 31. Juli. 1669 in Lissabon, im Colégio Real de
Santo Antão

Ignacio de Loyola, Ignatius von Loyola – für Antonio Vieira:
Inácio de Loiola,
geboren 31. 5. 1491 im baskischen Schloss Loyola,
gestorben 31. 7. 1556 in Rom,
heilig gesprochen am 22. 5. 1622 von Papst Gregor XV.

Lukas 12, 36:
»Seid den Menschen ähnlich, die auf ihren Herrn warten.«

Extrakt:
Auf dem Krankenlager las Ignatius von Loyola ein Buch über
das Leben von Heiligen.

Die Menschen von denen er las, kämpften nicht wie er mit
Waffen, sondern mit Worten und mit Gesinnung, und in Ignatius vollzog sich die Umkehr vom Soldaten zum Kämpfer
mit dem Wort, die Umkehr vom Edelmann zum Asketen, Einsiedler, Wissenschaftler, Theologen, zum Ordensgründer.

Seht, wie wichtig das Lesen guter Bücher ist.

In Ignatius sind die Beispiele und die Eigenschaften aller
Heiligen vereint, von denen er gelesen hatte: Mäßigkeit, Demut, Bußfertigkeit, Geduld, Liebe.

Ignatius von Loyola, der Eroberer neuer Welten.

Hinführung (von Gloria Kaiser)

Diese Predigt erzählt vom Gründer des Jesuitenordens, von Ignatius von Loyola, Ignacio de Loyola (1491–1556). Als Antonio Vieira SJ die Predigt schrieb, waren etwa 100 Jahre seit dem Tod von Loyola vergangen, eine kurze Zeitspanne, und jeder der Ordensmänner versuchte dem Ordensgründer in Lebensausrichtung und Disziplin nachzueifern, so auch Antonio Vieira. Gehorsam, Standhaftigkeit, in unermüdlichem Tätigsein den Auftrag des Ordens leben – das sehen wir verdichtet im Leben und Wirken von Antonio Vieira.

Ende Juli 1669, als Antonio Vieira diese Predigt hielt, stand er vor der Abreise von Lissabon nach Rom; die drei Jahre des Aufschubs des ihm verordneten Rom-Aufenthaltes waren zu Ende. Um sich angemessen verabschieden zu können, erhielt Vieira die Möglichkeit, im Colégio Real Santo Antão zu predigen.

Seine Mitbrüder hatten ihn schon länger nicht gesehen, denn die Inquisition von Coimbra hatte Vieira einige Jahre fast in Hausarrest gehalten. Das war die Reaktion des Inquisitionstribunals auf seine Predigten gewesen, auch auf sein Nichtabweichen von seiner Wahrheit.

Wie bringt man einen Mann zum Schweigen, dessen Wort man fürchtet? Indem man ihm die öffentliche Rede verbietet.

Nun waren seine Mitbrüder gespannt, zu welchem Thema Vieira referieren würde. Sein Äußeres war unverändert; Askese und Ernsthaftigkeit lagen auf ihm, auch Einsamkeit. Doch nichts schien ihn zu beschweren oder niederzudrücken; er hatte alle Zufügungen verinnerlicht, das Gute am Leid, und das Gute am Schmerz. Alles an ihm, jede Bewegung, jede Linie in seinem Gesicht war Konzentration geworden, sein Blick immer auf das Innere eines Menschen, den Kern einer Situation gerichtet, stets die Wahrheit suchend, und dabei war er voll Güte und immer im Stande, sich dem Anderen in Freundschaft zuzuwenden.

Vieira war im 62. Lebensjahr und für ihn war so vieles abgeschlossen. Seine Jahre als Lehrender und Studierender, seine Zeit als Missionar, die voll war von Bedrängnissen, auch von Wohltaten; dann die prägende Bekanntschaft mit Dona Luisa, der Ehefrau des portugiesischen Königs; und später die Begegnung mit dem Großinquisitor Alexander da Silva.

Nun würde er eine neue Lebensphase betreten, Rom. Er würde die Gehorsamspflicht erfüllen und in Rom in Abgeschiedenheit leben und mit der Bibel arbeiten. Doch bevor er seine Reise antrat, drängte es ihn zurück zu schauen, dem Anfang nachzuspüren; nicht seinem Anfang, das wären ein paar Jahreszahlen, rasch aufgelistet. Nein, er wollte sich an den Beginn der Gesellschaft Jesu stellen. Die Gesellschaft Jesu, die seine Familie war, diesen Beginn wollte er mit seiner Predigt ergründen und in Worte fassen.

* * *

I

Hochverehrte!
Bewundernswert ist der Allmächtige in Seinen Heiligen. Jedoch in jenem Heiligen, dessen Fest die Kirche heute, am 31. Juli feiert, ist Er in besonderer Weise bewundernswert.

»Seid den Menschen ähnlich, die auf ihren Herrn warten.«

Um heilig zu werden, empfiehlt Christus in diesem Evangelium, den wartenden Menschen ähnlich zu sein. Heute feiert die Kirche den heiligen Ignatius – Ignacio de Loyola, und ihm gab Christus ein Buch über das Leben aller Heiligen in die Hand mit dem Auftrag; »Diene mir, wie all diese Menschen mir gedient haben.«

Der heilige Ignatius war bei der Belagerung von Pamplona schwer verwundet worden und lag auf dem Krankenlager. Er war Spanier, sah sich als Feldherr und war nun ein Besieger. Sein Schmerz erinnerte ihn an Karthago, an Hannibal; er dachte an El Cid, an Pelayo, er dachte an Männer, deren Heldentaten ihn begeisterten und nun auch beunruhigten, denn die Ehre des Vaterlandes nicht vergrößert zu haben, schmerzte ihn mehr als seine körperlichen Wunden, und um sich die Zeit und düstere Gedanken zu vertreiben, bat er um ein Ritterbuch.

Oh göttliche Vorsehung, es fand sich nur ein Buch mit Legenden über das Leben von Heiligen.

Seht, wie wichtig das Lesen guter Bücher ist!

Hätte Ignatius Ritterbücher gelesen, er wäre ein Ritter mit feurigem Schwert geworden.

Er las jedoch über das Leben der Heiligen.

Anfangs las er das Buch mit Widerwillen; bald ohne Überdruss und schließlich mit Wohlgefallen, mit Aufmerksamkeit, mit Hingebung und Tränen.

Ignatius war tief berührt, denn er las, es gäbe in der Welt noch einen anderen Kriegsdienst als den, der ihm bekannt war. Die Menschen, von denen er las, waren nicht kriegskundig, sie kämpften mit Worten, mit Gesinnung; der Ruf, dem sie folgten, war das Vertrauen in den Allerhöchsten, das härtete ihren unbeugsamen Widerstand und keine Drohung brachte sie davon ab, von dem Weg zum Allmächtigen abzuweichen.

Eine neue Weltsicht tat sich Ignatius auf und schon bald hielt er die Schlachten und den Widerstand derer, von denen er las, für mutiger und tapferer als all seine Taten als Soldat im Kriegsdienst des Königs.

Er entschloss sich, die Waffen zu wechseln und auf die Fahne Christi zu schwören, und sein Schwert, worauf er so stolz gewesen war, legte er auf den Altar der Klosterkirche von Montserrat.

Ignatius las weiter vom Leben der Heiligen, und um wie sie zu werden und mit der Verachtung der Eitelkeit zu beginnen, legte er Reitkleidung und alles Schmückende ab, und mit jeder Geste, mit der er seinen Körper von Äußerlichkeiten befreite, gab er seinem Geist eine neue Richtung.

Er las über das Leben der Einsiedler und sehnte sich bald nach den Einöden, um der Welt zu entsagen und für sich selbst neu leben und auferstehen zu können. Er las über das Leben der Kirchenlehrer und Päpste und, obwohl ihn weder Mitra noch Tiara anzogen, beschloss er, im Kreise von Knaben die lateinische Sprache zu erlernen, denn er erkannte, dass er mit seinen dreiunddreißig Jahren durch das Leben am Hof und im Krieg noch nicht begonnen hatte, ein Mensch zu sein.

Er las über das Leben und den Tod der mutigen Märtyrer und gelobte, den Martertod in Jerusalem zu suchen; mit entwaffneten Händen, die Füße in Fesseln, den Leib dem dunklen Kerker und den Hals dem türkischen Säbel anzubieten.

Er las über das Leben und die Pilgerfahrten der Apostel und nahm die Bilder und Gedanken auf, sie prägten sich ihm in die Seele ein und er gewann einen Auftrag daraus:

Die Eroberung der ganzen Welt, um den Glauben auszubreiten, und auf dieser Grundlage und aus Trümmern ein neues Gebäude der Kirche aufzurichten.

Diesen Auftrag drückte er in Wappen und Sinnbild aus.

»Seid den Menschen ähnlich, die auf ihren Herrn warten.«

Hochverehrte Brüder, wir werden in meiner Predigt in zwei Teilen über Ignatius hören:

als einen Menschen, der jenen, die auf Gott warten, ähnlich ist, und wir werden Ignatius als einen erblicken, der ohnegleichen ist.

II

Wir finden also Ignatius mit einem Buch in den Händen, mit den Beispielen aller Heiligen vor Augen, und wir lesen das

Wort Gottes, der zu ihm spricht: Sei ihnen ähnlich!

Wie, allen Heiligen?

Das ist ein großes Vorhaben. Wenn der Allmächtige einen Menschen zum Heiligen formen will, dann schleift Er einen Diamanten mit einem anderen Diamanten, Er schafft einen Heiligen durch einen anderen.

David war ein Heiliger, Gott bekehrte ihn durch den Propheten Nathan.

Augustinus war ein Heiliger, Gott bekehrte ihn durch den heiligen Paulus.

Allerdings, wir werden es hören, um einen heiligen Ignatius zu schaffen, bedarf es aller Heiligen.

Christus ist die Quelle aller Heiligkeit und Gnade.

Christus ist das Urbild für alle Heiligen, insofern sie all Seine Tugenden nachahmten und von Ihm alle Gnaden empfingen, wodurch sie leuchteten und glänzten. Wie alle Gestirne ihr Licht von der Sonne erhalten, so empfangen alle Heiligen von Christus die Gnade und allen Glanz der Heiligkeit. Um ein Heiliger zu werden, genügt die Nachahmung eines einzigen Heiligen. Es rief der heilige Paulus allen zu: Seid meine Nachfolger, wie ich Christi Nachfolger bin. (1. Kor. II, 1)

Um den heiligen Ignatius zu schaffen, vereinte Christus die Beispiele aller Heiligen in diesem einen Heiligen, in ihm wirken alle, denn alle Heiligen waren das Beispiel des heiligen Ignatius.

Wir denken an jenen gefeierten Maler, der alle Schönen kommen ließ und von jeder die beste Eigenschaft malte. So besiegte er die Natur durch die Kunst, denn da er das Beste von jeder miteinander verband, schuf er das vollendete Gemälde.

Wenn es so war, so war es Zufall und Glück, aber nicht Wissenschaft, denn da die Schönheit im Gleichmaß besteht, so hätten die einzelnen Teile, nachdem alle verbunden waren, auch ein Ganzes ohne Gleichmaß bilden können, also ein Ganzes, das nicht schön gewesen wäre.

Bei der Schönheit der Tugenden findet das Gegenteil statt. Da alle Tugenden miteinander übereinstimmen und eine Harmonie bilden, so wird, von welcher Seite sie auch nachgeahmt werden, ein wunderbares Ganzes entstehen.

Ignatius fand und nahm die Vorbilder der Heiligen aus allen Zeiten und von der ganzen Kirche. Und er übertrug auf sich selbst: von dem einen die Demut, von dem anderen die Bußfertigkeit, von diesem die Mäßigkeit, von jenem die Standhaftigkeit, von diesem die Geduld, von dem anderen die Liebe. So entstand aus Ignatius ein heiliger Ignatius, als ein Bild heldenhafter Tugend, höchster Vollkommenheit, wundervoller Heiligkeit, kurz, als ein Heiliger – allen Heiligen ähnlich.

Denken wir an die Stelle, als Christus seine Jünger fragte: »Wofür halten die Leute den Menschensohn?«

Die Antwort der Jünger war: einige für Johannes den Täufer, andere für Elias, andere für Jeremias. Merkwürdig. Wenn Christus dem Täufer ähnlichsah, wie war Er dem Elias ähnlich? Wenn Er dem Elias ähnlich war, wie war Er dem Jeremias ähnlich? Wenn Christus nur **ein** Mensch war, wie war Er so vielen Menschen ähnlich?

Weil Er nicht im Äußeren, sondern bezüglich des Sittlichen vielen ähnlich geworden war.

Wer Christus die Taufe einsetzen sah, der sagte: Dieser ist der Täufer.

Wer Christus vierzig Tage in der Wüste fasten sah, der sagte: Dieser ist Elias.

Wer die Weisheit Christi sah, die nicht erlernt, sondern eingegossen war, der sagte: Dieser ist Salomon.

So führten die vielen wundervollen Werke dazu, dass man meinte, Christus sei eine Mehrheit von Menschen.

Und das ist auch bei Ignatius der Fall.

Die Tränen, die er über die Sünden seines früheren Lebens weinte, flossen in einem Maße, dass er durch das Weinen das Augenlicht verlor – und die Welt sagte: Das ist der heilige Petrus.

Der heilige Ignatius lag acht volle Tage in einer Verzückung, worin ihm der Allmächtige den Klosterorden offenbarte, den er gründen sollte, und die Welt sagte: Das ist der heilige Paulus.

Wenn die Sünder sich weigerten ihre Sünden zu beichten, da zählte er ihnen die Sünden seines früheren Lebens auf, und er war der Beichtvater, der vor dem Büßer beichtete, und die Welt sagte, das ist der heilige Augustinus.

Da der heilige Ignatius dem Orden nicht seinen Namen, sondern den Namen »Mindere Brüder« gegeben hatte, sagte die Welt – das ist der heilige Franziskus von Paula.

Bevor meine Predigt weiter schreitet, mögen wir an die große Zahl der Vorbilder denken, denen Ignatius ähnlich werden sollte, als Gott zu ihm sagte: Werde auch du ihnen ähnlich!

Das ist der heilige Gregorius, der Wundertäter – das würden die Menschen sagen, denn Ignatius war zur selben Zeit in Rom und in Köln, um der Ergebenheit eines Ordenssohnes zu entsprechen, der ihn zu sehen begehrte.

Und wer würde es nicht glauben und sagen: Das ist der heilige Antonius von Padua, denn Ignatius erweckte neun Tote.

Ignatius war der Diamant der Standhaftigkeit gegen die Macht der Sünden und Laster, und man würde sagte, das ist der heilige Chrysostomus.

Man würde fragen: Wie viele Heilige wohnen in diesem Heiligen?

Es waren alle Heiligen dem heiligen Ignatius ähnlich, denn er war das Ebenbild von allen.

III

Wie ich sagte – es waren alle Heiligen dem heiligen Ignatius ähnlich.

Wie könnte ich dafür den Beweis erbringen, hätte der Himmel nicht eingewirkt.

Ignatius war krank, er fühlte sich am Ende seiner Lebenstage. Da besuchte ihn Kardinal Pacheco, sein großer Verehrer, und brachte einen berühmten Maler mit. Dieser sollte, hinter einem Paravent gut verborgen, Ignatius malen.

Der Maler blickt auf Ignatius und entwirft ein Bild. Er nimmt den Zeichenstift, den Pinsel und malt die Gesichtszüge des Heiligen. Er betrachtet ihn neuerlich, und, o Wunder, was er jetzt sieht, es nicht mehr dasselbe Angesicht, es ist nicht mehr dieselbe Gestalt.

Verwundert legt der Maler die begonnene Zeichnung weg, beginnt ein zweites Mal, zeichnet neue Linien, schaut wieder zum Heiligen und nimmt wahr, Ignatius hat neuerlich ein anderes Angesicht, andere Gesichtszüge. Der veränderte Anblick erschrickt den Maler und spornt ihn gleichzeitig an fortzufahren. Jedoch, obwohl der Mensch Ignatius derselbe ist, sieht der Maler niemals denselben, die Gestalt des Heiligen ist jedes Mal eine andere, Ignatius scheint sich mit jedem forschenden Blick des Malers zu verändern.

Der Maler hörte auf zu malen.

Alle, die die vielen Zeichnungen sahen, staunten; sahen sie ein Wunder?

Der heilige Ignatius war ein Mann des Hofes, war Soldat, war Ordensmann, doch niemals veränderte er sein Angesicht; er hatte stets den Zustand seines Herzens in den Gesichtszügen.

Die Freunde sahen in seinem Gesicht die Liebe; die Feinde sahen darin Abneigung; der Fürst sah die Wahrheit, und niemand sah in diesem Gesicht Schmeichelei.

Als Soldat veränderte er auch unter Kugelregen nicht die Farbe seines Gesichtes, er behielt die Ruhe. Ignatius stellte sich gegen einen Wald von Schwertern, ohne einen Schritt rückwärts zu tun. Niemals hatte jemand in seinem Gesicht Unruhe gesehen.

Warum verwandelte er sich in so viele Gestalten in dem Moment, da er gemalt werden sollte? Ignatius war vielen ähnlich, er trug viele in sich und diese Vielen drückten sich in den Abbildungen des Malers aus.

Bedenken wir, auch das Bildnis Christi war aus vielen Gestalten zusammengesetzt.

Eine Gestalt war die des Abel, eine andere Gestalt war die des Noe, eine Gestalt war die des Abraham, eine andere Gestalt die des Isaak, eine weitere Gestalt war die des Joseph und es waren in Ihm viele weitere Gestalten.

Christus war die Unschuld selbst, darum erschien Er in der Gestalt Abels; Er war die Lauterkeit selbst, darum erschien Er in der Gestalt Josephs; Er war die Sanftmut und erschien in der Gestalt des Moses; Er war die Tapferkeit, deshalb erschien Er in der Gestalt Samsons. Christus war die Gerechtigkeit, die Geduld, der Gehorsam, die Standhaftigkeit, die Barmherzigkeit, die Weisheit, all diese Eigenschaften trug Er in seinem Habitus.

Und so ist es auch mit dem Bildnis des heiligen Ignatius, Er war vielen ähnlich geworden.

Erinnern wir uns des Propheten Ezechiel, der einen geheimnisvollen Wagen sah.

Vier Tiere zogen den Wagen, jedes Tier mit einem rätselhaften Gesicht: mit dem eines Menschen, mit dem eines Adlers, mit dem eines Löwen und mit dem eines Stieres. Auf dem Saphirthron erschien ein Mensch ganz in Flammen gekleidet.

Ezechiel sagt dazu (1, 27): »Dann schaute ich etwas wie blinkendes Glanzerz, das wie Feuer aussah, von einem Lichtkreis umrandet; es reichte von der Stelle, die seinen Hüften gleichsah, nach aufwärts. Von der Stelle an, die seinen Hüften gleichsah, abwärts sah ich etwas, das wie Feuer aussah. So war er ringsum von Lichtglanz umgeben.«

Dieser Wagen versinnbildlicht den Orden der Gesellschaft Jesu, denn der Wahlspruch des heiligen Ignatius war: »Alles zur höheren Ehre Gottes!«

Der Wagen ruht auf vier Rädern und das ist der Unterschied zwischen dem Orden der Gesellschaft Jesu und den anderen Orden.

Die übrigen Orden stützen sich auf drei Räder, auf drei Gelübde, doch der Orden der Gesellschaft Jesu stützt sich auf vier: auf das Gelübde der Armut, der Keuschheit, des Gehorsams und außerdem auf das Gelübde des unbedingten Gehorsams zum Papst.

Die Tiere, die den Wagen ziehen, schauen in die vier Weltgegenden, denn das ist Inhalt, Zweck und Auftrag des Ordens der Gesellschaft Jesu: in welchem Erdteil auch immer, dort, wo es sich hoffen lässt, die Gottesverehrung und das Heil der Seelen zu fördern und zu erhöhen, dorthin zu pilgern und dort zu leben und dort zu sterben.

Die Tiere, die den Wagen ziehen, haben das Gesicht eines Menschen, eines Adlers, eines Löwen, eines Stieres. Das Gesicht eines Menschen wegen des familiären, vertrauten Umganges mit den Nächsten; ein Adlergesicht wegen der Wissenschaft, mit der sie lehren und schreiben; ein Löwengesicht wegen der Tapferkeit, mit der sie den Feinden des Glaubens Widerstand leisten; ein Stiergesicht wegen der Arbeit und Mühe, mit der sie das Ackerfeld Christi bebauen.

Es sah Ezechiel den flammenbekleideten Mann, der den Wagen führte, und um sein Bild zu beschreiben, schrieb er sieben Buchstaben hin.

C. H. A. S. M. A. L.

Ezechiel sieht mit prophetischen Augen die Verfolgung von Ignatius und schreibt ein

C – Clemens.

Der Prophet sieht Ignatius weinend, leidend, in Eisenfesseln und schreibt ein

H – Hieronymus.

Als Ignatius sich im neuen Licht, mit neuem Geist zeigt, schreibt Ezechiel ein

A – Atanasius.

Ezechiel sieht ihn mit dem kleinen Jesuskind, ganz erfüllt vom Glauben an die Dreifaltigkeit und schreibt ein

S – Simeon.

Nachdem Ignatius seine Kleider als Soldat und Edelmann abgegeben hat, sieht Ezechiel ein

M – für den heiligen Martin.

Und Ignatius wandelte sich neuerlich, Ezechiel sieht ihn als Einsiedler und er schreibt ein

A – für den großen Antonius.

Der Prophet sieht Feuer von der Erde zum Himmel steigen und Ignatius befiehlt die Hingabe zum Nächsten voll Liebe und schreibt ein

L – für den heiligen Laurentius.

All diese Figuren lebten in Ignatius, das beweist die Wahrnehmung des Malers und das beweist die Sicht des Propheten – Ignatius war allen Heiligen ähnlich geworden.

IV

Ignatius hat also alle Heiligen als Beispiel aufgenommen und ragt deshalb aus allen Heiligen hervor. Die Heiligen, nach denen Ignatius seinen Lebenswandel ordnete, waren nicht nur die Heiligen seines Zeitalters, sondern die Heiligen aller Jahrhunderte und es ist ein Unterschied, ob sich Vorzüge unter viele verteilt finden oder zusammen in einem Einzigen.

So ist es bei Ignatius.

Deshalb sage ich – Ignatius hat nicht seinesgleichen.

Nicht seinesgleichen haben – das bezeichnet nicht Überlegenheit, sondern den Unterschied.

Zum Beweis dieses Unterschiedes bringe ich ein zuverlässiges Zeugnis:

In Deutschland hat sich Diabo, der Dämon, eines Menschen bemächtigt und Diabo war stark und hartnäckig und widerstand allen Angriffen.

Man wandte alle natürlichen und geistlichen Mittel gegen ihn an, doch der Dämon ergab sich nicht.

Der Priester rief das ganze himmlische Heer gegen diesen Hochmütigen und begann mit den Heiligen: Heiliger Michael, heiliger Gabriel! Alle heiligen Engel und Erzengel!

Der Dämon spottet.

Heiliger Johannes der Täufer! Alle heiligen Patriarchen und Propheten!

Diabo kümmert sich nicht darum.

Heiliger Petrus, heiliger Paulus, alle heiligen Apostel und Evangelisten!

Es ist ohne Erfolg.

Heiliger Stephanus, heiliger Laurentius, alle heiligen Märtyrer!

Diabo ist jedes Mal hartnäckiger.

Heiliger Gregorius, heiliger Ambrosius, alle heiligen Bischöfe und Beichtväter! Alle heiligen Kirchenlehrer!

Diabo beharrt noch hartnäckiger, ist noch wütender.

Heiliger Antonius!

Es ist vergebens.

Heiliger Benedikt, heiliger Bernhard, heiliger Dominikus, heiliger Franziskus!

Die gleiche Hartnäckigkeit.

Heiliger Ignatius!

Als der Name des heiligen Ignatius ertönt, da verlässt der Diabo den Unglücklichen, verschwindet und kehrt nicht wieder.

Warum unterwirft der Dämon sich nur dem heiligen Ignatius?

Ignatius unterschied sich von den übrigen Heiligen, und den Unterschied erkannte sogar der Dämon. Auf die Anrufung der anderen Heiligen reagierte Diabo nicht, auf die Anrufung des Namens Ignatius, in dem alle Heiligen enthalten sind, unterwarf er sich und verschwand.

V

Wie wir gesehen haben konnte niemand den heiligen Ignatius malen.

Welches ist das wahre Bildnis des heiligen Ignatius?

Das wahre Bildnis ist das Buch seiner Ordensregeln, das er in Händen hat.

Wir wissen, das getreueste Bild von jemandem ist das, was er selbst schreibt.

Der Körper wird dargestellt mit dem Pinsel, die Seele mit der Feder.

Als ein Gelehrter die Briefe seines Freundes las, sagte er, er sehe den Freund.

Noch klarer sagt es der heilige Augustinus: Solange wir den Allmächtigen nicht von Angesicht zu Angesicht sehen, können wir Ihn in seinen Heiligen Schriften sehen.

Und so zeichnete Ignatius sein Bild im Buch seiner Ordensregeln.

Das Buch der Ordensregeln der Gesellschaft Jesu ist das Urbild von Ignatius.

Wollen wir festhalten:

Ignatius vereinigte in sich alle Ordensstifter; er vereinigte in seinem Orden alle Orden.

Nun will ich zum Ruhm aller Ordensstifter und zur Verherrlichung unseres Ordensstifters, da heute sein Festtag ist, der 31. Juli, das Wesentliche und das Besondere der Ordensstifter betrachten, deren Orden in Portugal beheimatet ist.

Von Elias nahm der heilige Ignatius den Eifer für die Ehre Gottes.

Vom heiligen Paulus, dem Stammvater der Einsiedler nahm Ignatius die geistliche Betrachtung. Jedoch, Paulus lag dafür in der Wüste, Ignatius war an bevölkerten Orten. Beide wählten dieses erhabene Mittel der Einsiedelei aus verschiedenen Absichten:

Paulus, um der Verfolgung des Decius zu entgehen,

Ignatius, um den Verfolgern und Verfolgungen Widerstand zu leisten.

Paulus zog sich in die Einkehr zurück, um der Tyrannei zu entgehen,

Ignatius bewaffnete sich mit der Einkehr, um die Tyrannei zu bekämpfen.

Vom heiligen Hieronymus nahm der heilige Ignatius den Gehorsam, dem apostolischen Stuhl unzertrennlich zur Seite zu stehen.

Der heilige Hieronymus war die rechte Hand der Kirche, womit die Päpste schrieben,

der heilige Ignatius ist der rechte Arm der Kirche, womit die Päpste sich verteidigen.

Das sprach Papst Clemens VIII. gegenüber der Gesellschaft Jesu aus: Ihr seid der rechte Arm der Kirche Gottes. (Vos estis brachium dextrum Ecclesiae Dei.)

Von der einzigen Sonne der Kirche, dem heiligen Augustinus, nahm Ignatius die Flammen des Herzens. Ignatius sagte im Sinne von Augustinus: Zwischen der Gewissheit und der Ungewissheit, den Allmächtigen zu sehen, würde er die Ungewissheit wählen und dafür die Gewissheit, dem Allmächtigen dienen zu dürfen.

Vom heiligen Benedikt, dem Vater vieler Ordensstifter, nahm Ignatius die Schulen, die Erziehung der Jugend, damit ihnen durch Vermittlung der ernsten Wissenschaften gute Gesittung eingeprägt würde und sie durch das Studium der schönen Wissenschaften und Künste lernen sollten, Menschen zu sein.

Vom heiligen Bernhard, einem Engel im Fleische und Milchbruder Christi, nahm Ignatius die engelhafte Reinheit. In beiden waltete eine besondere Gnade der Mutter Gottes. Ignatius erfüllte die Erwartung in höchstem Maße, denn wissend, dass die Augen die größten Feinde der Keuschheit sind, flößte der heilige Ignatius denjenigen, auf welche er seine Augen richtete, Reinheit und Keuschheit ein.

Der Leuchtturm, dem die Banner seines Ordens in der Theologie folgen sollten, war die Lehre des heiligen Thomas von Aquin.

Ignatius brachte dessen Lehre und die Andachtsübung in Übereinstimmung und zwar so, dass die Andacht zur Mutter Gottes die Oberhand behielt und nicht die Lehre über die Andacht!

Nun spreche ich auch noch von der heiligen Teresa de Jesús, der großen Teresa von Ávila. Diese ist nach dem heiligen Ignatius in die Welt gekommen und wurde für ihn wesensgleich gebildet. Sie selbst hat es niedergeschrieben: Gott habe aus dem Geiste des heiligen Ignatius einen Teil ihres Geistes geschaffen und aus seiner Ordensregel einen Teil ihrer Ordensregel geformt.

Aus allem sehen wir, dass der Ordensstifter Ignatius von Loyola anderen Ordensstiftern zwar ähnlich war, denn er nahm von ihren Ordensregeln das Wesentliche, doch er fügte seine Besonderheit hinzu und vereinigte in sich die Ähnlichkeit mit allen und war auf diese Weise ohnegleichen.

VI

Ich bin zu Ende mit den zwei Teilen meiner Predigt.

Nun stellt sich für mich die Frage: Habe ich Ignatius einen Vorzug eingeräumt?

War es richtig, einen Vergleich anzustellen zwischen Moses und dem heiligen Ignatius, zwischen dem einen gefeierten Gesetzgeber und dem anderen Gesetzgeber, zwischen dem Eroberer des Gelobten Landes und einem Eroberer neuer Welten, zwischen einem Bezähmer des Roten Meeres und einem Bezähmer des Atlantischen Ozeans?

Moses überragte die übrigen Patriarchen und er war ihnen auch ähnlich.

Der heilige Ignatius überragt die heiligsten Beispiele und ist eben dadurch ohnegleichen.

VII

Wir finden also in diesem großen Heiligen vereint und verbunden, was sich bei anderen Heiligen gesondert findet. Ignatius war die Frucht von der Blüte der Heiligen, die Frucht des Flos Sanctorum.

Die Heiligen waren die Blüte, Ignatius war die Frucht.

Wenn sich aus allen Blüten eine einzige Blüte gestalten würde, so müsste diese Blüte den Wohlgeruch aller Blüten haben, und würde dieser Blüte eine Frucht entsprießen, so würde diese Frucht den Wohlgeschmack aller Früchte besitzen.

Das Buch des Ignatius war die Blüte, er war die Frucht.

Vom heiligen Ignatius sage ich:

Alles was ihr nötig habt, werdet ihr bei diesem Heiligen finden. Das war der Grund, weshalb die göttliche Vorsehung dafür sorgte, dass sich in ihm so verschiedene Eigenschaften und Taten und Schicksale vereinigten und verbanden.

Ignatius wurde als Edelmann geboren, war am Hofe, war Krieger, war Bettler, Pilger, wurde verfolgt, gefangen, war Beflissener der Wissenschaften, war Schriftsteller, Ordensmann, Prediger, Untergebener, Vorgesetzter, gab Ordensregeln, war Gewissensrat, war Sünder in seiner Jugend, war reuiger Büßer und Heiliger.

Warum?

Damit alle alles im heiligen Ignatius finden sollten:

Allen bin ich alles geworden. Omnibus omnia factus sum.

Der Edelmann wird im heiligen Ignatius das Bild wahren Adels finden; der Hofmann die Vollkommenheit wahrer Staatsklugheit; der Krieger das Gepräge wahrer Tapferkeit. Der Arme wird vom heiligen Ignatius erfahren, dass nichts begehren der sicherste Reichtum ist; der Pilger erfährt, dass die ganze Welt ein Vaterland ist; der Verfolgte erfährt, dass die Verfolgung das Merkmal der Auserwählten ist; der Gefangene, dass die wahre Freiheit die Unschuld ist. Der Studierende wird im heiligen Ignatius wahre Sorgfalt ohne Nachlässigkeit finden; der Gelehrte wird bei ihm Gelehrsamkeit ohne Ehrgeiz finden, der Prediger die angstlose Wahrheitsliebe; der Schriftsteller die Natürlichkeit der Worte ohne Geziertheit.

Der Ordensmann wird beim heiligen Ignatius die höchste Vollkommenheit finden; der Untergebene bedingungslosen Gehorsam, der Prälat die besonnenste Klugheit, der Gesetzgeber die gerechtesten Gesetze. Der geistige Berater wird beim heiligen Ignatius vieles zu lehren finden, um dadurch an Vollkommenheit zu wachsen.

Der Sünder schließlich wird das Beispiel der Bekehrung und Lebensumwandlung finden; er wird den hellsten Spiegel entschlossener, standhafter Buße finden, den wirksamsten Beweggrund des Vertrauens auf den Allmächtigen und Seine Barmherzigkeit, um beharrlich nach dem höchsten Gipfel der Heiligkeit, der Gnade und Ehre zu streben.

Erster Teil der Predigten:
Die Situation des Menschen in seiner tiefen Ambivalenz und unauslöschlichen Sehnsucht nach einem gelungenen Leben

Die fünf Steine in der Schleuder Davids: fünf Beweggründe, den Weg des Evangeliums zu wagen

Gehalten 1673 in der Kirche San Salvador, Lauro, Rom, in Gegenwart der Königin Christina Alexandra von Schweden.

Samuel 17, 40, 49:
»David suchte sich fünf glatte Steine aus dem Bachtal, legte sie in die Hirtentasche, die er bei sich führte, nahm eine Schleuder zur Hand und ging dem Philister entgegen ... er traf den Philister auf die Stirn und jener fiel mit dem Gesicht zur Erde ...«

Extrakt:
Vorbemerkung zu Rom, der heiligen Stadt aller Zeiten.
Die fünf Steine Davids sind:
Die Selbsteinschätzung.
Der Schmerz über das Verlorene.
Die Scham wegen begangener Verfehlungen.
Die Furcht vor künftiger Strafe.
Die Hoffnung auf ewige Seligkeit.

*   *   *

Vorbemerkung von Antonio Vieira SJ
(im Rückblick für die Buchedition geschrieben)

Rom, welches zu allen Zeiten die heilige Stadt ist, übertrifft zur heiligen Fastenzeit sich selbst. Da werden nicht bloß die Tage, sondern auch die Nächte steten Andachtsübungen geweiht. Zum Ende der Fastenzeit werden die so genannten Oratorien aufgeführt, worin die wichtigsten Begebenheiten der Heiligen Schrift musikalisch-dramatisch dargestellt werden. Dazwischen erbaut die Zuhörer eine Predigt. Von dieser Art sind diese Predigten, die ich an den Fastenmittwochen in der Kirche San Salvador in Lauro, deren Gründer und Beschützer der Kardinal Azzolino war, vorgetragen habe. Dabei fand sich eine große Anzahl hoher Zuhörer, unter ihnen, außer der Königin Christina Alexandra von Schweden, viele Kardinäle. Der Prediger, also ich, musste die Geduld und die große Nachsicht bewundern, womit man mir, der ich in einer fremden Sprache predigte, zuhörte.

Ich sage zum Lobe dieser Predigten, dass sie durch die Aufmerksamkeit eines erhabenen, mehr als königlichen Geistes gewürdigt wurden, eines Geistes, der die Krone eines mächtigen Reiches zu den Füßen Christi und Seines Statthalters niederlegte, zum großen Ruhm der Kirche und zum Triumph der katholischen Wahrheit, was die Vergangenheit mit Bewunderung gesehen hat und die Zukunft mit Bewunderung preisen und feiern wird.

*

Anmerkung Gloria Kaiser:

Antonio Vieira SJ meint im letzten Absatz Christina Alexandra von Schweden, die 1654 als Königin abdankte und 1655 in Innsbruck zum Katholizismus konvertierte.

Die fünf Steine aus der Schleuder Davids
Einleitung

Hochverehrte!

David wurde bewundert wegen seines Harfenspiels und er wurde bewundert wegen seiner Fähigkeit mit der Schleuder umzugehen. Mit der Harfe schlug er die bösen Geister in die Flucht, mit der Schleuder streckte er Riesen zu Boden.

David – der Name bedeutet »tapferer Mann«.

Die Harfe und die Schleuder, die Musik und die Predigt.

Die Musik ist wie die Harfe Davids nicht nur geeignet zu erfreuen, sondern auch aus Leib und Seele Zwietracht zu verscheuchen.

Die Predigt soll wie die Schleuder Davids nicht mit Geräusch erschrecken, sondern treffen, verwunden, zu Boden werfen.

Von diesen beiden Werkzeugen überlasse ich den Sängern die Harfe, und nehme für mich die Schleuder.

Die Schleuder Davids und ihre fünf Steine werden der Gegenstand dieser fünf Predigten sein.

Vierzig Tage forderte der Riese die Heere zum Zweikampf heraus. Alle fürchteten ihn und bebten als der jugendliche Schafhirte David kam. Was tat David?

Er geht an einen Bach, sucht sich fünf sehr glatte Steine, gibt vier davon in seine Hirtentasche und einen in die Schleuder, stellt sich mutig auf den Kampfplatz, schleudert mit zwei Schwingungen den Stein nach dem Kopf des Riesen, und der Stein fuhr in dessen Kopf.

Ach, hätten meine Worte eine solche Kraft! Der Riese ist die Welt, das Haupt der Welt ist Rom, und gegen dieses große Haupt werden meine Steine, meine Predigten gerichtet sein.

Die fünf Steine Davids sind:
die Selbsteinschätzung,
der Schmerz über das Verlorene,
die Scham wegen der begangenen Verfehlungen,
die Furcht vor künftiger Strafe,
die Hoffnung auf ewige Seligkeit.

Jede einzelne dieser fünf Betrachtungen würde schon reichen, den größten Riesen zu Boden zu werfen, wie auch ein einziger Stein des Hirten David gereicht hatte. Wir aber wissen nicht, welcher der fünf Steine Davids den Riesen zu Boden warf, also wird es nötig sein, alle fünf Steine zu versuchen und zu prüfen und vor allem zu berücksichtigen, dass es in der Bibel ausdrücklich heißt:

Die Steine, die sich David aus dem Bache nahm, waren in hohem Maße glatt.

Daher werde ich die Themen, die ich vorlege und erörtere, entsprechend behandeln und von jedem Thema das Lauterste, das Reine, Vollkommene und das Heldenhafte wählen. Es werden fünf Themen sein, keines an eine Zeit gebunden, und gemäß der Beschaffenheit der Steine werden meine Formulierungen fein und glatt sein.

Von meinen Zuhörern erwarte ich nur eines: frei von Leidenschaft, frei von Parteilichkeit und frei von Neugierde meinen Worten mit Kopf und Herz zu folgen, immer das Bild vor Augen: David traf mit dem Stein den Kopf des Riesen; der Riese war am ganzen Leibe mit Eisen bewaffnet und bedeckt, nur sein Kopf war unbewaffnet und bloß.

Lasst mich also beginnen.

Die fünf Steine aus der Schleuder Davids
Erste Predigt

Die Selbsteinschätzung

I

Hochverehrte!
David ist ohne Furcht.
Der erste Stein, den David nach dem Kopf des Riesen warf, war die Selbsteinschätzung.
Handlungen sind Töchter der Gedanken **oder** der Vorstellungen, so wird allgemein behauptet.

Ich hingegen sage, Handlungen sind Töchter des Gedankens **und** der Vorstellung, wodurch jeder sich selbst einschätzen, bewerten und beobachten kann.

Ein gefeierter Maler malte einen Welteroberer; er malte ihn als einen Helden. In der Vorstellung des Malers hatte der Held auf einem Bild genug Raum.

In der Vorstellung, in der Einschätzung von sich selbst hatte der Held in der weiten Welt nicht Raum genug; deshalb eroberte er die ganze Welt.

Als David gegen den Riesen antrat, verglich er seine Kräfte nicht mit jenen des Riesen, das hätte ihn verunsichert oder überhaupt vom Kampf abgehalten. David war ein schwacher Jüngling, ungeübt im Kampf, und er war ohne Waffen.

Er sagte: »Ich stelle keinen Vergleich an zwischen mir und diesem Riesen, sondern zwischen mir und mir selbst.«

Oh, Macht der Selbsteinschätzung!

Betrachtet nun die Szene: David ganz allein, und in der Mitte – der Riese.

Die Zuschauer sind bestürzt, zittern und beben, in ihren Gedanken siegt der Riese. In Davids Gedanken siegt er, mit bloßen Armen.

Und tatsächlich, er siegte mit seinen Armen, denn er hatte den Sieg schon errungen, in Gedanken.

Jeder trägt im eigenen Kopf das wahre Maß seiner großen oder kleinen Werke, seiner hochsinnigen oder niedrigen Handlungen.

Denken wir an die vier Köpfe der Tiere am Wagen des Ezechiel:

Wir sehen den Kopf eines Menschen, den Kopf eines Adlers, den Kopf eines Löwen, den Kopf eines Stieres.

Der Mensch ist dargestellt mit Händen, der Adler mit Flügeln, der Löwe mit mutigem Herzen, das er nicht nach außen zeigt, der Stier mit großen Hufen.

Das Herz, die Hufe, die Hände, die Flügel – alles kommt von der eigenen Vorstellung.

Kopf und Hände des Menschen symbolisieren vernünftige Handlungen,

der Adler symbolisiert hochsinnige, heldenhafte Handlungen,

der Löwe symbolisiert großmütige Handlungen,

der Stier symbolisiert Handlungen die kraftvoll, manchmal auch niedrig sind.

So war es, so ist es, und so wird es immer sein.

II

Da die Selbsteinschätzung einen solchen Einfluss, eine solche Macht über die eigenen Handlungen ausübt, und da der Mensch aus Staub und dem göttlichen Hauch geschaffen ist – wie soll ich also dem Menschen die nützliche Selbsteinschätzung leicht fasslich erklären.

Wenn ich sage, der Mensch schätze sich als den irdischen Teil ein, so fürchte ich, dass eine so niedrige Vorstellung niedrige, gemeine Handlungen hervorruft.

Wenn ich ihm sage, er schätze sich als den hohen, oberen

Teil ein, so fürchte ich, dass seine Einschätzung Stolz und Hochmut erwecken.

Welche Gefahr ist größer?

Der eine verfällt, weil er seinen inneren Adel nicht erkannte, in niedrige Handlungen.

Der andere verfällt, weil er seinen inneren Adel zu hoch einschätzte, in Stolz und Hochmut.

Ich kann es nicht sagen, welcher von den Abgründen die größere Gefahr ist.

Selbsteinschätzung besteht darin anzuerkennen, dass nicht der Staub, der Leib das Ich ist, sondern das Ich ist die Seele. Denn das ist die wahre Selbsteinschätzung, den Blick nur auf die Seele zu werfen und sich von allem zu trennen, was erdhaft ist.

Nur in der Seele sieht man den Menschen und erkennt, was er ist, was ihn auszeichnet und was ihn über alle Geschöpfe der Erde erhebt.

Hier meine Mahnung: Wenn du dich jedoch selbst nicht einschätzen kannst, so gehe in dich!

Es gehe der Mensch aus dem Äußeren in das Innere seiner Seele.

III

Unsere Handlungen sind die Töchter der Meinungen, die wir von uns haben.

Wer den Leib, den Körper sieht, der sieht ein Tier; wer die Seele sieht, der sieht den Menschen. Selbstverständlich bestehen der Mensch und das Tier, beide nach ihrer Art, aus Leib und Seele. Doch die Seele des Tieres ist körperlich, die Seele des Menschen ist geistig.

Der Leib ist der Mantel, das Kleid des Menschen, und wir sollten immer wissen: Mit oder ohne Mantel, wir sind immer dieselben Menschen.

Es lag das Staubgebilde, das später Adam hieß, auf dem Boden und der Schöpfer hauchte das Staubgebilde an und flößte ihm auf diese Weise die Seele ein. Und durch die Vereinigung von Seele mit Leib wurde der Mensch geschaffen und damit das Kostbare, die Seele, mit dem Geringfügigen, dem Körper verbunden.

IV

Hochverehrte, lasst uns das Kostbare vom Geringfügigen trennen; lasst uns trennen den Menschen vom Kleide, den Sklaven vom Herrn, den Bewohner von der Hütte, den Gefangenen vom Kerker – mit einem Wort, lasst uns trennen den Leib von der Seele.

Ich bin meine Seele – das ist die reine, hochsinnige Selbstbewertung. Lasst uns leben als Seelen.

Unsere Seele hat einen doppelten Zustand: einen in diesem Leben, als Seele mit dem Leib verbunden; einen anderen Zustand als Seele vom Leib getrennt.

Dieser zweite Zustand ist vollkommener, denn da ist die Seele frei von den Hindernissen, die ihr der Leib verursacht; sie ist vom Körper unabhängig, frei von der Last, die die Seele zwingt, nach unten zu streben.

Der Tod vollzieht die Trennung von Leib und Seele. Warum sollten wir nicht sofort so leben als wären wir Seelen, zwar dem Körper verbunden, aber unabhängig von ihm, dann wandeln wir nicht nach dem Fleische, sondern nach dem Geiste.

Keineswegs will ich dem Staub, aus dem wir sind und zu dem wir uns bewegen, das Fromme nehmen, ich wünsche bloß, wir sollten uns nach dem edlen Teil in uns beurteilen, damit auch unsere Handlungen edel sind, denn unsere Handlungen sind die Töchter der Meinung, die jeder von sich hat.

So oft auch Großtaten vollführt werden, zuerst muss die niedrige Meinung, die einer von sich hat zu einer hohen, edelsinnigen Meinung verändert werden.

Es wollte ein Heerführer vor einem Kampf flüchten, da er eine sehr niedrige Meinung von sich hatte. Da wurde ihm von einem Engel gesagt, er sei der tapferste Held, und tatsächlich führte er Großtaten aus! Wer sich für schwach hält, der halte sich für den Stärksten und er wird Großtaten ausführen.

Wer sich für klein hält, der kann weder große Taten planen noch solche unternehmen; und wem dies als Demut erscheint, dem sage ich, es ist eine unechte Demut. Denn es ist nicht Stolz, sich hoch zu schätzen, um nichts Niedriges und Gemeines zu tun; es ist nicht Stolz, gegen den Staub gleichgültig zu sein und sich als Seele zu bewerten, zu erkennen, um zu handeln wie ein Engel.

Staub war unser Anfang, Staub ist unser Ende, und nur derjenige wird heldenmütig handeln und Großtaten vollbringen, der nicht den niedrigen Anfang und das Ende des Leibes als Basis für seine Selbsteinschätzung heranzieht. Betrachtet eure Seele als Quelle, als Anfang und Ziel eurer Selbsteinschätzung.

Erwägt, bedenkt es! Die größten und heldenmütigsten Taten vollbrachte Christus am Ende seines Lebens. Da betrat Er, in der letzten Schlacht gegen die Welt, gegen den Tod, gegen die Sünde, allein und waffenlos die Schädelhöhe und siegte, allein und entblößt, und Er triumphierte über alles. Mit welcher Selbstbewertung ließ Er sich auf einen so schwierigen Kampf ein? »In den Staub des Todes hast du mich gebracht«, sagt der königliche Sänger. Warum schwebte dem Erlöser bei Seinem letzten Kampf dieser Gedanke nicht vor? Sein hochsinniger Geist schob die Bilder vom Staub, vom Anfang und vom Ende des Leibes weg. Vor den Augen seines Geistes standen unverrückbar Anfang und Ziel Seiner Seele.

Diese Selbstbewertung ist es, die ich heute verkünde: Der Leib ist aus dem Staub hervorgegangen und wird wieder zum Staube zurückkehren; die Seele ist vom Schöpfer hervorgegangen und kehrt zu Ihm zurück. Und das ist die Selbstbewertung, die den Augen unseres Geistes vorschweben soll und an die wir immer denken sollen.

Bewertet euch, beobachtet euch, erkennt euch als Seelen, hegt hohe Gedanken!

V

Der Leib wird hoch geschätzt, er wird bewundert, ihm wird gedient. Und obwohl der Mensch Seele sein sollte, sind die Seelen so weit nach unten gesunken, dass sie Leib sind.

Erinnert euch an die Sintflut. Die Welt wurde versenkt und dem ganzen Menschengeschlecht wurde das Leben entzogen. Das Urteil des Höchsten war: Mein Geist soll nicht ewiglich im Menschen bleiben, denn er ist Fleisch (Genesis 6, 3).

Ja, es fand sich damals niemand der Seele hatte, sie waren alle Leib geworden.

Und unsere jetzige Zeit?

Die Welt ist in eine so unglückliche, traurige Lage gekommen, dass wir, würden uns nicht das Wort der Bibel und der Regenbogen beruhigen, eine zweite Sintflut befürchten müssten.

Eine solche Konsequenz könnte sich in allen Elementen zeigen: in der Luft durch verheerende Seuchen, im Feuer durch verzehrende Flammen, in den Tiefen der Erde durch Erdbeben, die ganze Städte verschlingen, und in den Blutströmen, die durch den nahen und fernen Feind drohen.

Seelen! Lebt alle als Seelen! Die Seele ist vernünftig, also leite die Seele die Vernunft und nicht die Sinnlichkeit!

Die Seele ist unsterblich, also meidet alles, schätzt alles gering, was stirbt und ein Ende hat.

Lebt als Seelen! Das ist wahre Selbstbewertung.

Das ist der erste Stein in der Schleuder Davids.

Und wem das nicht genügt, dem sei gesagt, es sind noch weitere vier in der Hirtentasche.

Die fünf Steine aus der Schleuder Davids
Zweite Predigt

Der Schmerz über das Verlorene

I

Hochverehrte!
Meine heutige Predigt handelt vom Verlorenen. In diesem Leben bereiten uns nicht bloß die Übel, sondern auch die Güter schmerzliche Empfindungen.

Es gibt Übel, die unsere Geduld überfordern, uns übermäßig in Anspruch nehmen. Es gibt Güter, es gibt Verluste, Verlorenes, die uns nur schmerzliche Erinnerungen hinterlassen.

Die Güter dieser Welt werden mit Mühen und Sorgen erworben und hinterlassen uns, wenn wir sie verlieren, nur Schmerz und Wehmut.

Die Güter des Himmels können auch verloren werden, doch der Schmerz über diesen Verlust ist ein Heilmittel.

Die Wunde, die das Verlorene aufreißt, verursacht Schmerz, und der Schmerz wird die Wunde heilen.

Das ist der Inhalt meiner Betrachtung: der Schmerz über das Verlorene.

II

Alle meinen, der Schmerz sei der Maßstab für den Verlust und der Verlust an sich der Maßstab für den Wert des verlorenen Gegenstandes. Bedenken wir, den Gegenstand, welchen wir besitzen, schätzen wir nicht so hoch, jedoch wenn wir ihn verloren haben, dann schätzen wir ihn höher. Es erhöht also der Verlust den Wert des Gegenstandes und damit mehrt der Verlust auch unseren Schmerz.

Das ist immer der Fall, obwohl der Gegenstand kein anderer ist, sondern der gleiche, der er vorher war.

Wenden wir uns zur Heiligen Schrift:

Ein Hirte hatte hundert Schafe und als er eines davon verloren hatte, ließ er die neunundneunzig in der Wüste zurück und ging dem verlorenen Schaf nach.

Würden wir den Hirten fragen, wie hoch er dasselbe schätze, bevor es sich verirrte, der Hirte hätte geantwortet – er schätze das Lamm so hoch wie jedes andere.

Nachdem er es verloren hatte, war es ihm teurer als die anderen.

Es ist etwas Natürliches, dass der Mensch den Dingen, auch den Zuständen und Menschen, nach deren Verlust einen höheren Wert zuerkennt, als während er in deren Besitz ist.

Was ist der Grund, dass Verlorenes höher geschätzt wird? Es wird gesagt, der Grund dieser größeren Wertschätzung sei der Schmerz, denn der Gegenstand, der Zustand, die Person, die wir besitzen, sind Gegenstände der Wohltat, und wenn wir diese Gegenstände verlieren sind sie Gegenstände des Schmerzes. Und der Schmerz bewegt die Gefühle heftiger als die Wohltat.

Wir sehen daran, dass wir erst aus dem Verlust den wahren Wert der Wohltat erkennen.

Unterscheiden wir: Das Übel erkennen wir, wenn wir es haben, wenn wir es erleiden.

Den Wert der Wohltat hingegen, erkennen wir erst durch das Verlieren.

Erst im Verlust erkennen wir rückblickend den Wert von Gütern und Gutem.

Erst im Erleiden erkennen wir das Böse.

Wie leichtsinnig zerstört der Gesunde seine Gesundheit, und wie verschwenderisch vergeudet der Eitle seinen Reichtum. Doch wartet nur: Der Gesundheit wird Krankheit folgen und ihr werdet erkennen, was Gesundheit bedeutet; dem

Reichtum wird Armut und Not folgen und ihr werdet erkennen, was ihr am Reichtum nicht zu schätzen wusstet.

Der Wert der Güter und Wohltaten, ist ein Schleier, der sie verhüllt.

Das Verlieren, der Verlust, zieht den Schleier weg und wir sehen unvermittelt das, was wir zuvor nicht achteten und nicht erkannten.

Das ist das Missliche – die Übel sehen wir, wenn sie kommen und wenn wir sie erleiden;

die Güter, die Wohltaten sehen, schätzen, erkennen wir, wenn sie uns den Rücken kehren.

Das ist das ganze Geheimnis des Verlierens: Aus dem Verlust kommt die Erkenntnis der Wertschätzung und daraus kommt der Schmerz.

III

Der Maßstab für den Schmerz über das Verlorene ist stets derselbe: Solange wir es besitzen, verursacht es uns keinen Schmerz, wenn wir es verlieren, wird es ein Gegenstand des Schmerzes, denn dann erkennen wir die Schönheit des Verlorenen und seinen Liebreiz für unsere Seele. Für den Besitzer ist es ein Verlust, für das Gut selbst ein Gewinn. Denn, wenn ein Gut ein Verlust wird, dann wird ihm der Platz eingeräumt, den es verdient. Zuerst hatte es einen niedrigen, einen kleinen Platz, der seinem Wert nicht angemessen war. Doch sobald es einen gebührenden Platz in uns erhält, entsteht durch Verlust Schmerz.

Aller Schmerz über das Verlorene ist groß.

Allerdings, wann empfinden wir Schmerz in Vollkommenheit?

Gibt es beim Verlorenen ein »Mehr« und ein »Weniger«?

Das Verlorene, welches in die Kategorie »Weniger« einzuordnen ist, ist jenes, das wir wieder zu erlangen imstande sind.

Es gibt Güter oder Wohltaten, die wir verloren haben und durch den Schmerz wieder erlangen können. Und es gibt Güter oder Wohltaten, die wir verloren haben und nie mehr zurückerlangen können.

Es hat ein Mann Hab und Gut verloren; er grämt sich, doch deshalb kehrt die Habe nicht mehr in sein Haus zurück.

Es verliert ein Mensch die Gnade des Herrn. Er empfindet Reue und Schmerz und erlangt die Gnade wieder.

Jener Schmerz, der den Verlust eines gänzlich verlorenen Gutes beweint, das sich durch keinen Schmerz wieder erlangen lässt, das ist der vollkommene Schmerz über das Verlorene.

Ich will zwei Bilder des Schmerzes vorführen: die Tränen des Davids, und die Klage der Rachel.

Die Tränen des Davids:

Der erste Sohn von David – Bersabe hatte ihn geboren – erkrankte und David hüllte sich in ein Bußgewand, flehte und betete unter Tränen und Fasten und klopfte auf diese Weise an die Pforte der göttlichen Barmherzigkeit, um der Genesung des geliebten Kindes willen.

Das Kind jedoch starb.

Sobald David erfuhr, dass der geliebte Sohn gestorben war, erhob er sich, trocknete die tränenvollen Augen, setzte sich zu Tisch und aß und redete, als ob nichts vorgefallen wäre. Erstaunt über die plötzliche Veränderung des Königs erklärte David den Höflingen:

Kann ich denn vielleicht das Kind wieder zurückrufen? Solange das Kind lebte und ich Hoffnung hatte, mit meinen Tränen sein Leben zu retten, tat ich all das Außerordentliche, das ihr gesehen habt. Doch nachdem das Kind gestorben ist, warum sollte ich mich noch grämen und härmen?

Ist dieses Verhalten nicht unwürdig eines Vaters, eines Herzens wie jenes von David?

Warum soll ich mich kränken, wenn es nicht mehr zu ändern ist?

72

Wer über Verlorenes weint, das sich durch Schmerz wieder-erlangen lässt, der ist durch den Schmerz getröstet.

Wer über Verlorenes weint, das durch keinen Schmerz wieder-zuerlangen ist, der liebt seinen Schmerz, und das ist wahrer, vollkommener Schmerz.

Die Klage der Rachel:

Es starben durch das Schwert des Herodes die Kinder Rachels.

Rachel beweinte den Tod ihrer Kinder. Es steht in der Schrift: Und Rachel will sich nicht trösten lassen, weil ihre Kinder nicht mehr sind. (Math. 2, 18)

Rachel weinte unaufhörlich. Sie wusste, dass es für ihren Schmerz kein Heilmittel gab, und wollte sich nicht trösten las-sen.

Welch ein Unterschied zwischen dem Wehklagen des David und den Tränen der Rachel!

Solange David ein Heilmittel erwartet und Hoffnung hat, dass sein Kind überleben wird, solange leidet David den übli-chen Schmerz.

Hier gilt: Der Schmerz, der nicht vollkommen ist, stirbt mit demjenigen, dem er gilt, dem Kind von David.

Rachel leidet und lebt vollkommenen Schmerz, denn sie er-wartet kein Heilmittel.

Rachel will sich nicht trösten lassen, sie weint unaufhörlich über den Verlust ihrer Kinder.

Durch die Unmöglichkeit, das Verlorene wieder zu erhalten, wird der Schmerz geläutert von der Beimischung aller Leiden-schaft, die kein Schmerz ist, geläutert von aller Hoffnung.

Ist die Hoffnung entfernt, dann ist der Schmerz vollkommen und dieser Schmerz heißt lieben und Leid tragen.

Der eine Schmerz stirbt, wie bei David, der andere Schmerz lebt für immer, wie bei Rachel.

IV

Das Verlorene von höchstem Wert ist die Gnade Gottes, wenn wir sie verlieren. Jedoch wissen wir, dass wir Seine Gnade durch Schmerz und Reue wieder erlangen.

Bei der Sünde ist zweierlei zu bedenken: Sie birgt etwas, das sich ändern lässt, und etwas, das sich nicht mehr ändern lässt.

Das eine ist die konkrete Sünde, das andere die Tatsache, gesündigt zu haben. Die Sünde kann der Sünder durch Reue und Schmerz gutmachen. Die Tatsache, gesündigt zu haben, lässt sich durch keinen Schmerz ändern. Die Barmherzigkeit kann die Sünde vergeben, doch dass wir gesündigt haben, das kann sogar Gottes Allmacht nicht mehr ändern.

Wenn daher die Sünde vergeben ist, dann empfindet der Sünder keinen Schmerz über die Sünde, sondern darüber, dass er überhaupt gesündigt hat, und das ist vollkommener Schmerz über Verlorenes, über den Verlust des höchsten Gutes.

David sündigte, verharrte beinahe ein ganzes Jahr in seiner Verblendung, bis der Prophet zu ihm sprach: Der Herr hat deine Sünde hinweggenommen.

Und was tat David nach all dem? Er vergaß seine Sünde keineswegs und beweinte sie jede Nacht seines weiteren Lebens. Die Tage widmete er seinen Aufgaben als König, seinen Staatsgeschäften. Die Nächte weihte er dem Wehklagen darüber, gesündigt zu haben.

Die Sünde selbst war durch seinen Schmerz und seine Reue beseitigt. Das Faktum, gesündigt zu haben, konnte weder durch Schmerz noch durch Reue noch durch die vergebende Gnade geändert werden.

David weinte nicht über die Wunde, sondern über die Narbe, er weinte darüber, was vom vollkommenen Schmerz immer bleibt – das Faktum, gesündigt zu haben.

V

Unter einer so großen Menge von Missbräuchen, denen unsere unglückliche Zeit ausgesetzt ist, ist der größte Missbrauch jener des Schmerzes.

Hört die endlosen Klagen über den Verlust der irdischen Güter, die keinen Schmerz verdienen und dadurch auch nicht wiedererlangt werden können.

Dieser kränkt sich über seine Armut und hört deswegen doch nicht auf arm zu sein. Jener grämt sich wegen seiner Krankheit und sieht sich darum doch nicht gesund. Andere wiederum betrüben sich ob der geringen Wertschätzung durch die Mächtigen.

Es schmerzen die Liebe und der Hass; es schmerzen das Verlangen und der Verzicht; es schmerzen die Hoffnung und die Verzweiflung; es schmerzen das Elend und der Hunger und der Überdruss; es schmerzen die Fülle und der Überfluss. Es schmerzt der Stolz, es schmerzt der Geiz, es schmerzt besonders und am meisten der Neid. Schmerz entsteht, weil der andere an Einfluss gewinnt, weil er emporsteigt, weil er Macht besitzt, weil er zu gebieten hat, ja es schmerzt, dass der andere noch lebt, dass der Tod noch zögert, sich ihm zu nähern.

Das sind die Schmerzen der Welt.

Ach, möge euch die folgende Überzeugung zur Seite stehen: Sich in diesem Leben ganz von Schmerz zu befreien oder dem Schmerz zu entgehen, das ist unmöglich. Es gibt keinen so bevorzugten Stand, sei es der Purpur, die Krone, die Tiara; jeder Stand verlangt nach innen oder nach außen den Schmerz, jeder Stand ist nach außen oder nach innen mit Schmerz verbunden.

Nehmt als Epilog meiner Predigt zwei Sätze:

Es gilt zu wissen, dass der Schmerz die einzige Arznei, das einzige Heilmittel bei Verlusten ist und dass der größte Verlust der verlorene Schmerz ist.

Die fünf Steine aus der Schleuder Davids
Dritte Predigt

Scham wegen begangener Verfehlungen

Hochverehrte!

Wo man den Schlag empfängt, da öffnet sich die Wunde und aus der Pforte, die die Wunde geöffnet hat, fließt das Blut.

So verhält es sich nicht mit jenem Schlag, den der dritte Stein Davids versetzt. Dieser Schlag geht an die Stirne und es öffnet sich die Wunde im Herzen, das Blut tritt ins Angesicht: Es ist die Scham wegen begangener Sünden und Verfehlungen.

Das ist das Thema, das ich für diesen Abend gewählt habe, ein Thema das eines der wichtigsten in unserem beklagenswerten Jahrhundert ist. Beging man in früheren Zeiten Verfehlungen, schämte man sich, wenn diese wahrgenommen wurden. Heutzutage gehört es beinahe zum guten Ton, öffentlich niederträchtig zu sein. Es gehen die Laster auf der Gasse, ja sie gehen unverhüllt sogar an geheiligte, geweihte Orte, als würden sie in der Kirche als Schmuck und Zierde angesehen werden.

Welche Zeiten! Welche Sitten! Gegen diese getauften Missgeschöpfe werde ich mich mit aller Kraft wenden. Und wenn einige meiner Aussagen nicht genügend überzeugen, werden andere Aussagen und Begründungen folgen und sie werden Beschämung auslösen. Das ist meine Erwartung an euren Gerechtigkeitssinn, denn es geht viel mehr um die gerechte Betrachtung der Zustände als um meine Predigt.

Also – hört!

I

Es ist sicher, die Scham ist eine natürliche Reaktion auf die Sünde.

Die erste Sünde auf Erden war jene des Adam und die erste Wirkung dieser Sünde war die Scham. Er verbarg sich. Dennoch bezweifle ich, dass die Scham bloß eine Folge der Natur ist. Sie ist gewiss auch eine Konsequenz aus der Vorsehung. Dafür spricht ein Beispiel aus dem Paradiese.

Der Herr verurteilte die Schlange: »Auf deinem Bauch sollst du kriechen und Staub fressen dein Leben lang.« Ein schwieriger Ausspruch! Denn die Schlange kroch auf dem Bauch und nährte sich von Erde, schon bevor sie Eva verführt hatte.

Warum züchtigt sie Gott mit etwas, das sie schon von Natur aus tat? Die Auslegung dieses Urteils bereitet den Gelehrten viel Mühe.

Ich frage: Wäre ein Ausspruch, der bestimmen würde – was ihr seid, das sollt ihr sein – nicht für viele eine Strafe, ja eine große, bittere Strafe?

Wie viele Hoffnungen und Erwartungen, wie viele Ansprüche würde ein solcher Ausspruch – was ihr seid, das sollt ihr sein – vernichten! Wie viele, die den Kopf hoch tragen, würde dieser Ausspruch beugen und demütigen!

Der Schlange galt die Strafe – du sollst bleiben, was du bist.

Die größte Wohltat für die Apostel bestand darin, dass Gott sie durch Seine Gnade aufrecht hielt. Die größte Strafe für die Dämonen hingegen war es, dass der Allmächtige sie im Besitz ihrer natürlichen Beschaffenheit ließ. All jene Gaben, die Luzifer als Engel hatte, die sollte er auch als Dämon haben. Seine natürlichen Gaben sollten seine Henker sein, und seine außerordentliche Vollkommenheit seine größte Qual.

Für wie viele Menschen verwandelten sich ausgezeichnete Begabungen in Werkzuge des Unheils. So kann Gott mit dem, was Er geschenkt hat, als Richter strafen, und was eine

Reaktion der Natur ist, wird eine Reaktion der Vorsehung, nämlich die schädliche, schlecht eingesetzte Begabung.

Der Schlange gab die Gerechtigkeit ihre natürliche Beschaffenheit zur Strafe. Dem Menschen jedoch gab die Barmherzigkeit die Scham als Heilmittel. Die Scham ist eine natürliche Wirkung, gleichsam ein natürliches Mittel gegen die Verfehlung, gegen die Sünde.

Als Gott den ersten Eltern verbot, von jener Frucht zu essen, da fügte Er hinzu, sobald sie davon essen würden, würden sie sterben. Allein, Eva und Adam starben nicht sogleich, als sie davon aßen. Der Allmächtige kam, das Vergehen zu ahnden, und beide blieben am Leben.

Warum sind sie nicht auf der Stelle gestorben? Sie erlebten Scham und die Scham hatte vollzogen, was der Tod vollziehen sollte.

Wir wissen, bevor die ersten Menschen sündigten, hatten sie kein Gefühl von Scham. Sobald sie aber sündigten, erkannten sie ihre Nacktheit und das Vergehen ihres Ungehorsams. Sie schämten sich vor sich und vor dem Schöpfer.

Bedenken wir – der Tod und die Scham, beide bemächtigen sich des Blutes. Der Tod presst das Blut aus den Adern, die Scham lässt das Blut ins Gesicht treten. Das eine ist das Blut des Körpers, das andere ist das Blut des Geistes, der Seele, es ist das Gewissen, mit dem sich der Sünder selbst züchtigt.

Der Tod steht in Opposition zum Leben, die Schande steht in Opposition zur Ehre. Dass die Ehre für die Menschen kostbarer ist als das Leben, zeigt der bekannte Umstand, dass der Krieger lieber sterben will als fliehen, er fürchtet die Schande mehr als den Tod.

II

Die Scham, welche ja eine Gemütsbewegung ist, hat drei Gesichtspunkte:

sich schämen vor den Menschen,

sich schämen vor Gott,

sich schämen vor sich selbst.

Die Scham vor den Menschen betrifft die Reputation, vor dem Allmächtigen betrifft die Scham die Sünde, vor sich selbst betrifft die Scham die eigene Würde.

Sich vor sich selbst zu schämen, ist heldenhafte Scham.

Die heldenhafteste und höchste Scham des Christen besteht jedoch darin, dass er sich vor dem Allmächtigen schämt.

Was schließlich die Scham vor anderen Menschen anbelangt, so birgt sie eine große Schwierigkeit – wir werden davon hören.

Die Scham vor Gott wegen der begangenen Sünde ist, wie es gemeinhin scheint, nicht heldenhaft. Denn heldenhaft ist, was sich wegen außerordentlicher Schwierigkeiten über das gewöhnliche Handeln erhebt. Da die Scham die Tochter der Sünde ist und jede Sünde eine Beleidigung Gottes, so scheint diese Art der Scham etwas Natürliches und keineswegs etwas Heldenhaftes zu sein.

Ich behaupte jedoch, diese Scham ist etwas Heldenhaftes.

Die natürliche Scham geht aus dem gegenseitigen Anblick hervor, bildet sich also zwischen Auge und Auge, zwischen dem Auge dessen, der sieht, und dem Auge desjenigen, der gesehen wird.

Obwohl der Allmächtige uns sieht, so sehen wir doch nicht, dass Er uns sieht.

Dass also ein Mensch, wiewohl er Gott nicht sieht und auch nicht wahrnimmt, sich dennoch schämt, als fände der Anblick von beiden Seiten unmittelbar wahrnehmbar statt – das ist heldenhafte christliche Scham.

Denn wie war das bei Petrus?

Petrus leugnet das erste Mal und schämt sich nicht. Er leugnet ein zweites Mal und schämt sich nicht. Er leugnet endlich das dritte Mal und in diesem Augenblick ist seine Scham so groß, dass er sein Angesicht verhüllt und weg eilt, um sich in das Meer seiner Tränen zu versenken.

Merkwürdige Veränderung der Empfindungen. Wenn Petrus sich nicht geschämt hatte, seinen Meister zweimal zu verleugnen, warum schämt er sich jetzt?

Was war der Grund, dass sich Petrus nun schämte und vorher nicht? Gemäß Jesu Prophezeiung krähte der Hahn zum dritten Mal, der Herr wandte sich um und sah Petrus an. Die Schriftstelle spricht es aus: »Da wandte sich der Herr um und blickte Petrus an … und Petrus erinnerte sich … und er ging hinaus und weinte bitterlich.« (Lk 23,61)

In jenem gegenseitigen Augen-Blick, als sich die Augen Christi und die des Petrus begegneten, da wurde Petrus von Scham erfüllt.

So lange Petrus seinen göttlichen Meister weder sah noch von Ihm gesehen wurde, solange fühlte er keine Scham.

Wie hielten es die Andersgläubigen, die Heiden mit ihren Sünden?

Die Götter der Heiden waren die Sonne und der Mond. Die einen beteten nur die Sonne an, die anderen nur den Mond. Und warum? Denn sie wollten Götter haben und doch sündigen. Jene, die die Sonne verehrten, sündigten des Nachts, und jene, die den Mond verehrten, sündigten untertags. Sie sündigten dann, wenn sie von ihren Göttern nicht gesehen wurden, dann legten sie alle Scham ab – welche Verblendung!

Es sprach der verlorene Sohn, der sich endlich seiner Sünde schämte: Vater ich habe mich versündigt wider den Himmel und an dir, ich bin nicht mehr wert, dein Sohn zu sein.

Eine dunkle Äußerung, wenn der verlorene Sohn sagt, er habe gegen seinen Vater gesündigt, obwohl er weit von seinem Vater entfernt war, in einem anderen Land weilte, sodass weder er seinen Vater noch sein Vater ihn sehen konnte! Dieses war die vollkommene und heldenhafte Scham des verlorenen Sohnes, dass er, obwohl er nicht gesehen wurde und den Vater nicht sah, sich schämte.

Wer ist in diesem Gleichnis der Vater, wer ist der verlorene Sohn, welches ist das ferne Land?

Der Vater ist der Allmächtige, der verlorene Sohn ist der Sünder, das ferne Land ist die Welt, wo wir den allmächtigen Gott nicht sehen können und auch nicht wahrnehmen, dass Er uns sieht. Und dass der Sünder, obgleich Gott unsichtbar ist, doch errötet, als würde der gegenseitige Anblick stattfinden – das ist das Heldenhafte und Vollkommene an christlicher Scham.

Aber lasst uns von der Scham vor Gott zur Scham vor uns selbst kommen.

III

Bei der folgenden Betrachtung wollen wir den Glauben und die ganze Welt für einen Augenblick abseits stellen.

Wir stellen die Frage: Kann ein Mensch sich vor sich selbst schämen?

Will ein Mensch die Entwicklung seines Charakters bemessen und beobachten, so bemesse er, wie er sich schämt.

Vor Menschen Achtung und Reputation zu verlieren, ist eine gewöhnliche Scham, eine Scham, die keine Tugend offenbart, sondern eher Ehrgeiz. Jedoch die Achtung vor sich selbst zu verlieren und sich vor sich selbst zu schämen, das ist heldenhafte Scham.

So erklimmen wir also die höchste Stufe menschlicher hoher Gesinnung, wenn wir uns selbst in Ehren halten und es nicht wagen, vor uns selbst zu sündigen. Die Scham vor den Menschen ist eine Tochter der Ehre, die Scham vor Gott ist eine Tochter der Schuld und der Furcht, die Scham vor uns selbst ist eine Tochter der Vernunft, sie ist wie Minerva vom Geist des Jupiter.

Christus wählte zwölf Apostel und zweiundsiebzig Jünger aus und sandte sie aus zu lehren und zu predigen. Die Jünger sandte Er paarweise aus. Die Apostel sandte Er einzeln aus, den einen nach Asien, den anderen nach Äthiopien, einen anderen nach Indien und so fort.

Warum tat Christus das in dieser Weise?

Die Apostel waren, als sie ausgesandt wurden, schon Männer von hoher Tugend. Die Jünger waren dies noch nicht.

Wer die Stufe der Vollkommenheit erreicht hat, trägt den ehrenden Geleitbrief seiner Handlungen in sich.

Für jenen, der diese Stufe der Vollkommenheit nicht erreicht hat, sind die Augen und das Zeugnis seines Gefährten der Geleitbrief. Er gleicht dem Blinden, der, um nicht zu fallen, sich nach fremden Augen richtet.

Jener, der die Stufe der Vollkommenheit erreicht hat, vollbringt Werke, die seiner würdig sind, weil er sich selbst achtet und verehrt.

Jener hingegen, der die Stufe der Vollkommenheit nicht erreicht hat, vollbringt Werke, weil er sich vor anderen fürchtet oder schämt.

An dieser Stelle ist etwas Wesentliches zu beachten. Wie oft, Hochverehrte, vertraut man die Schwäche, die man vor der Öffentlichkeit verbirgt, und sogar der Familie verheimlicht, einem Diener an! Wer einem Diener seine Ehre anvertraut, verliert entweder die Ehre oder macht sich zum Sklaven des Dieners.

Der Mensch errötet auch in der Einöde und in der Finsternis vor seinen Untaten, indem ihn sein Gewissen anklagt. Vergessen wir nie: Der größte Schauplatz für den Menschen ist nicht die Welt – es ist sein Gewissen. Das Gewissen muss der sicherste Bürge für mein Verhalten sein.

Kurz gesagt: Ich muss ehrenhaft sein, nicht weil ich gesehen werde, sondern weil **ich** es **bin**, es muss genügen, wenn ich mich selbst sehe.

IV

Nachdem ich die Scham vor uns selbst erörtert habe, bleibt noch zu erforschen, ob es auch eine heldenhafte Scham vor den Menschen geben kann.

Es gibt Städte, wo die lasterhaften Sitten Gesetz geworden sind und die Laster selbst kein Ärgernis verursachen, ja sogar als Regel und als Muster dienen – wenn sich nun sogar an solchen Orten und bei einem solchen Volk jemand wegen seiner Vergehungen schämen würde, dann wäre dies heldenhafte Scham.

Wie und wo herrscht die Sittenverderbnis?

Dort, wo die unersättliche Sucht, sich zu erheben und emporzusteigen, die Regel ist und sogar ein öffentliches Gewerbe, wer wird sich da schämen ehrsüchtig zu sein? Wo man Habsucht und Geiz, wo man das Anhäufen von Erwerb, sei er gerecht oder ungerecht, für ein Glück hält und dem anderen gegenüber neidisch ist, wer wird sich da schämen habsüchtig und geizig zu sein? Dort, wo die größte Kunst der Betrug ist, wo die Verstellung als Klugheit gilt, wo Lüge und Schmeichelei als Verdienste gelten, wer wird sich da schämen zu lügen und zu betrügen?

Wenn daher unter einem Volk, in einer Nation, so viele Laster herrschen und sich doch jemand findet, der sich schämt an den Lastern teilzunehmen, dann wird dieser eine nicht bloß ein Mensch sein, der Scham in sich trägt, sondern er wird heldenhafte Scham in sich tragen.

Ich fand eine Anregung zu meinen Gedanken beim Propheten Isaias. Er sprach: »Weh mir, weil ich geschwiegen habe und ein Mann von unreinen Lippen bin und unter einem Volk von unreinen Lippen wohne.« (Isaias 6,5)

Merkwürdiger Ausspruch! In jener Zeit war, wie in unseren Tagen, das gängigste Laster – die Schmeichelei. Da wurden die Laster der Großen nicht nur keineswegs verurteilt, sondern, als wären sie Tugenden, auch noch gelobt und gepriesen. Man besang den Stolz, pries die Habsucht.

Wenn wir den Höfling, und selbst den Minister fragen, warum er verschweigt, was er sagen sollte; warum er gegen seine Überzeugung spricht; warum er das lobt, was er in seinem Innern missbilligt und verwirft; warum er das, was ihn beleidigt, gut aufnimmt; warum er sich unanständig kleidet; warum ihm keine Bescheidenheit zur Seite steht; warum er unterstützt, was er nicht unterstützen darf – so antwortet er: Er handle und lebe wie alle Übrigen und am Hofe könne man auf keine andere Weise leben.

So hätte Isaias sprechen können. Er sprach jedoch: »Weh mir!«

Er nahm nicht die Sittenverderbnis am Hofe zum Vorwand, Gleiches zu tun, sondern er sagte: »Auch wenn alle so handeln, darf ich deshalb nicht wie alle sein. Wenn ich auch mitten unter Menschen mit unreinen Lippen lebe, müssen meine Lippen dennoch rein und unbefleckt bleiben.«

Oh, wahrhaft heldenhafter Mensch! Mitten unter Menschen von unreinen Lippen leben und sich schämen, dass man denselben Fehler haben könnte – das ist das Hochsinnige der Scham.

Auch sei hier die Geschichte der zwei Richter aus Babylon erwähnt, die Susanna erobern wollten und ihr heimlich nachschlichen, jeder für sich. Was geschah, als sie einander gegenüberstanden?

Solange jeder von ihnen glaubte, der andere wäre, wie er sein müsste, solange blieb ihre Scham gewahrt. Sie hatten geglaubt, sie seien in ihrer Gesinnung von einander verschieden. Jetzt erkannten sie, dass sie dieselbe niedrige Gesinnung hatten und damit ging die Scham verloren, denn sie hatten einander kennen gelernt.

Wenn also die Ähnlichkeit eines Fehlers zwischen einem Menschen und einem anderen so viel vermag, dass sogar die Scham über ein Laster verschwindet, ja, dieses Laster durch das allgemeine Beispiel gerechtfertigt scheint – und wenn dann trotzdem das Laster bei einem Einzelnen Scham erregt, dann sehen wir daran den Sieg der Tugend über das Laster. Das ist die hohe Scham des Einzelnen vor den Menschen.

Doch ihr, Hochverehrte, mögt zufrieden sein mit der Scham vor Gott und vor euch selbst. Die Scham vor den Menschen, die möge dort gefunden werden, wo die Reinheit der Sitten zerstört ist und die Laster Sitte sind oder nicht für schlecht gehalten werden, oder, was das Schlimmste ist, wo die Laster die öffentliche Meinung und Billigung für sich haben. Dann denkt, dass euer Lebenswandel nicht nach dem Beispiel der Laster gestaltet oder verunstaltet werden darf, sondern lebt in standhafter und unbesiegbarer Weise!

V

Nehmt alle einen kurzen Rat mit nach Hause: Wie Morgenlicht, so sei die Scham!

Zweimal erscheint der Himmel im Farbenglanz, einmal gemalt von Morgenrot, und dann von Abendrot. Die Farbe Rot, womit die Scham über der Sünde das Angesicht bedeckt, dies sei die Farbe des Morgenrots. Warum soll die Farbe der Scham wie die der Morgenröte sein, und nicht wie jene der Abendröte?

Die Purpurfarbe der Morgenröte geht vom Dunkeln zum Lichthellen. Die christliche Scham sollte der Purpurfarbe der Morgenröte gleichen. Sie soll aus dem Dunklen hervorgehen und zum Guten führen, sie darf nicht aus dem Guten hervorgehen und zum Dunklen führen wie die Abendröte.

Zur Zeit des heiligen Augustinus gab es so verdorbene Jünglinge, von denen er einer war, dass sie sich nicht bloß der Tugend schämten, nein, sondern dass sie sich auch darob schämten, nicht so lasterhaft zu sein wie die Verworfensten.

Was lehrt das Evangelium? Das Evangelium lehrt Armut; doch wen gibt es, der sich nicht schämte arm zu sein!

Das Evangelium lehrt verzeihen und Beleidigungen vergessen; doch wen gibt es, der sich schämen würde, wenn er sich nicht rächte! Das Evangelium lehrt Verzichtleistung auf eitlen Prunk; doch wen gibt es, der sich schämen würde, in Prunk und Glanz dem Eitelsten gleichzukommen.

Das Evangelium sagt uns – wie die Morgenröte von der Finsternis zum Licht übergeht, so soll die Scham unser Antlitz zum Erröten bringen, in dieser Art sollten wir das Dunkle überwinden.

Doch weil die Befolgung dieses Rates nicht leicht ist, wage ich zu sagen:

Wenn du, o Christ, dir vornimmst zu sündigen, so geschehe es wenigstens im Geheimen; verbirg und begrabe deine Sünde, damit sie niemand wahrnimmt; denn die Scham, womit du die Sünde vor den Augen der Menschen verbirgst, wird dir in Gottes Augen Barmherzigkeit verschaffen.

Hochverehrte! Das erste und wichtigste Mittel, den Strafen zu entgehen, besteht darin, sich von Vergehen fernzuhalten; das letzte Mittel besteht darin, die Vergehen zu verbergen. Wenn euch die Scham nicht abhält zu sündigen, so sündigt wenigstens – mit Scham.

Die fünf Steine aus der Schleuder Davids
Vierte Predigt

Furcht vor künftiger Strafe

Hinführung (von Gloria Kaiser)

In der vierten Predigt zu den Steinen aus der Schleuder Davids spricht Antonio Vieira SJ über die Hölle; er spricht aus dem Jahr 1673 zu uns. Der ewig gültige Bibeltext ist also in die Gedankenwelt des Jahres 1673 gelegt, und vor etwa 350 Jahren war die Welt – unverändert wie im 13./14. Jahrhundert bei Dante Alighieri, der diese Vorstellung in der Dichtung verankert hat – eingeteilt in Himmel und Hölle, in Oben und Unten. Wir kennen die Zuordnungen – Hölle, Inferno als Abgrund, Hölle als qualvoller Zustand.

Die Hölle in unserem heutigen Verständnis ist selbstverständlich kein geographischer Ort und sie hat auch keine deutliche zeitliche Referenz; sie ist ein Zustand, den wir in uns haben. Hölle, Inferno – das ist das Negative in uns selbst, es ist jenes Feld, beackert vom Bösen, von Schlechtigkeit, das uns Zeit unseres Lebens zur Auseinandersetzung, auch zur Geheimhaltung zwingt, denn niemand soll wissen, wozu wir fähig wären. Die äußerste Stufe beim Durchwandern der Hölle wäre der Schrecken der Leere, weil wir zum tröstenden Gott in uns keinen Zugang mehr haben.

Antonio Vieira SJ weicht auch in dieser Predigt nicht von seinem Grundsatz ab, niemals zu verurteilen oder zu drohen, sondern zeigt immer den Weg der Versöhnung mit Gott und ermutigt uns, auf diese Versöhnung zu vertrauen. Und in dieser Richtung darf die Metaphorik des Begriffes Hölle in der vierten Predigt zu den Steinen des Davids – im Sinne Vieiras – verstanden werden – umso mehr als Vieira selbst wiederholte Male in der folgenden Predigt als Ort der Hölle die Seele des Menschen bezeichnet, über die dieser jedoch im Letzten selbst verfügen kann.

* * *

I

Hochverehrte!
Wenn die Schleuder Davids bis jetzt schon schrecklich war in der Schonungslosigkeit der Wahrheit, die sie traf und aufbrach, so ist sie doch niemals schrecklicher und schmerzhafter als in dem Zusammenhang, den ich heute darlegen will. Denn der heute geschleuderte Stein ist so hart und wuchtig, dass er das Haupt zerbricht und bis ins Gehirn dringt, auch wenn das Haupt mit einem eisernen Helm bedeckt ist.

Es wird eine Wunde geschlagen, die das Blut nicht nach außen zieht, sondern zum Herzen – das ist die natürliche Reaktion auf Furcht.

Der Gegenstand meiner Predigt wird also sein: die Furcht vor der Strafe.

Und ich werde über das »Inferno«, also die Hölle sprechen.

Die Gottesgelehrten unterteilen die Qualen der Hölle in die Qual der Emotionen und in die Qual des Verlustes der Anschauung Gottes.

Ich trete nun mit meinen Gedanken in das Innerste der Hölle und nehme dort eine Qual wahr, die unermesslich und peinigend ist. Es ist die Feuersäule der Schuld, die ewig brennt, und die Wolkensäule, die das Auge ewig umnachtet und es daran hindert, den Allmächtigen zu sehen.

Das will ich heute darstellen.

Hohe Versammlung! Wie alle, die hier versammelt sind, fürchte ich die Qualen der Hölle. Allerdings, den größten Schauer verursacht mir nicht, was die Menschen in der Hölle erleiden, sondern was Gott in der Hölle erleidet.

Wie? Schon höre ich eure Frage – Gott leidet in der Hölle?

Jawohl, die Sünder leiden in der Hölle, und der Allmächtige leidet in der Hölle.

Denn die Verdammten üben sich ständig darin, Gott zu hassen, zu lästern.

Der Allmächtige ist in ihnen, jedoch sie lehnen Ihn ab, sie wollen Ihn weghassen, Ihn weglästern – und sie fürchten die Leere, die ihrer Lästerung folgt. Das ist das Grauenvolle an der Hölle.

Die Hölle ist ein Ort, den wir den Zustand der Vergeltung nennen können.

Der Verdammte, der Sünder ist dort, wo er der Ordnung gemäß sein soll. Die Hölle unterliegt also einer Ordnung.

Vergehen ohne Strafe, ohne Vergeltung – das wäre Missklang und Missverhältnis.

Strafe hingegen, die mit der Schuld, mit der Sünde verbunden ist, bedeutet Einklang und Übereinstimmung.

Das gilt als Lehre für diejenigen, welche im Staat den Takt geben. So mögen also die Fürsten ihre Gewalt und die Werkzeuge der Gerechtigkeit miteinander in Einklang und Übereinstimmung bringen.

Die Feuersäule der Hölle ist ein Werkzeug der göttlichen Gerechtigkeit.

Den Heiden peinigt sie weniger, denn er lebt in Unwissenheit. Den Christen peinigt die Hölle heftiger, denn er lebt im Glauben und noch mehr peinigt die Hölle den Geistlichen, den Ordensmann, wegen der ernsten Verpflichtungen seines Standes.

Die Gerechtigkeit Gottes bestimmt die Strafe; Seine Barmherzigkeit mildert sie, Seine Weisheit verteilt sie, Seine

Allmacht vollzieht sie und zwar in Verhältnismäßigkeit – es ist in der Hölle eine Übereinstimmung wie jene im Himmel, also im Zustand der Vollendung.

Die größeren und minder großen Qualen bringen die Töne hervor, der Unterschied in der Tonlage zeugt die Tonbilder, das Zeitmaß ist die Ewigkeit. Im Abgrund der Hölle herrschen Verwirrung und Getümmel, ein Getöse der Empfindungen, Gefühle und Leidenschaften, verbunden mit Geschrei und Geheul, womit die Verdammten fort und fort, ohne Unterlass, den Himmel lästern. Da flammt der Hass, da nagt der Neid, da schäumt der Zorn, da rast die Verzweiflung, da ruft wütend der Schmerz, da bricht die Rache in Beleidigungen aus, in Schmähworte, in Flüche und Verwünschungen gegen Gott, den die Verfluchten immer mehr hassen. Alle Wohltaten Gottes werden mit grauenhaftem Ruf geschmäht. Gerechtigkeit wird Ungerechtigkeit genannt, Gottes Güte und Seine Barmherzigkeit wird grausam genannt, Seine Weisheit als unwissend, Seine Allmacht als schwach und feig geschmäht, da sie nur bei Schwachen und Unglücklichen angewandt werde. Es wird die ganze Schöpfung gelästert.

Es ist ein unendlicher Missklang in der Hölle, der nicht aus der Gerechtigkeit des Allmächtigen hervorgeht, sondern aus der Bosheit und dem Frevel der Sünder.

III

Bosheit, Hässlichkeit, Grausamkeit sind im Vergleich mit noch anderen Qualen der Hölle zu sehen; sie sind alle grauenhaft, doch es gibt eine, die die Schrecklichste ist: der Anschauung Gottes beraubt zu sein und in aller Ewigkeit sich dazu gedrängt zu fühlen, Ihn zu lästern und zu verfluchen.

Von welcher Hölle ist die Rede? Es ist die Hölle im Herzen dieser Sünder, die Hölle des Hasses gegen Gott.

Die Lästerung, die Verwünschung, ist jene Hölle, die jeder

in sich trägt. Diese Hölle will zerstören und vernichten was in unserem Inneren sich immer wieder meldet, sie hält uns mit ihrer Stimme in Bann, sie drängt uns, ununterbrochen zu lästern und zu verwünschen. Immer will sich die Seele mit dem Allmächtigen in Versöhnung verbinden, jedoch die Lästerungen verhindern das; die Lästernden wollen das nicht wahrhaben.

Deshalb ist diese Hölle die vollkommene.

Christus selbst gibt uns eine Antwort. Als Er am Kreuz hing, sagte Er: »Mich dürstet«. Das entsprach dem Feuer, das die Qual der Sinne und des Körpers ist.

Die Qual des Verlustes, die Qual der Beraubung der Anschauung des Allmächtigen kommt in Seinem Ruf zum Ausdruck: »Mein Gott, mein Gott, warum hast du mich verlassen?«

Was musste Christus hören, erleben, als Er die Qualen am Kreuz zu erleiden hatte! Die Hohepriester, Pharisäer, Schriftgelehrten lästerten und spotteten auf grausame Weise: Ist er der Sohn Gottes, so steige er vom Kreuz; er hat auf Gott vertraut, der erlöse ihn nun. So erlebte Christus wie Sein himmlischer Vater gehasst und gelästert wurde, und diese Lästerungen waren die Qualen der Hölle, die Christus umgaben, die Ihm am meisten Pein bereiteten. Lästerworte sind Schmerzen der Hölle.

Denken wir an die Geschichte des reichen Prassers, an seine Bitte gegenüber Abraham, er möge seine Fingerspitze ins Wasser tauchen und seine Zunge kühlen.

Nur um Linderung für seine Zunge bat er?

Er beklagte sich nicht über die Qualen, die er wegen seiner einstigen Sünden litt, sondern über die Sünden, die seine lästernde Zunge beging. Seine Zunge sprühte Lästerungen zum Himmel, sprühte sie gegen Gott und diese Flamme quälte ihn am meisten.

Die anderen Qualen peinigen den Unglücklichen, doch er empfindet sie als gerecht. Doch die Flammen der Lästerung, die der Mund des Unglücklichen versprüht, suchen Gott zu verletzen, und sie peinigen den Prasser mehr als alle seine Qualen, deshalb fleht er um Linderung für den Brand seiner Zunge.

IV

Das, Hochverehrte, ist die eigentliche Hölle, und sie besteht aus drei Teilen:

Feuer, Schwefel, Sturmwind.

Feuer ist die Qual für die Sinne; Schwefel verdunkelt, er ist die Qual für den Verlust der Anschauung Gottes, er verdunkelt die Seele; Sturmwind, das sind die Lästerungen und Verwünschungen, das ist der wütende Hass, der in unserem Innersten gegen den Allmächtigen ausgestoßen wird.

Nicht nur die Dichter, auch die Propheten beschreiben den furchtbaren Sturm. Die Wut der Winde schleudert die Wellen empor und schleudert sie in den tiefsten Abgrund. Donnerschläge und Blitze beim Sturm der Verwünschungen schallen und flammen nicht nur von der Hölle bis zum Firmament, sondern unendlich weiter, bis zu Gott selbst und zurück in unser Innerstes, wo wir Gott immerzu verwünschen.

Diese Hölle fürchten wir am meisten.

V

Wollen wir nun über die Lästerung selbst sprechen.

Wir haben festgestellt, dass bezüglich der Sünden und ihrer Vergeltung in der Hölle Übereinstimmung besteht. Es siegt die Gerechtigkeit.

In unserer inneren Hölle sehe ich die Beleidigungen gegen den Allmächtigen, ich sehe wie Er ungestraft verwünscht und entehrt wird. Es treibt den Menschen in seinem infernalischen Inneren dazu, alle göttlichen Eigenschaften mit Schmach und Verwünschungen bedeckt zu sehen.

Den Totschlag, den Ehebruch, den Verrat, die Treulosigkeit, all diese Verbrechen, die sich David zu Schulden kommen ließ, hatte Gott ihm bereits verziehen. »Doch weil du bewirktest, dass deine Feinde den Allmächtigen lästerten, soll das Schwert nicht weichen von deinem Hause.« (II Könige, 12, 12)

David selbst hatte Gott nicht gelästert, er hatte bloß Veranlassung gegeben, dass Gott von anderen gelästert wurde.

VI

Die Furcht vor der Hölle kann indes ein sicherer Geleitbrief sein auf dem Pilgergang ins ewige Leben.

Denn wenn ein Mensch das Getriebenwerden zur Lästerung und Verwünschung ständig in sich bekämpft, wenn er dieses Getriebenwerden fürchtet, dann wird er von der Hölle befreit, dieser Mensch kann nicht verloren sein, er wird Vergebung erlangen.

VII

Wir können also die sichere Hoffnung haben, zur Seligkeit zu gelangen, wenn wir uns dazu entschließen, in unserer inneren Hölle Lästerungen und Verwünschungen nicht zuzulassen – das ist der sichere Schild gegen alle Versuchungen unserer inneren Hölle.

Die alten Väter der Kirche empfahlen ein wirksames Mittel gegen diese Versuchungen: Man möge die Hand oder einen Finger ins Feuer halten, um sich auf diese Weise der Sünde zu enthalten.

Vielleicht ein gut gemeinter Rat. Doch ich würde ihn nicht erteilen. Wenn euch die Welt oder ein anderer Feind verführt zu Lästerung, Beleidigung, Verwünschung, dann stellt vielmehr an euer Herz die Frage:

Wagst du es, meine Seele, zu lästern, zu verwünschen, zu beleidigen?

Wenn du es wagst, dann fürchte nicht die Hölle, denn du bist schon in derselben.

Wenn du es nicht wagst, weil du die Hölle fürchtest, dann fürchte den ersten Schritt dorthin, fürchte jede Sünde.

Die fünf Steine aus der Schleuder Davids
Fünfte Predigt

Hoffnung auf ewige Seligkeit

I

Hochverehrte!

Es ist in der Schleuder Davids nur noch ein Stein übrig. Wenn dieser Stein ohne Wirkung ist, wird das Haupt des Riesen so eitel und stolz bleiben wie zuvor.

Dieser letzte Stein hat eine gute Farbe: grün.

Der erste Stein war weiß und durchsichtig wie ihn die Selbstbeobachtung erforderte. Der zweite Stein war schwarz wegen des Schmerzes über das Verlorene; der dritte war rot wegen der Scham über die begangenen Sünden, der vierte Stein war blass oder gelblich, er hatte die Farbe der Furcht, und dieser nun, der letzte Stein ist grün, er hat die Farbe der Hoffnung.

Heute geht es um die Entdeckung der Hoffnung, der reinen und endgültigen Hoffnung auf das Gute, auf die Vollkommenheit im Himmel.

Groß war meine Vermessenheit, mit der ich die bisher behandelten Themen bereiste, ich durchpflügte sie wie fremde Meere und nun habe ich den Anker der Hoffnung an jenem Ort gelichtet, wo die Hoffnung am tiefsten und am höchsten ist, am Tiber in Rom.

Dieses Bekenntnis möge als Bitte dienen: Schenkt mir ein letztes Mal eure Aufmerksamkeit.

Die Hoffnung auf ewige Seligkeit – das wird der Gegenstand meiner heutigen Predigt sein. Zunächst sollten wir berücksichtigen, dass weder Freude noch Glück mit dem Begriff Hoffnung vereinbar sind. Gott ist ein gerechter Vergelter, und wenn Er die Hoffnung mit der ewigen Seligkeit belohnt, so belohnt Er eine Ewigkeit mit einer anderen: die Ewigkeit der Hoffnung mit der Ewigkeit der Seligkeit.

Wer in der Hoffnung auf Belohnung dient, der dient und hofft zugleich.

Das Maß des Dienens, die Dauer des Dienens nennen wir Zeit; die Dauer des Hoffens nennen wir Ewigkeit. Wenn also die Belohnung mit dem Verdienst übereinstimmen soll, muss das Dienen genauso ewig währen wie das Hoffen. Und damit haben wir die Erklärung, dass eine Ewigkeit, jene des Dienens, mit einer anderen, jener des Hoffens, verdient wird und deshalb ewige Seligkeit auch ewige Hoffnung bedeutet.

Die Hoffnung ist also eine Empfindung, welche die Zeit in Ewigkeit verwandelt. Deshalb verwandelt die Gerechtigkeit des Allmächtigen die Hoffnung dieses Lebens in die Ewigkeit des anderen Lebens. Dies geschieht deshalb, um die Qual, zu der Hoffnung sich oft entwickelt, mit einer Freude zu belohnen, denn das Flüchtige, das Flüchtende der Zeit der Hoffnung erscheint uns als Ewigkeit.

Was ist die Ewigkeit? Sie ist eine Dauer, die kein Vorher und kein Nachher hat, sie ist ein steter Augenblick, der weder in Jahren noch in Tagen zu messen ist, sie ist ein stetes Heute, das kein Gestern und kein Morgen kennt, sie ist stete Gegenwart ohne Vergangenheit, ohne Zukunft.

So verhält es sich mit der ewigen Seligkeit. Die unermessliche Freude vergeht niemals, sie verwandelt das Gegenwärtige in Vergangenes, verwandelt Jahrhunderte in Augenblicke.

Damit euch meine Darlegung nicht als etwas Unmögliches erscheint, will ich meine Sicht erklären: Die Zeitdauer hat immer ein doppeltes Maß, jenes der Wirklichkeit und jenes der Vorstellung.

So maß Jakob die Zeit, während er aus Liebe zu Rachel diente: Die Jahre der Mühseligkeit seines Dienens wurden in seiner Vorstellung durch das Übermaß seiner Liebe zu wenigen Tagen, zu einer kurzen Zeitdauer.

Wird die Zeit nach der Wirklichkeit gemessen, ist sie immer dieselbe; wird sie jedoch nach der Vorstellung gemessen, dann ist sie verschieden. Licht und Freude verkürzen die Zeit, Schmerz verlängert die Zeit – so erscheint es uns.

So verhält es sich auch mit der Vorstellung der Freude über das, was wir besitzen, oder mit der Vorstellung dessen, was wir erhoffen, was wir erwarten. Hoffnung ist unermesslich, Hoffnung dehnt jeden Zeitraum. Da die Hoffnung also von der Art ist, dass sie aus einer kurzen Zeit eine Ewigkeit formt und die ewige Seligkeit sich in eine kurze Zeit verwandelt, so entspricht die Freude im anderen Leben dem Hoffen, der Hoffnung in diesem Leben. Es wird also die ewig lange Hoffnung dieses Lebens mit der Freude des ewigen Lebens belohnt.

III

Wir haben nun das Verhältnis der Hoffnung zur Freude, zur ewigen Freude beleuchtet.

Die Hoffnungen, welche das Irdische betreffen, sie sind immer getrübt durch die Wandlungen der Zeit.

Was die Tugend der Hoffnung betrifft, so sei das Wort des Propheten die Leitlinie: Auf Gott will ich hoffen und nichts fürchten, was die Menschen mir auch tun mögen.

Wodurch stand David so hoch im Dienst der Hoffnung? Er hatte alle Stufen der Hoffnung erstiegen, sodass er weder auf Erden noch von Gott mehr zu erlangen hoffte als eben die

Anschauung Gottes selbst. David sagt: Die Erde ist für mich nichts, der Himmel ist für mich gleichfalls nichts. Alles, was der Himmel mir geben oder verheißen kann, ist die Hoffnung auf den Anblick Gottes.

Seht, Hochverehrte, wie unser Herz beschaffen sein soll, um auf vollkommene und heldenhafte Weise zu hoffen. Was begehrt, was erwartet Gott von uns? Nichts, als uns selbst.

Der heilige Augustinus sagt es in klaren Worten: »Dich begehrt er, und nicht das Deinige!«

Und das war der größte Zweikampf, den David uns vorführte, der größte Zweikampf zwischen David und dem Riesen. Es betraten die Hoffnung Davids und die Hoheit Gottes den Kampfplatz. Es kämpfte Heldenhaftigkeit gegen Heldenhaftigkeit, Unabhängigkeit gegen Unabhängigkeit. Da forderte der heilige König David Gott mit den Worten heraus: Die Hoheit Gottes ist unabhängig von meinen Gütern, und meine Hoffnung ist unabhängig von Seinen Gütern, denn ich finde alles in Ihm – das ist die höchste Vollkommenheit meiner Hoffnung.

IV

Nun wird man mir entgegenhalten: Was kann böse daran sein, wenn wir neben Gott noch andere Dinge, die nicht böse, sondern gut sind, lieben oder besitzen? Was kann böse daran sein, Gott zu achten und gleichzeitig ein jährliches Einkommen von hunderttausend Cruzados zu besitzen? Was kann böse daran sein, Gott zu achten und gleichzeitig vierzig Meilen Land, bedeckt mit Herden, Saatfeldern und Knechten zu besitzen? Was kann böse daran sein, Gott im Herzen zu haben und auf dem Haupt eine Krone? All dies oder ein Teil davon, was wird es Böses bewirken, wenn der Besitz mit dem Allmächtigen vereint ist?

Wir haben eine Wahrheit zu berücksichtigen: Alle Hoffnung ist ihrem Wesen nach eine Gewinn suchende Empfindung, sie sucht umso mehr Gewinn, je vollkommener sie ist.

Bedenken wir, dass wir in dem Maße, als wir andere Güter begehren, uns von Gott entfernen und damit das Höchste verlieren!

V

Hoffnung in Vollkommenheit – wie verhält es sich damit?
Salomon ließ sich von gefeierten Künstlern einen Thron bauen, dessen Stufen purpurn waren und zuoberst war eine Sänfte aus Gold und unter dem Auftritt zur Sänfte war das Bildnis der Liebe.

Salomon veränderte die Darstellung der Maler und gebot beim Auftritt das Bild der Hoffnung. Hoffnung war die letzte Stufe.

Betrachten wir nun Rom. Überlegen wir, erwägen wir, ob in irgendeiner anderen Hauptstadt der Welt die Hoffnung so mächtig in Versuchung geführt wird, oder so heftig in Versuchung führt.

Die zwei größten Versuchungen, womit der Dämon in Versuchung führt, sind dieselben, womit die Hoffnung in Rom in Versuchung führen kann.

Der Dämon versprach Adam, er würde werden wie Gott.

Und wie führte der Dämon den Erlöser in Versuchung? Indem er Ihm versprach, er werde Ihm alle Reiche der Welt geben. »Alles will ich dir geben, wenn du niederfällst und mich anbetest.«

Mit denselben Versprechungen betreibt die Hoffnung in Rom die Versuchung: das Versprechen, zu werden wie der Allmächtige, und die Herrschaft über alle Reiche der Welt zu erhalten.

Wenn nun die Hoffnung auf diese doppelte Weise zu verführen sucht und dies bei jedem, nicht nur beim Ehrgeizigen, sondern auch beim Frömmsten, wer wird imstande sein der Versuchung zu entgehen – es sei denn, er, der Versuchte, setzt seine Hoffnung auf Gott!

Auf den Allmächtigen hoffen!

Vernehmt dazu den hohen Meister: Es ist besser, auf den Herrn zu hoffen, als sich auf Fürsten zu verlassen, denn diese sind Menschen!

Ich möchte es noch klarer ausdrücken: Hofft nicht auf die Menschen, denn bei ihnen gibt es keine Gerechtigkeit für Leistung, keine Dankbarkeit für Wohltaten, keine Treue für Versprechungen, keine Standhaftigkeit in der Freundschaft.

Bedenkt: Die Hoffnung, die verzögert wird, ist eine Krankheit des Herzens.

Ja, was ist Rom anderes als ein Spital voller Kranker, von denen einige unheilbar, andere nicht recht geheilt sind. Da haben so viele keine Rast und Ruhe, sie klagen immer, sind immer traurig, seufzen, ringen immer mit dem Tode – und haben keine andere Krankheit als jene eingewurzelte Täuschung, die ihr ... Hoffnung nennt.

Wie oft hört man die Klage: Ich habe keinen Menschen, und dabei setzen sie ihre Hoffnung auf die Menschen, die ihnen nicht helfen können, sie hoffen und geben endlich alle Hoffnung auf, und auch alle Geduld.

Zur Zeit der Kaiser Nero und Diokletian gab es viele Märtyrer. Heutzutage gibt es mehr. Jene waren Märtyrer des Glaubens, diese Menschen heute sind Märtyrer der Hoffnung und der Geduld. Jede menschenbezogene Hoffnung ist ein Martyrium.

Frei bekenne ich: Weder eure Hoffnung noch eure Geduld bewundere ich.

Hochverehrte, die ihr aus freiem Willen krank seid, oft auch Märtyrer seid.

Wenn eure Hoffnung voll großer Widerwärtigkeiten ist, voll großer Drangsale und Qualen und Verzweiflung, dann tauscht diese unglückliche Hoffnung mit der beglückenden Hoffnung auf die ewige Seligkeit. Betrachtet den Aspekt dieses Tausches, den Gewinn dieses Tausches; die Hoffnung hier hat entweder kein Ende, weil sie das ersehnte Ziel nicht erreicht, oder, wenn

sie zum Ziele gelangt, dann ist das Ende der Hoffnung der Anfang einer anderen Hoffnung, und diese ist noch größer und
darum noch schwerer zufrieden zu stellen.

So erreicht uns das Gute dessen, was wir gehofft haben – niemals.

Einzig die Hoffnung auf die ewige Seligkeit ist das Gute und
wahre Hoffnung zugleich.

Schlusswort

Nun bin ich mit dem letzten Stein zu Ende.

Hat meine Rede nicht dem Wunsch entsprochen, dann ist das mehr eurer Unachtsamkeit als meiner Nachlässigkeit zuzuschreiben.

Die Schleuder warf die glatten Steine nach der Stirn des Riesen. Sein eigenes Schwert war es, das sein Haupt vom Rumpfe trennte. Daher brachte David das Schwert im Tempel als Weihegabe dar, um die Schleuder kümmerte er sich nicht.

Ach, was nützen Schwertschläge von außen, wenn die Leidenschaft im Innern die Oberhand gewinnt! Der Riese stand vor seinem Feinde, war vor Zorn und Wut entflammt gegen David. Er war sich sicher, er werde David in Stücke hauen – gerade wegen der ihn so sonderbar anmutenden Geringschätzung, mit der David ihn zum Zweikampf aufgefordert hatte.

Und dann, betäubt von dem Schlage, fiel der Riese mit dem Angesicht zu Boden.

David zog den Stein nicht aus dem Haupt des Riesen, sondern ließ ihn tief in dessen Gehirn. Dasselbe tue ich.

Behaltet den Stein der Selbstbeobachtung in eurem Gedächtnis und denkt daran, dass ihr eine Seele habt, eine unsterbliche Seele.

Behaltet im Gedächtnis den Stein des Schmerzes über das Verlorene und bereut, gesündigt zu haben.

Behaltet im Gedächtnis den Stein der Scham wegen der begangenen Sünden und schämt euch vor Gott, vor den Menschen und vor euch selbst.

Behaltet im Gedächtnis den Stein der Furcht vor der ewigen Strafe und fürchtet den Hass und die Lästerungen gegen den Allmächtigen mehr als alle Qualen der Hölle.

Behaltet im Gedächtnis den Stein der Hoffnung auf die ewige Seligkeit, und lebt als Menschen, die hoffen, selig zu werden und damit das höchste Gut zu erlangen.

Bewahrt im Gedächtnis, was ihr gehört habt und denkt darüber nach, einmal und noch einmal, stellt darüber Betrachtungen an, wieder und wieder, denn eine einzige Betrachtung ist nicht genug.

Es ist nicht genug, bloß einmal an den Sieg über die Vergehen und Laster zu denken, nein, es ist notwendig, immer wieder darüber nachzudenken, damit schließlich eure Betrachtungen voll Andacht auf jene fünf Steine gelenkt werden, die stärker sind als alle vorher genannten.

Christus, der Gekreuzigte, ist der wahre David gewesen, der mit den fünf Steinen Seiner heiligsten Wunden die Welt besiegte, die Sünde und die Hölle. Bringt diese fünf Steine an die fünf Quellen der Barmherzigkeit; taucht sie oft in den Strom des Lebens, dann werden sie darin gewaschen und gereinigt werden, und es werden die Mängel meiner Reden ersetzt sein und meine Reden werden die glatten Steine aus dem Bache sein.

Daher habe ich euch, wenn ihr euch wohl erinnert, am Anfang gebeten, ihr möget mir Kopf und Herz leihen in einer Art, die frei sei von Leidenschaften. Denn Kopf und Herz sind es, die Widerstand leisten und Wirkung verhindern. Jedoch, bei all dem gebe ich meine Hoffnung nicht auf, da heute der Tag der Hoffnung ist.

Das Wollen und das Können
Predigt auf den dritten Sonntag nach Epiphanie

Gehalten 1647 in der Kathedrale von Lissabon

Matthäus 8,2:
»Wenn du willst, so kannst du.«

Extrakt:
Das Wollen ohne das Können ist schwach; das Können ohne das Wollen ist unnütz.

Auf dreifache Weise ist das Wollen mit dem Können in Einklang zu bringen:

Wir wollen, was wir können – was wir also imstande sind zu tun,

Wir wollen mehr, als wir können,

Wir wollen weniger, als wir können.

Jeder Mensch sollte sein Können und sein Wollen genau bemessen,

und sein Streben, mehr zu wollen als zu können, ständig prüfen.

* * *

I

Hochverehrte!

Sind Wollen und Können getrennt, dann sind sie nichts; sind sie vereint, sind sie alles.

Ein armer, kranker Mensch flehte Christus an, Er möge ihn heilen – der Kranke hatte aber Zweifel am Willen Christi.

Ein anderer sagte zu Christus: Vermagst du es, so hilf!

Beide Menschen suchten Heilung, beide zweifelten. Der eine zweifelte an Christi Wollen, der andere an Christi Können.

Christus antwortete: »Ich will und kann«.

Welches Glück ist es, einem Fürsten, der will und kann, eine Bitte vorzutragen.

Das Höchste eines Fürsten ist das Können, und das Beste ist das Wollen.

Alles zu können und alles zu wollen, zwei Eigenschaften von Christus. Als Sohn Gottes war Er allmächtig, also unendlich im Können, als Mensch allgütig, also unendlich im Wollen.

In Christus waren Wollen und Können vereinigt, und das sollte für uns ein Thema der Nachahmung sein.

Sehen wir dagegen den Menschen an:

Beim Menschen ist das Können oft gering und beschränkt, und das Wollen oft unersättlich und schrankenlos.

Das Wollen ohne das Können ist schwach, das Können ohne das Wollen ist unnütz.

Wird sich in diesem Zwiespalt ein Weg der Zusammenführung finden lassen? Ich erkenne die Schwierigkeit und werde darüber in meiner Predigt sprechen.

Wollen wir also die Worte: »Wenn du willst, so kannst du«, nach allen möglichen Seiten hin betrachten.

II

Über das Streben, mehr zu wollen, als man kann

Wenn wir nach der Ursache aller Übel und alles Verderbens in der Welt forschen, so sehen wir, dass die Hauptursache darin besteht, dass die Menschen nicht imstande sind, ihr Wollen mit ihrem Können in Einklang zu bringen. Es scheint eine natürliche Neigung jedes Menschen zu sein, nicht bloß danach zu streben, mehr zu sein, als er ist, sondern auch mehr zu wollen, als er kann.

O Adam, du bist ein Mensch und wolltest sein wie der Allmächtige. Erkennst du nicht, dass du nicht sein kannst wie Gott? Welche Blindheit deines Verstandes zeigt sich hier, wenn der Ehrgeiz den freien Willen so weit treibt, dass der Mensch mehr begehrt, als er kann!

Der Mensch hatte die Herrschaft über alle Fische des Meeres, über alle Vögel der Luft und über alle Tiere, die sich regten auf der Erde. Und doch gab es eine noch höhere Macht, die des ewig Allmächtigen. Adam war mit seiner Macht nicht zufrieden und was folgte daraus? Das Verderben aller Menschen.

Sprechen wir von den Menschen, die sich bessern könnten, wenn sie nur wollten. Warum gehen riesige Reiche, gut organisierte Staatskörper unter, warum sehen wir sie zerrüttet oder geschwächt? Weil die Herrscher in blinder Gier mehr wollten, als sie ausführen konnten.

Aus diesem inneren Konflikt im Menschen – mehr zu wollen als zu können – kommen die Kriege, auch die tollkühnen Taten, auch die prachtvollen, manchmal unsinnigen Gebäude, wie der Turm zu Babel. Es wird für eine einzige Idee alles gegeben und dafür allen anderen entzogen. Auch wenn der Aufwand aus dem Überfluss der königlichen Schatzkammern bestritten wird, bleibt der Zweck trotzdem leerer Prunk. Wie wird es dort sein, wo der Aufwand aus dem Blut, dem Schweiß, den Tränen der Untertanen gepresst wird?

Salomon war jener König, der sich während seiner Herrschaft sowohl im Inneren als auch im Äußeren des Friedens erfreute. Jedoch durch den Prachtaufwand, mit dem er Jerusalem ausstattete – es gab in Jerusalem soviel Silber wie Pflastersteine –, wurden alle Völker der Welt angelockt. Dann tat er das Ungeheuerliche, er zerstörte alles Edle, da er mit seiner Macht und Größe nicht zufrieden war.

Sein Sohn Roboam wollte in der Macht über seinem Vater stehen und gab der Klage seiner ausgepressten, geschundenen Untertanen kein Gehör, also verweigerten sie ihm den

Gehorsam und Roboam verlor von den zwölf Stämmen seines Reiches an einem Tag zehn.

Mehr anzustreben, als man zu vollziehen imstande ist – wie stellt sich das in den einzelnen Ständen dar: Der Handwerker will leben wie ein Knappe, der Knappe wie ein Ritter, der Ritter wie ein Graf, der Graf wie ein Fürst. Jedoch, je gewaltsamer das Streben nach oben geht, desto tiefer sinkt das Können. Ja, wer mehr anstrebt, als für sein Können entsprechend ist, der bekommt nicht, was er sucht, sondern verliert das, was er besitzt.

Seht, was aus der Ohnmacht derer folgt, die anstreben, was über ihre Kräfte geht.

Was habt ihr durch dieses unbesonnene und eitle Streben gewonnen oder verloren?

Eure Unabhängigkeit, um nichts bitten zu müssen und niemandem gefällig sein zu müssen!

Und was habt ihr gewonnen? Den Neid eurer Freunde, den Unwillen der Klugen und Besonnenen und sogar die Ungnade der Fürsten; ihr wolltet ihnen schmeicheln, doch wie sollen sie euch vertrauen, wenn sie sehen, wie ihr euer Wollen und euer Können nicht richtig einsetzt.

III

Der Nachteil für das Gemeinwesen

Doch all das, was ich bisher sagte, mag noch hingehen, denn es ist kein allgemeiner Nachteil. Wenn der Nachteil hingegen das Gemeinwesen trifft, dann ist es ein Verhängnis.

Wenn der Staatssekretär sich maßlosen Aufwand erlauben will, was wird er tun? Er vertauscht sein Äußeres, seine Federn mit denen des Sperbers und Geiers, und es gibt keinen Raubvogel, der so viel in seinen Krallen fortträgt.

Der Junker, der von den Erträgnissen seines Erbes lebt, wird sich mit den Federn derer schmücken, die unter ihm stehen. Der Kaufmann, der sich im Geheimen mit jener Bank verbrüdert, die den königlichen Schatz verwaltet, wird Minister bestechen, damit sie den Betrag, den er zu seinem Vorteil nahm, gestatten, und er wird die Minister erneut, ja immer wieder bestechen.

Unermesslich wäre dieses Thema, würde ich alle Stände berücksichtigen, und immer würden wir dasselbe feststellen: dass gerade diejenigen, die die Pflicht haben, den Staat zu beschützen, denselben auf grausame Weise bekriegen. Ein Mensch wird reicher, andere werden ärmer. Damit ein Haus, ein Herrschaftsgeschlecht sich erhebt oder wieder aufersteht, stürzen viele andere zusammen und werden begraben.

Was der Feldherr nicht bezahlen kann, muss das Heer bezahlen. Was Portugal nicht bezahlen kann, muss Brasilien bezahlen.

Wie lautet der Ausspruch eines alten Gesetzgebers: das Erste, das aus Prachtaufwand und Üppigkeit hervorgeht, ist Tyrannei. Allen gelüstet es nach mehr, keiner ist mit dem Notwendigen zufrieden, alle trachten nach Überfluss, und das ist es, was wir Prunksucht nennen. Prunksucht in der Kleidung, Genusssucht in den Mahlzeiten, Prunksucht im Glanz der Frauen, im Glanz der Kinder, der Dienerschaft. Und wo das Eigentum nicht hinreicht, eignet man sich mit List oder Gewalt fremdes Eigentum an – das ist dann offene Tyrannei.

Es bietet sich mir mit diesem Thema die Gelegenheit, mit aller Schärfe über die Waffen der Tyrannei zu sprechen. Das Gesagte wird hinreichen, den Grundstein zu erkennen: Die Wurzel aller besonderen und allgemeinen Nachteile, welche Familien und Gesellschaften und Staaten erleiden und wodurch die Welt in Gefahr kommt, besteht darin, dass die menschliche Gier, Ehrsucht und Verblendung nicht an ihr Können den rechten Maßstab legen und ihr Wollen und Können nicht miteinander in Einklang bringen.

IV

Um die nötige Übereinstimmung zu verwirklichen, muss jeder Mensch sein Können genau bemessen. Wer von euch, der einen Turm bauen will, wird sich nicht zuvor niedersetzen und die nötigen Kosten überlegen, ob er mit dem, was er hat, sein Auslangen finden wird! Denn wenn er den Bau nicht vollenden könnte, würden alle, die das sehen, ihn verspotten.

Wenn Christus von unserer Hauptstadt gesprochen hätte! Selten findet sich in Lissabon ein großes Gebäude, das vollendet wäre. Das bemerken die Besucher aus dem Ausland und sie sagen: Bei euch Portugiesen steht das Können immer tief unter euren Entwürfen und Plänen, also unter eurem Wollen!

Aber auch Könige und Mächtige sind von dieser Regel nicht ausgenommen. Welcher König wird gegen einen anderen König Krieg führen, ohne sich zuvor zu überlegen, ob er mit zehntausend Mann bei jenem etwas ausrichten kann, der mit zwanzigtausend Mann gegen ihn antritt.

Was werden jene sagen, die der Meinung sind, sie könnten alles?

Christus stellte die Frage: Könnt ihr den Kelch trinken, den ich trinken werde?

Und die Apostel entgegneten, ohne genauer abzuwägen, worum sie gefragt wurden: Wir können es.

Wir wissen, der Kelch war von jener Art, dass selbst Christus zum Himmel flehte: »Vater, wenn es möglich ist, gehe dieser Kelch an mir vorbei. Doch nicht mein Wille, sondern dein Wille geschehe.«

Die Apostel antworteten vorschnell: »Wir können es.«

Wenn ihr also weder wisst, was ihr zu tun imstande seid, noch wisst, worum es sich handelt, und ihr sagt trotzdem: Wir können es!, dann gehört ihr zu denjenigen, die weder erwägen noch erkennen, was sie können und sich dem Wahne hingeben, sie könnten alles.

V

Über das Wollen.

Es gilt zu unterscheiden:
Wir wollen, was wir können, also was zu tun wir imstande sind,
wir wollen mehr, als wir können,
wir wollen weniger, als wir können.
Und auf diese dreifache Weise ist das Wollen mit dem Können in Einklang zu bringen.

Wenn wir wollen, was wir können, dann kommt das menschliche Wollen und Können dem göttlichen Willen und der göttlichen Allmacht gleich.

Wenn sich also der menschliche Wille nach dem menschlichen Können richtet, dann wird das Wollen die Grenzen des Könnens nicht überschreiten.

Doch der Übermut der Mächtigen ist von jener Art, dass sie glauben, sie könnten alles und ihre Macht habe keine Grenzen.

Werte Gemeinde, nehmen wir einmal an, ihr hättet die Vermessenheit zu glauben, dass ihr alles zu tun imstande wäret. Und schon glaubt ihr, dass es nichts gebe, worüber sich eure Macht nicht erstreckte. Was wäre das für ein Selbstbetrug!

Alles können besteht darin: einiges zu können und einiges nicht zu können; es besteht darin, das zu können, was erlaubt und gerecht ist, und das nicht zu können, was unerlaubt und ungerecht ist, und nur derjenige, der auf diese Weise »kann und nicht kann«, ist mächtig.

Wollt ihr also mächtig sein, dann seid nur imstande zu tun, was erlaubt und gerecht ist, und hegt nicht den Wunsch, etwas tun zu können, was unerlaubt und ungerecht ist.

Wer kann, was er will, ist in der Tat mächtig, unter der Voraussetzung, dass er das Gute will, denn in diesem Wollen und Nichtwollen besteht die wahre Macht.

VI

Wir haben nun das Ebenmaß besprochen, nämlich dass jeder nur das will, was er kann.

Nun will ich zu jenen sprechen, die dieses Maß überschreiten und mehr wollen, als sie können.

Ich sage im Allgemeinen – und bedenkt das in eurem Herzen: Wenn ihr mehr wollt, als ihr könnt, dann vernichtet ihr nicht nur euer Können, sondern auch euer Wollen. Denn wenn wir mehr wollen, als wir können, werden wir dessen verlustig werden, was wir können, und vor allem werden wir das nicht erlangen, was wir wollen.

Erinnern wir uns: Es war Adam der glaubte, er könne wie der Allmächtige sein. Also ist es kein Wunder, dass seine Söhne glaubten, einen Turm bauen zu können, dessen Spitze bis an den Himmel reiche.

Dann wurde ihre Sprache verwirrt, sie verstanden einander nicht mehr und unterbrachen ihre Arbeit, denn sie konnten nicht ausführen, was sie wollten. Sie wollten sich mit dem Turm Ruhm erwerben, ihre Namen mit dem Turm verewigen und endeten in Verwirrung.

Die Menschen zerstreuten sich in alle Gegenden und hinterließen dort und da ein Denkmal ihrer Torheit, es gab bald kein Tal, keinen Berg, wo sie nicht Denkmale errichteten.

Und immer ist es ein- und derselbe Grund, der zur Anmaßung führt, wie Jeremias sagt:

Ich kenne seine Prahlerei und weiß, dass seine Kräfte seiner Prahlerei nicht entsprechen.

Deshalb: Es gilt, eitle Gedanken in Zaum zu halten, damit der Mensch nicht mehr anstrebt, als er zu leisten imstande ist.

Nun glaube ich, bereits den Vorwurf zu hören: Meine Rede beugt die Geister, schüchtert die Gemüter ein, sodass sie keine großen Taten unternehmen und anführen.

Das Gegenteil ist der Fall! Unternehmt und vollführt nur große Taten, doch jeder bringe seine Handlungen mit seinen

Kräften in Einklang, denn außerhalb eures Könnens werdet ihr nichts vollbringen.

VII

Das Wollen mit dem Können in Einklang bringen

Nachdem ich ausgeführt habe, dass es wichtig ist, dass jeder nur das wolle, was er vermag, und ich zweitens darstellte, wie irrig und gefährlich es ist, mehr anzustreben als man kann, bleibt noch die dritte Art zu erörtern – dass wir weniger anstreben als wir vermögen.

Diese Art ist nicht nur frei von den Gefahren und Nachteilen der ersten Art, sondern sie eröffnet ganz andere Möglichkeiten. Nur wer weniger anstrebt, als er kann, dem bleibt noch immer Kraft und Energie übrig.

Wie sind wir von der Natur gut ausgestattet, wir haben ein Herz und zwei Hände. Das Herz ist das Werkzeug für das Wollen, die Hände sind die Werkzeuge für das Können, und so sollten wir unser Wollen und Können einteilen. Allein, durch die Unordnung unseres Willens, durch unsere Begierden und Neigungen wird das Leben so mühevoll.

Denken wir an den Propheten: Glücklich jene, die sich vom Adler Flügel nehmen und doch nur gehen und laufen, sie werden nicht müde und matt werden.

Welche Worte des Propheten! Sich Flügel nehmen und nicht fliegen, sondern gehen und laufen und nicht müde und nicht matt werden? Warum begnügen sie sich damit, zu gehen und zu laufen, wenn sie doch fliegen könnten? Wer Flügel hat zum Fliegen und zufrieden ist zu gehen und zu laufen – der kann mehr, und nur derjenige, der mehr kann, als verlangt wird, durchwandert die Bahn seines Lebens, ohne müde zu werden, ohne zu ermatten.

So ist es in allen Bereichen des Lebens. Nur jemand, der weniger ausgibt, als er ausgeben könnte, vermag das zu bewahren, was er an Vermögen besitzt. Dazu möchte ich das Kriegswesen, die Staatswirtschaft und die Landwirtschaft als Beispiel anführen. Das ganze Heer einsetzen, ohne einen Teil zurückzuhalten, das wird kein kluger, besonnener Feldherr tun. Der Landwirt, der die ganze Getreideernte aufzehrt, wird für das folgende Jahr nichts auszusäen haben. Wenn der Handwerker alles verbraucht und einsetzt, was er im gesunden Zustand verdient, womit wird er sich in der Krankheit pflegen?

Ja, sein Vermögen zu sparen ist eine zuverlässige Art der Unabhängigkeit, und dadurch wird es den Menschen niemals an dem fehlen, was sie nötig haben.

Wenn ich über das Sparen und Einteilen rede, könnte ich an diesem Punkt Gewissensbisse hervorrufen für eine große Anzahl von Seelen, die sich als schuldig und nachlässig im Sparen anklagen und verurteilen. Ich bin jedoch schon lange davon überzeugt – was die Menschen nicht aus Prestige tun, das tun sie noch weniger wegen Gewissenszweifel, denn Bedenken wegen des Ansehens betreffen dieses irdische Leben, Gewissenszweifel das andere Leben.

Ich schließe diese Predigt, die für die Gegenwart von gleicher Wichtigkeit ist wie für die Zukunft, mit einem Ausspruch aus dem Buch der Weisheit: »Du, o Herr, ordnest alles nach Maß, Zahl und Gewicht, denn Du hast zu allem Macht im Überfluss.«

Ein merkwürdiger Ausspruch. Sollte die Weisheit nicht sagen: Du ordnest alles nach Maß, Zahl und Gewicht, denn es fehlt Dir nicht die Macht – das wäre doch ein leichter verständlicher Satz.

Doch die Weisheit sagt: »Denn du hast Macht im Überfluss.«

Das besagt, Macht und Unabhängigkeit sollten im Überfluss vorhanden sein, nur so lassen sich gute, große Taten vollbringen.

Bleiben wir bei den Menschen.

Welche Schätze wären denn genug für die Verschwendung, für die Sorglosigkeit, für die unersättliche Begierde derjenigen, die mehr verlangen, mehr wollen, als sie können, und die alles, was sie besitzen und auch was sie nicht besitzen, ohne Rücksicht auf Maß, Zahl und Gewicht verschwenden und vergeuden!

O Blindheit der Vernunft! Warum messen wir nicht die Zeit mit der Ewigkeit? Wenn wir uns entschließen, nach diesem Maßstab nicht nur unsere Handlungen, sondern auch unsere Wünsche zu ordnen, dann wird unser Wollen mit unserem Können übereinstimmen. Und wenn wir nicht bloß mit all dem, was wir können, sondern sogar mit weniger, als wir können, zufrieden sind, dann werden wir hier in diesem Leben die wahre Ruhe des anderen Lebens erlangen.

Der gute Dieb

gehalten in der Karwoche des Jahres 1655,
in der Kirche Misericórdia in Lissabon

Lukas 23, 42, 43:
»Herr, gedenke meiner, wenn du in dein Reich kommst. –
Heute noch wirst du mit mir im Paradiese sein.«

Extrakt:
Das ist eine berühmte Predigt, sie wird oft zitiert.
Antonio Vieira war 1655 neuerlich vor der Abreise nach Maranhão, Brasilien, und er wurde um eine Predigt gebeten. Für diese Predigt wurde er nicht in die Königliche Kapelle eingeladen, sondern er predigte in der Kirche Misericórdia.

Dass ihm für diese wichtige Abschiedspredigt vor der monatelangen Reise nach Brasilien nicht die Königliche Kapelle zur Verfügung stand, zeigt deutlich die Spannung, die zwischen dem Missionar Antonio Vieira SJ und der Inquisition von Coimbra bestand. Für die Mächtigen aus Coimbra war straff organisierter Katholizismus in Portugal wesentlich wichtiger als die, nach Meinung der Inquisition, Überbewertung eines weit entfernten Koloniallandes wie Brasilien.

Antonio Vieira bleibt in seiner Predigt unbeirrt bei seiner Schilderung der Fehlentwicklungen und er steigert seine Wahrheit bis zur berühmten Diebeskonjugation:

Sie stehlen, sie stahlen, sie hätten noch viel mehr gestohlen.

* * *

I

Hochverehrte!

Der Ort für diese Predigt ist vielleicht nicht der richtige für das Thema, das ich gewählt habe. Für mein heutiges Thema wäre die Königliche Kapelle der angemessene Ort, denn ich habe vor, zu Königen, zu Regenten zu sprechen.

Doch ich vertraue darauf, dass meine Worte die Ohren des Königs erreichen. Der König wird Schlüsse daraus ziehen und da alle Untertanen den König nachahmen und der König sich seines Auftrages, Vorbild zu sein, bewusst ist, wird die Saat der Predigt zum Wohle aller keimen.

»Heute noch wirst du mit mir im Paradiese sein«.

Der rechte Schächer, der gute Dieb Dimas, bat Christus in der Todesstunde, dass Er sich seiner erinnere, und Christus sagte ihm, dass sie beide zusammen im Paradies sein würden.

Mit dem König, mit dem Regenten ins Paradies gehen – so sollten Regenten gesehen und wahrgenommen werden.

II

Nehmen die Regenten Diebe mit ins Paradies? Das ist es, woran Könige und Regenten denken müssen. Oder ziehen die Diebe die Regenten mit in ihre Hölle? Wir sehen es in fast allen Königreichen, dass die Diebe die Regenten mit sich nach unten ziehen. Und wenn es so ist, wie ich bald beweisen werde, kann mir niemand die Klarheit übelnehmen, mit der ich über Landesfürsten spreche, die wir respektieren sollten, die wir achten sollten.

Mein heutiges Thema ist nicht neu, es ist sehr alt und ich werde trotzdem ausholen und fortfahren in der Hoffnung, Nachdenken zu erzielen, denn ich sehe im Auditorium viele Adelige, Minister und Beamte, die sich üblicherweise im Kreis der Ratgeber des Regenten befinden; ja, der Regent wendet sich um Rat an viele der hier Anwesenden.

»Heute noch wirst du mit mir im Paradiese sein.«

Dafür ist eine heile Seele nötig. Seelenheil und Seelenrettung erlangt ein Dieb durch Rückgabe des Gestohlenen. Ohne Rückgabe des Geraubten kann es kein Seelenheil und keine Rettung geben.

Die einzige Ausnahme von dieser Regel ist am Dieb Dimas zu sehen, dem rechten Schächer, denn Dimas war ein armer Dieb; er besaß nichts, er konnte nichts zurückgeben. Weil Dimas ein armer Dieb war, war er auch ein verlorener Dieb und endete eben deshalb am Kreuz.

Zwei Dinge fehlten diesem Mann, um sich zu retten: Als Dieb fehlte ihm Gut und Geld zur Rückgabe, und um ein Christ zu sein, fehlte ihm die Taufe. Jedoch wie das Blut, das er am Kreuz vergoss, ihm die Taufe ersetzte, so ersetzte seine Nacktheit die Pflicht zur Rückgabe des Gestohlenen.

Zaque, der andere Dieb, der linke Schächer, hatte viel Besitz; er hätte zurückgeben können, aber er war ein geduldeter Dieb, denn sein Reichtum und seine Position gaben ihm ein ganzes Leben lang die Immunität, dass er stehlen konnte ohne bestraft zu werden, bis ihn am Ende doch der zivile Schuldspruch traf.

Zaque höhnte am Kreuz: »Wenn Ihr der versprochene König seid, wie mein Kamerad glaubt, dann rettet Euch und rettet uns.«

Er erhielt darauf von Christus die Antwort: »Heute ist Rettung in dein Haus getreten.«

(Lk 9, 9) Es wurde ihm also die Aussicht auf Rettung gegeben.

Ordnen wir und beschäftigen wir uns mit den Begriffen Diebstahl und Raub.

Sich fremdes Eigentum gegen den Willen des Besitzers anzueignen, diese Untat als einfachen, manchmal beinahe als selbstverständlichen Akt darzustellen – welch verkommene, schändliche Entwicklung unserer Gesellschaft!

Einfach und klar liegt die Sache nur beim guten Dieb. Er hat gestohlen, weil er Hunger hatte.

Bei den Königen, bei den Regenten liegt die Sache anders.

Sie nehmen vom öffentlichen Gut – und wie tun sie das? Sie nehmen sich Vasallen, die ihnen ihre Wünsche nach ständig mehr Besitz erfüllen – Vasallen, die den Willen des Regenten, über mehr Land und Reichtum zu verfügen, in die Realität umsetzen. Diese Vasallen dienen als Ratgeber und Minister, und sie haben über viele Zeiten hinweg das Wegnehmen, das Stehlen zur Tradition erhoben.

Verlieren Traditionen, Gewohnheiten und Bräuche ihren negativen Charakter, wenn sie über Generationen ausgeübt werden? Niemals!

Wie kommt es, dass der eine für Diebstahl und Raub bejubelt wird, und der andere dafür gehängt? Es wird ein armer Dieb über den Marktplatz geführt, er ist schon geschoren und die Hände sind ihm auf den Rücken gebunden. Der Henker erwartet ihn bereits.

Da muss der arme Dieb zur Seite weichen, weil durch das Stadttor die triumphierenden Soldaten des Regenten einreiten: »Hoch lebe unser König, er hat wieder ein Land erobert!«

Ein anderes Beispiel: Alexander der Große fuhr mit einem mächtigen Heer über das Meer und eroberte Indien. Zur gleichen Zeit raubte ein Seepirat ein Boot und wurde zum Tod verurteilt. Der Pirat warf sich in aller Verzweiflung vor dem Regenten in den Sand. »Weil ich ein Boot raubte, bin ich ein Räuber und ein Dieb, und Ihr raubt eine ganze Flotte und bleibt Kaiser! So ist es! Wenig zu rauben ist ein Vergehen, viel zu rauben ist Größe und Erhabenheit, und die Welt nennt Euch Alexander der Große.«

IV

Nach Darlegung dieser zuverlässigen und untrüglichen Wahrheit komme ich zum nächsten Aspekt und sage mit gleicher Gewissheit: Die Rückerstattung des fremden Gutes ist nicht nur Pflicht der Untertanen, der Bürger, sondern auch Pflicht der Fürsten. Das Gebot der Wiedererstattung ist ein natürliches Gesetz und ein göttliches Gebot. Als ein natürliches Gesetz verpflichtet es auch die Könige, denn die Natur schuf alle einander gleich. Diese Wahrheit hat bloß die Erfahrung und die Gewohnheit gegen sich. Der Raub ist die gewaltsame Hinwegnahme des fremden Gutes. Die Fürsten nehmen ihren Untertanen vieles gewaltsam weg, und sie lassen das so tun und geschehen, als wäre der Raub weitgehend erlaubt.

Welch furchtbare und grauenvolle Taten! Wenn die Fürsten das mit Gewalt nehmen, was ihnen nicht gebührt, dann ist es Raub oder Diebstahl. Sie sind also, gleich den Räubern oder Dieben, zur Wiedererstattung verpflichtet.

V

Ich setze voraus, Hochverehrte, dass jeder klar erkennt, dass die Diebe, von denen ich spreche, nicht jene Unglücklichen sind, welche ihre Armut und ihr niedriger Stand zu dieser Lebensweise verurteilte. Die Diebe, von denen ich spreche, sind von höherem Rang. Ich spreche von jenen Dieben, die im Auftrag des Regenten in der Administration der Regierung tätig sind, und mit Tricks das Volk ausplündern. Das sind Diebe, die angesehen und geehrt sind, und diese sind es, die ihren König mit in die Hölle nehmen.

Die einen Diebe berauben einen einzelnen Menschen, jene anderen berauben Städte und Königreiche; die einen stehlen unter risikoreichen Bedingungen, die anderen ohne Furcht, ohne Gefahr; die einen werden gehängt, weil sie stehlen, die anderen werden bejubelt: Sie stehlen und geben Befehl zum Hängen.

Diogenes brüllte vor Entsetzen: »Dort hängen die großen Diebe die kleinen!«

Wie oft hat man in Rom gesehen, dass ein Dieb gehängt wurde, weil er einen Widder gestohlen hatte, und am gleichen Tag wurde ein Konsul triumphal gefeiert, weil er eine Provinz geraubt hatte!

Welche Widersprüche verkörpern doch Senatoren und Richter, sie sind immer mit zwei Dingen beschäftigt: Sie bestrafen Diebstähle und sie begehen Diebstähle! Beides tun sie voll Eifer.

Ich stelle also euch, Hochverehrte, vor Augen, wie angesehen und geehrt Diebe oft sind, und diese Diebe sind es, wie ich sagte und weiterhin sage, welche die Könige mit nach unten ziehen.

Und wie geschieht das?

Erstens, weil die Regenten den Dieben Amt und Macht geben, mit denen sie stehlen können,

zweitens, weil die Regenten die Diebe fördern und befördern,

drittens, weil die Regenten die Diebe behalten und weil sie Diebstahl nicht verhindern,

und schließlich viertens, weil die Regenten nicht ihrer Verpflichtung zur Rückerstattung nachkommen.

Die Fürsten, welche die Diebe emporkommen lassen, sind zur Wiedererstattung verpflichtet. Und ein Verbrechen nicht verhindern, obgleich man das tun könnte, heißt das Verbrechen begehen.

Ich bringe dazu ein Beispiel, es ist eine ganz einfache Geschichte, uns allen wohl bekannt:

Es gab Gott dem Adam im Paradies die Macht über alles Lebende, Er gab ihm die Herrschaft über alles Geschaffene, mit Ausnahme eines Baumes. Schließlich hat Adams Frau vom Baum gestohlen, der ihnen nicht gehörte.

So ist es oft, es stehlen die Zweiten oder die Dritten; Adam hat es nicht verhindert.

Und die Konsequenz war die Vertreibung aus dem Paradies, die Konsequenz war das Exil.

Warum wurde an Adam nicht die Todesstrafe vollzogen?

Weil vom Leben Adams die Ausbreitung der Welt abhing, das ist ein Teil der Antwort. Doch wie lief das Leben des Adam weiter?

Er ging vom Ort weg, an dem der Diebstahl stattgefunden hatte, und er lebte ein unendlich langes Leben. Er musste Jahrhundert um Jahrhundert leben, ableben, im Exil ausharren. Das Leben in Schuld und Exil erschien ihm ohne Ende, deshalb wollen wir das Rechnen seiner Lebensjahre beiseiteschieben und wollen uns nur vorstellen, in welcher Zeitempfindung Adam sein Exil ablebte – er empfand sein Exil als endlos, er sah darin kein Ende.

Adam, der erste Mensch, hat Schuld auf sich geladen und wir bezahlen.

Wir leben seither im Exil. So einfach liegt die Sache.

Ich will den Gedanken allen Fürsten mitgeben, sie sollen nie annehmen, dass sie nicht verpflichtet seien, eine Verfehlung richtigzustellen und rückzuerstatten, was ihre Beamten stahlen.

VI

Nun wende ich mich in meinen Betrachtungen nochmals den Regenten zu: Stellen Sie, Hochverehrte, die richtigen Fragen?

Einer der häufigsten Missstände ist die Lethargie des Regenten; sein Geist schläft, sein Geist ist abgelenkt, und er nimmt lange nicht wahr, dass er von Dieben umgeben ist. Die Regenten suchen selbst die Personen für die Aufgaben aus, und Regenten sollten wissen, ob jene, die sie für die Aufgaben vorgesehen haben, Diebe sind oder nicht.

Es ist zu beachten:

Die einzige Legitimation einen Dienst anzutreten, ist das Wissen und die Leistung, die einer zu erbringen imstande ist. Wer nicht durch diese legitime Türe eintritt, ist oft zweimal Dieb; einmal, weil er einen Dienst, eine Arbeit stiehlt, und zum anderen, wenn ihm dieser Dienst die Möglichkeit verschafft, zu stehlen, und er von dieser Möglichkeit Gebrauch macht.

Aber eine Dienststelle kann erreicht werden, durch Verwandtschaft, durch Freundschaft, durch Partei, durch Vortäuschung von unverhältnismäßig hohem Wert seines Wissens und seines Könnens, eine Dienststelle kann auch erreicht werden durch Bestechung, durch Vorspiegelung von Fleiß. Es gibt viele Möglichkeiten, die legitime Türe zum Eintritt in einen Dienst zu umgehen und sich in guter Position einzunisten.

VII

Hochverehrte! Ich wiederhole meine Frage: Wie ist es bestellt um die Regenten, stellen sie die richtigen Fragen?

Es rief Dom João III. aus dem Hause Avis den Missionar Xavier zu sich und fragte ihn, wie in den fernen Besitzungen und Ländern unter portugiesischer, christlicher Flagge gelebt wird. Wie verhält es sich dort mit dem Diebstahl?

Bruder Xavier schwieg eine Weile: Wie sollte er es formulieren? Da half ihm der Regent – der Missionar möge erzählen, ganz frei, und ohne Ämter, Personen oder Orte zu nennen.

Der Missionar sagte, wie ich es hier sage:

Ich soll mich also zum Reichtum äußern, der aus Indien, auch dem lateinischen Amerika, aus Brasilien nach Europa kommt.

Nun, schiffweise kommen Zucker, Holz und Erze.

Wie ist das möglich? Ganz einfach, durch Diebstahl.

Denn diejenigen, die dort kolonial herrschen, stehlen, ja, sie stehlen, und das Wort »stehlen« konjugieren sie nach allen grammatikalischen Regeln.

Sobald sie ankommen, stehlen sie im Indikativ, denn die

erste Indikation, die sie wünschen, ist, dass ihnen die Wege zu den Produkten gezeigt werden, die sie nehmen können, und dass ihnen auch die Wege gezeigt werden, wie sie diese Produkte wegschaffen können.

Sie stehlen im Imperativ, denn sie dienen einem Imperium, in dem Diebstahl und Raub befohlen werden.

Sie stehlen im Optativ und ihre Option richtet sich auf alles, was sie sehen. Und was sie sehen, das nehmen sie, und sie optieren so geschickt und freundlich und mit Kunstgriffen der Höflichkeit, dass ihnen das Gewünschte scheinbar freiwillig ausgehändigt wird.

Sie stehlen im Konjunktiv, denn ihre gute Konjunktur ergibt sich aus dem Tausch ihres Kupfergeldes gegen das Gold der anderen.

Sie stehlen im Potential, denn wie bedenkenlose Potentaten verwenden sie ihre Macht ohne Bemäntelung und ohne Zeremonie; sie stehlen einfach.

Sie stehlen im Permissiv, denn sie erteilen auch den anderen die Permission, zu stehlen, und allenfalls ist diese Erlaubnis auch käuflich.

Sie stehlen im Infinitiv, ja, sie stehlen ad infinitum; und wenn sie weggehen, lassen sie die Muster für zukünftige Diebstähle zurück.

Sie konjugieren das Verb »stehlen« auch in alle Personen: Die erste Person, das sind sie selbst; die zweite Person, das sind ihre Gesinnungsgenossen und ihre Dienstboten; und die, die in der dritten Person stehlen, sind jene, die für Diebstahl eine besondere Veranlagung und ein besonderes Talent haben.

Sie stehlen auch in allen Zeitformen: Im Präsens, das ist ihre eigene Zeit, da raffen sie soviel an sich, wie sie nur können. Aber sie ziehen auch das Futur in ihre Zeit hinein, denn sie schließen Verträge über Früchte, die noch nicht vom Baum gefallen sind. Zum Schluss stehlen sie auch noch im Perfekt, im Imperfekt, im Plusquamperfekt und in jeder nur denkbaren Zeit. Sie stehlen, sie stahlen, sie haben gestohlen, sie werden stehlen und sie hätten noch viel mehr gestohlen, hätte es mehr zu stehlen gegeben.

Und wenn sie das Wort »stehlen« zur Gänze abgewandelt, also durchlebt haben, kehren sie nach Portugal zurück, reich mit Beute beladen und hinterlassen im Kolonialland die Menschen und die Landschaften leidend, ausgeraubt und zugrunde gerichtet.

VIII

Nun komme ich zum Aspekt der Billigung des Diebstahls und spreche zu jenen, die im Staat die Pflicht haben, Diebstahl zu verhindern.

Es ist richtig, dass die Regenten weder Diebstahl noch Raub in dieser Weise befehlen noch befohlen haben; es könnte also gesagt werden: Die Regenten wollten das nicht, sie wollen das nicht. Sie mögen bedenken, ein Dieb, welcher vermöge seines Amtes stiehlt, darf nicht einen Augenblick in demselben geduldet oder behalten werden.

Was tun die Regenten? Sie geben stumm ihre Zustimmung, sie billigen damit den Diebstahl und durch diese Unsitte verlieren die Menschen das Vertrauen in den Regenten. Welch furchtbare Entwicklung! Der Regent, das ist jener, der sie leitet, der regiert, dem sie vertrauen und dessen Entscheidungen sie leben wollen. Doch die Menschen fühlen – diesem Regenten sollten sie besser misstrauen, und damit gerät für die Menschen die Lebensbasis ins Wanken, denn Gewissheit und Sicherheit sind der Humus, auf dem gute Arbeit gedeiht.

Was erleben die Menschen? Sie erleben eine Zeit, in der in allen Dienststellen Diebe toleriert, ja sogar mit Prämien belohnt werden. Manchmal werden die Diebe kurz aus ihren Ämtern entfernt, aber schon bald kommen sie zurück in ihren Dienst und dann stehlen sie noch mehr, vor allem noch gefinkelter.

IX

Diese Entwicklung nimmt ihren Anfang dort, wo der Regent in Kameradschaft mit einem Dieb tritt.

Können Regenten die Kameraden von Dieben sein? Ja!

Wie rasch werden sie das, wenn sie den bequemen Weg gehen, wenn sie nicht Abstand halten zu ihren Vasallen, wenn sie den Vasallen Familiarität erlauben, wenn sie ihnen Autorität und Rechtssprechung geben.

Die Regenten werden Kameraden von Dieben, weil die Diebe ihre Absicht verheimlichen, denn die Diebe brauchen einen, der ihr Tun billigt, deshalb brauchen die Diebe die Kameradschaft des Regenten.

Die Regenten sind Kameraden von Dieben, weil sie dulden und billigen, sie sind Kameraden von Dieben, weil sie ihnen Posten und Macht geben, sie sind Kameraden von Dieben, weil sie diese verteidigen.

Und am Ende lassen die Regenten sich von ihren Diebeskameraden nach unten ziehen.

Die Regenten ziehen große Verdienste, große Vorteile aus dem Gestohlenen, deshalb haben sie mit Geduld und Langmut gebilligt, und sie sind trotzdem in der schlechteren Position. Denn es gilt das Wort – Diebe, die du duldest, sind ein Spiegel von dir selbst; Diebe, die du nicht verhindert hast, wie es deine geschworene Pflicht gewesen wäre, sind deine Begleiter auf deinem Weg nach unten.

X

Jetzt will ich noch über die Rückgabe sprechen.

Wer fremdes Eigentum genommen hat, hat es zurückzugeben. Das ist ein natürliches Gesetz. Und dazu kommt noch die Strafe, das ist das zivile Gesetz.

Das zivile Gesetz kann der Regent erlassen; die Rückgabe, die Erfüllung des natürlichen Gesetzes kann nicht erlassen werden. Zwischen Rückgabe und Strafe ist ein großer Unterschied, denn der Vollzug der Strafe ist nicht verpflichtend, die Rückgabe ist verpflichtend.

Zusammenfassend sage ich, über Diebstahl kann nicht geschwiegen und nicht in unterhaltsamem Ton geredet werden. Es muss zurückgegeben werden, es muss der Weg zurückgegangen werden, zum Leben ohne Diebstahl. Die Rückgabe ist gut für alle, sie ist die einzige Medizin für diesen Fall, denn es erhalten die Bestohlenen zurück, was ihnen genommen wurde. Die Rückgabe ist gut für die Regenten, denn es wird ihre Seelen entlasten, und im gleichen Maß ist die Rückgabe gut für die Diebe, denn es wird ihren Weg nach unten beenden und ihnen eine neue Richtung in ihrem Leben zeigen.

Damit soll meine Predigt beendet werden, mit der Mahnung – die Regenten sollen vermeiden, dass Diebe sie mit sich nach unten ziehen.

Der erste, dem Christus das Paradies versprochen hat, war der gute Dieb Dimas.

Er hat gestohlen, weil er Hunger hatte; er besaß nichts, deshalb konnte er nichts zurückgeben. Dimas besaß nichts als seine Wahrheit, und in aller Wahrhaftigkeit flehte Dimas, Christus möge sich seiner in seinem Königreich erinnern.

Christus, bekehre die Könige, die Regenten durch Dein Beispiel, flöße ihnen Deine Gnade ein, damit sie keine Diebe zu Ämtern erwählen, damit sie keine Nachsicht haben, Diebe nicht dulden und sie weder fördern noch befördern, und damit sie auf diese Weise künftige Diebstähle verhindern. Bewirke, dass Ersatz geleistet wird, damit auf diese Weise nicht die Diebe die Regenten mit sich in die Hölle ziehen, sondern die Regenten die Diebe mit sich in die Vollendung, in die gute, bessere Welt mitnehmen, so wie es in der Bibel gesagt wird:

»Heute noch wirst du mit mir im Paradiese sein.«

Pestpredigt
Predigt zum Fest des heiligen Rochus

Gehalten am 16. August 1659 in der Königlichen Kapelle in Lissabon

Lukas 12, 37, 38: »Selig jene Knechte, die der Herr wachend findet, wenn Er kommt.«

Extrakt:
Die Predigt über den Pestheiligen Rochus ist genauso wie die vorige eine politische Mahnrede. Vieira überarbeitete die Predigt mehrmals, er hielt sie 1642, 1644, 1649, 1659 – und setzte darin die Pestmetaphorik ein, um auf Missstände und Fehlentwicklungen hinzuweisen.

Die Predigt vom Jahr 1659 hatte als Anlass die Ausbreitung der Pest an der Algarve und Vieira regte in der Predigt an, den heiligen Rochus um Beistand anzuflehen.

Rochus hatte im 13. Jahrhundert Vermögen und Herrschaftsanspruch seinen Verwandten und den Armen übertragen; er war Mönch geworden. Als er von seiner Pilgerreise aus Rom zurück in seine Heimatstadt Montpellier kam, wurde er nicht mehr erkannt.

»Ich kenne dich nicht.« Vermögen, Position, Lebensverhältnisse hatten die Wahrnehmung seiner Verwandten verändert.

Rochus kam ins Gefängnis, infizierte sich dort mit der Pest und starb daran.

Die Pest weht durch die Luft, die Pest ist das schlimmste Übel, denn bei der Pest müssen wir jene, die wir lieben, wegschicken, die Pest erreicht alle, tötet alle.

Doch die Pest rafft nicht nur Körper hinweg, sie schleicht sich in eine Gesellschaft ein, in eine Stadt, in ein Land. Wenn Regierung, Religion, Moralauffassung vom Pestkeim befallen sind, kann das zum Untergang einer Gesellschaft führen.

Seien wir Pest der Pest – das Gute ist ansteckend, verbreiten wir das Gute, wie die Pest sich verbreitet.

* * *

I

Hochverehrte!
Heute wollen wir jenes Heiligen gedenken, der Christus ähnlich sein wollte.

Es ist Rochus von Montpellier. Wir werden von ihm hören.

Und ich werde Überlegungen über die Mahnung zur Wachsamkeit, über das Wachen, das Bewachen anstellen.

Hören wir in die Sätze von Lukas hinein: Es gibt Diener, die wachen in ungefährlichen Stunden, und es gibt Diener, die wachen in dunklen Stunden, in jenen Stunden, die am meisten zum Schlaf drängen und in denen das Wachen und Bewachen die größte Mühe bereitet. Und auf diese Weise, auch bei größter Mühe, sollten wir uns selbst, unsere Taten und Gedanken bewachen. Wachsamkeit soll uns vor Lethargie bewahren.

II

Rochus diente und wachte unter den größten Schwierigkeiten und wich nie von seinem Weg ab.

Er wurde 1295 in Montpellier geboren, war adeliger Herkunft; seine Eltern starben früh und Rochus musste das Erbe, auch die Regierungsgeschäfte des elterlichen Adelshauses, übernehmen. Da er sich für ein mönchisches Leben entschieden hatte, verzichtete er auf jeden Herrschaftsanspruch, übertrug das Erbgut seinen Verwandten und den Armen; er pilgerte nach Rom, war im Pesthospital von Piacenza tätig, wurde aus politischen Gründen verfolgt, kam ins Gefängnis, wurde von einem Hund gespeist, kehrte schließlich nach Montpellier zurück, wo man ihn nicht mehr wieder erkannte und erneut gefangen nahm. Schließlich starb er im Gefängnis am 16. August 1327.

Rochus wollte Christus dienen, er wollte Christus im Leidertragen ähnlich sein.

Er erlitt viermal Enttäuschungen und ertrug diese Enttäuschungen ohne Widerspruch.

III

Die erste Enttäuschung, die Rochus erlebte, war das Verhalten seiner Verwandten, denn bei seiner Rückkehr nach Montpellier wurde er von seinen Verwandten nicht mehr erkannt. Er war in denselben Kleidern, in denen er losgezogen war, er kam als Bettler zurück nach Montpellier und da er sich selbst nicht zu erkennen gab, erkannten ihn seine Verwandten, jene Menschen, denen er sein Vermögen gegeben hatte, denen er Macht übertragen hatte, nicht mehr.

Ist es möglich, dass sich das Aussehen, das Gesicht, der Habitus von Rochus in kurzer Zeit so verändert haben?

Hochverehrte!

Ich sage, nicht das Aussehen von Rochus hat sich verändert, sondern Reichtum und Macht haben die Wahrnehmung seiner Verwandten verändert. Ja, die Veränderung lag nicht in den Augen derer, die sahen, sondern in den Lebensverhältnissen, in die sie gekommen waren.

Deshalb sagten sie: »Ich kenne dich nicht.« Kurze Worte, hart wie ein Schlag.

Das ist eine bittere Erfahrung ... und wir erleben sie jeden Tag.

Reichtum und Position verändern das Verhalten unseres besten Freundes; er schaut uns mit anderen Augen an, er spricht mit uns in anderer Sprache. Was gestern Liebe und Freundschaft war, ist heute Autorität; was gestern für uns ein vertrautes Gesicht war, ist heute ein uns verschlossenes Antlitz.

Welche Veränderung, was ist aus jenen Augen geworden, die früher voll Wohlwollen blickten, während nun aus diesen Augen Befehle stechen!

Die Menschen erkennen im anderen nicht die Person, sondern die Position und das Vermögen, und wenn sie den Freund rufen, rufen sie seine Position, sein Vermögen.

Rochus erlebt, dass Zeit und Abwesenheit die Gefühle von Liebe und Freundschaft zerstören.

Bedenkt es immer: Ist euer Los ein unglückliches, dann kennt man euch nicht mehr.

»Ich kenne dich nicht.«

Nicht erkannt zu werden, ist eine der größten Enttäuschungen.

Rochus war nach Montpellier zurückgekommen, er wurde nicht erkannt und war dadurch härter bestraft als jede bestrafte Kreatur. Denn eine bestrafte Kreatur fühlt sich durch die ihr zugemessene Strafe erkannt.

Jedoch das »Ich kenne dich nicht« ist die härteste Strafe.

IV

Die zweite Enttäuschung, die Rochus erlebte, war, dass er in Italien wie ein Feind Italiens behandelt wurde, und als er nach Frankreich zurückkam, behandelten ihn die Franzosen als Verräter und Spion.

Das kam daher, dass damals zwischen Frankreich und Italien Krieg geführt wurde.

Rochus war nach Rom gepilgert aus Liebe zu Gott, und er war nach Frankreich zurückgekehrt aus Liebe zum Vaterland, und er wurde in beiden Ländern der Illoyalität beschuldigt. In Frankreich kam er schließlich ins Gefängnis.

V

Die dritte Enttäuschung für Rochus war, dass er half und heilte und sich selbst nicht heilen konnte. Er hatte die Kameradschaft und tröstliche Gegenwart eines Hundes: Der Legende nach brachte der Hund ihm Brot.

Im Gefängnis begann Rochus zu heilen. Er lebte im Gefängnis mit Verbrechern jeder Art; sie litten und siechten an den Auswirkungen der moralischen Pest, von der sie infiziert waren.

Und Rochus heilte, indem er berührte, indem er sprach und zuhörte, und jene Gottlosen, die sich jedem guten Wort verweigert hatten, fühlten durch die Anwesenheit von Rochus Heilung in ihrer Seele, sie suchten mehr und mehr die Nähe zu Rochus.

Wir wissen jedoch, durch diesen Umgang im Gefängnis hatte Rochus sich mit der physischen Pest infiziert. Allen hat er Hilfe gegeben, und sich selbst konnte er nicht helfen. Er musste dieselben Worte hören, die gegen Christus geschleudert worden waren: »Die anderen hat er gerettet, sich selbst kann er nicht retten.«

VI

Die vierte Station des Leidens von Rochus war, dass er die Pest selbst zu erleiden hatte. Er hatte viele von der Pest Befallene geheilt und war selbst an der Pest gestorben, und zwar unerkannt und ohne Hilfe, denn erst nach seinem Tod fand man in seiner Kerkerzelle die Tafel mit seinem Namen.

Jetzt, Hochverehrte, muss ich zu einer Mahnrede ausholen.

Die Pest ist das schlimmste Übel. Die Pest ist schlimmer als Krieg, denn bei Krieg ist der Mensch der Aggression des Menschen ausgesetzt – das ist gewiss fürchterlich. Doch bei der

Pest kann der Mensch nur noch auf die Barmherzigkeit Gottes hoffen.

Die Pest weht durch die Luft.

Die Luft ist ein Element des Lebens. Durch die Pest aber wird die Luft zum Medium, zur Fäulnis, die den Tod überträgt. Es stirbt der Mensch, wenn er atmet – angstvoll und schrecklich.

Die Pest ist das fürchterlichste Unglück, denn bei anderen Krankheiten ist es die größte Wohltat für uns, dass wir jene, die wir lieben, um uns haben. Bei der Pest hingegen ist der wichtigste Rat, den wir geben können: Fliehe! Wir müssen jene, die wir lieben, wegschicken, denn die Pest erreicht alle.

Folgen wir den Stufen der Zerstörung durch die Pest.

Die Verkehrswege, die Adern der Kommunikation werden gesperrt, die Häfen werden geschlossen, die Seefahrt unterbrochen.

Die Fortbewegung ist unterbunden, Städte werden geschlossen, die Menschen müssen sich zurückziehen, sie isolieren sich, sie trauen einander nicht mehr.

Bauernhöfe, aufgebaut mit viel Arbeit, bewahrt und weitergegeben mit Sorgfalt, verfallen;

Hab und Gut hat keinen Wert mehr und wird dem Feuer übergeben.

Den Höhepunkt erreicht die Katastrophe im Zerfall der geistigen Verbindungen, der Freundschaften, der familiären Bande. Alles löst sich auf, denn die Menschen fliehen voreinander, sie müssen voreinander fliehen, um sich selbst vielleicht noch zu retten.

Brüder und Schwestern, die verbunden waren durch gemeinsame Arbeit, sie fliehen voreinander, die Eltern fliehen vor den Kindern, die Kinder fliehen vor den Eltern.

Es ist ein Bogen der vollkommenen Zerstörung, von außen nach innen; zuerst der Verlust der Freunde, dann das isolierte Leben. Schließlich müssen die Menschen sich zur Lieblosigkeit disziplinieren, um jene wegzuschicken, die sie in ihren Pestkreis hineinziehen könnten.

Die Pest!

Die Pest hat zwei Seiten. Sie rafft nicht nur Körper hinweg, sie schleicht sich in eine Gesellschaft ein, in eine Stadt, in ein Land, sie nistet sich ein, sie infiziert und tötet alles. Wenn Regierung, Religion, Moralauffassung vom Pestkeim befallen sind, kann das zum Untergang einer Gesellschaft, einer Nation führen. Pest, moralische Pest, das bedeutet katastrophale Fehlentscheidungen, die sich in einer Gesellschaft wie eine Seuche ausbreiten.

Und nun zur unausbleiblichen Frage: Wie kann es soweit kommen?

Die moralische Pest weist ihrerseits zwei markante Merkmale auf:

Pouca fé – Kleinmut

Muita fé – übertriebene Zuversicht, übertriebene Vertrauensseligkeit.

Kleinmut ist eine Charakterschwäche mit der Wirkung der Pest.

Übertriebene Zuversicht und Vertrauensseligkeit, übertriebene Überzeugtheit von den eigenen Fähigkeiten haben auch die Wirkung der Pest, denn sie führen zu Passivität und Lethargie.

Immer sind gegenüber den eigenen Handlungen umsichtiges Misstrauen und Wachsamkeit gefordert.

Pest – das ist ansteckende, Tod bringende Luft.

Ich stelle eine provokante Frage:

Warum wollte Christus in der Luft sterben. Er hätte in einem Tempel sterben können, in großer Geste, als Opfer für unsere Rettung.

Er wollte die Luft reinigen, purifizieren. Während des Lebens hat Er die Erde geheiligt, am Kreuz hat Er mit ausgebreiteten Armen die Luft gereinigt.

Wie sagt Johannes Chrysostomus, Erzbischof von Konstantinopel?

Christus wirkte als Pest der Pest – *Peste da peste.*

Wie tötet die Pest? Durch Ansteckung.

Seien wir *peste da peste* – verbreiten wir das Gute, wie die Pest sich verbreitet!

Bekämpfen wir die Pest mit demselben Mittel, mit dem sie sich verbreitet – durch Ansteckung.

Denken wir an Petrus, er heilte Kranke durch das bloße Vorüberwehen seines Schattens. Wie war das möglich? Der Schatten des Heiligen war die Arznei für die Gesundung. Wir dürfen also erkennen: Die Gesundheit, die Petrus verlieh, war die Gesundung von Eigenschaften. Diese Art Gesundung wurde einem Menschen zuteil und einem nächsten und wieder einem – und so verbreitete sie sich weiter und immer weiter.

So wirkte, wehte die Kraft des heiligen Rochus von einem Menschen zum anderen und sie verbreitete die Gesundung der Eigenschaften ebenso wie jene der Körper.

Seien wir *peste da peste*!

Vertrauen wir auf die Ansteckungskraft der Tugend!

VII

Die Pest ist das Übel, das uns bedroht.

Deshalb flehen wir um den Beistand des heiligen Rochus. Niemand war so beharrlich wie er, niemand konnte ihn in seiner Wachsamkeit übertreffen. Wir wollen uns ihm anvertrauen und wachsam sein!

Selig sind jene Knechte, die der Herr wachend findet.

Blindheit bei offenen Augen
Predigt auf den fünften Mittwoch in der Fastenzeit

Gehalten 1669 in der Kirche Misericórdia in Lissabon

Johannes 9, 1: »Im Vorübergehen sah er einen Menschen, der von Geburt an blind war.«

Extrakt:
Ein Blinder, viele Blinde.
Die Blindheit bei offenen Augen ist von dreifacher Art:
sehen und gleichzeitig nicht sehen, durch Ablenkung, auch durch Unaufmerksamkeit;
einen Gegenstand für einen anderen ansehen und wahrnehmen, das geschieht durch Leidenschaft;
und die Blindheit jener, die scheinbar alles sehen, nur die eigene Blindheit nicht,
das ist Anmaßung und Arroganz.
Die Schriftgelehrten und Pharisäer sagen: »Wir wissen.« Und nichts mindert ihre Blindheit.
Und welche ist unsere Blindheit?
Ein Übel sehen und nicht versuchen abzuhelfen, das heißt – nicht sehen, das heißt blind sein.

* * *

I

Hochverehrte!
Ein Blinder und viele Blinde; ein geheilter Blinder und viele unheilbare Blinde;
ein Blinder, obwohl er des Augenlichts beraubt war, hat gesehen;

und viele Blinde, obwohl sie das Augenlicht hatten, sahen nicht.

Das ist der kurze Inhalt dieses Evangeliums.

Christus gab in Jerusalem einem Blinden auf wunderbare Weise das Augenlicht. Die Schriftgelehrten und Pharisäer untersuchten diesen Vorfall, sie hatten so etwas noch nicht erlebt. Sie stellten wissenschaftliche Überlegungen an und kamen zu keinem gültigen Ergebnis. Hatten sie ein Wunder erlebt, dann hätten sie Christus als den verheißenen Messias anerkennen müssen. Jedoch, verstockt wie sie waren, war ihnen diese Erkenntnis nicht zugänglich.

Sie konnten mit dem Verstand nicht zuordnen und beweisen, was in Wirklichkeit so einfach ist: Wenn das himmlische Licht Geist und Seele erreicht, öffnet es einem Menschen die Augen. Das Licht kann aber auch blendend in Geist und Seele fahren, dann wird aus einem Sehenden ein Blinder.

Wie sollten sie es wissenschaftlich erklären, dass dasselbe Licht dem einen Menschen die Augen öffnet und dem anderen blendend in die Augen fährt; für den einen war es ein Lichtstrahl, für den anderen ein Blitzstrahl. Dem einen leuchtete das Licht, den anderen verwundete es.

Die Schriftgelehrten und Pharisäer wurden durch Christi Taten blind.

So war es in aller Klarheit und Einfachheit. Die einen wurden sehend, und die anderen erblindeten. Und jene, die das Augenlicht besaßen und doch nicht sahen, sie sind es, die der Heilung bedürfen, und mit ihnen wird sich meine Predigt beschäftigen. Wir werden viele erblicken, die mit sehenden Augen blind sind, und doch sehen könnten, wenn sie nur wollten.

Erflehen wir einen Strahl des guten Lichtes, durch die Fürbitte der Mutter der Barmherzigkeit, in deren Haus wir uns befinden.

Gegrüßet seist du, Maria.

Der von Christus geheilte Blinde hatte seine Blindheit als schmerzlich empfunden.

Die Blinden, von denen ich hier und heute spreche, empfinden ihre Blindheit nicht als schmerzlich, nein, sie leben davon, sie lassen sich nähren von ihrer Blindheit. Und diese vielfache Blindheit werde ich versuchen mit meiner Predigt zu entschleiern.

Die größte Verunsicherung, die Christus in den Schriftgelehrten und Pharisäern auslöste, war, dass Er ihnen, die die Augen offen hatten, ihre Blindheit zeigte.

Das erste Wunder, das Christus vollbrachte war, dass er Blinden das Augenlicht gab.

»Blinde sehen ...« schreibt Matthäus 11,4.

Warum waren die Schriftgelehrten und Pharisäer so verblendet, dass sie, obwohl sie das Wunder sahen, es nicht erkennen wollten?

Wir jedoch erkennen daran, wie groß die Blindheit der Schriftgelehrten und Pharisäer war.

Die Blindheit, die den Augen das Licht entzieht, indem sie dieselben verschließt, ist nicht die größte Blindheit. Sondern jene, die den Augen das Licht entzieht, obwohl die Augen geöffnet sind, dies ist die größte Blindheit! Und von eben dieser Art war die Blindheit der Schrift- und Gottesgelehrten, der Pharisäer. Sie kannten die Heilige Schrift, sie kannten die Weissagungen der Propheten, doch sie verstanden nicht, was geweissagt worden war und sich vor ihren Augen erfüllte.

Einer dieser Gottesgelehrten war Saulus, bevor er Paulus wurde.

Von Zorn angestachelt und entschlossen, gegen die Jünger von Christus aufzutreten, marschiert er mit allen Dokumenten in der Tasche nach Damaskus. Da fällt er plötzlich, von einem Licht umleuchtet, wie betäubt und wie erblindet vom Pferd. Vor Saulus stehen Äcker, Flure, Mauern, Gebäude, Reisegefährten, und er sieht, obwohl er die Augen offen hat, nichts davon.

Von dieser Art war die Blindheit von Saulus, als er Christus verfolgte. Und von der gleichen Art war die Blindheit der Gottesgelehrten, sie sahen und glaubten nicht, was sie sahen. Und von dieser Art ist unsere Blindheit.

Wir erfreuen uns des Augenlichts und sehen nicht!

Wenn wir unsere Augen auf die Welt richten, so sehen wir, dass sie größtenteils von Blinden bewohnt wird. Viele sind blind bei verschlossenen Augen; wir sind blind bei offenen Augen.

Glaubt ihr tatsächlich, Hochverehrte, dass ihr, obwohl vom Licht des Glaubens und der Vernunft erleuchtet, Seligkeit erlangen könnt ohne Werke, ohne Gutes zu tun, ohne fromm zu leben? Das ist Blindheit bei offenen Augen. Und deshalb behaupte ich, wir sind blinder als alle Blinden!

Nun werden wahrscheinlich einige von euch sagen, ich gehe mit meiner Behauptung zu weit.

Hört indes von der Geschichte Israels.

Der Allmächtige redete mit dem Volk Israel, das zu jener Zeit allein den wahren Glauben hatte; und Er sagte, dass dieses Volk unter allen Völkern der Welt das einzige sei, das blind sei. Ich lege nun das Augenmerk nicht auf das Wort »blind«, sondern auf die Worte, »das einzige Volk«. Denn, während sie den wahren Gott anbeten sollten, dienten sie den Götzen und waren Götzendiener.

Daraus geht hervor, dass damals aus Götzendienerei alle Völker blind waren. Blind und Götzendiener zur selben Zeit waren: die Ägypter, die Äthiopier, die Babylonier, die Araber, die Phönizier. Die Blindheit dieser Nationen bestand aus Götzendienerei. Und ich wiederhole, diese Völker waren blind, sie beteten Götzen und falsche Götter an, denn sie kannten den wahren Gott nicht und deshalb waltete eigentlich mehr Unwissenheit als Blindheit.

Das Volk Israel jedoch, das keine Götzen, sondern seinen Gott kannte, war blind bei offenen Augen. Deshalb sagt der Prophet Isaias (43,8): »Führe heraus das Volk, das blind ist, obwohl es Augen besitzt.«

Ja, er spricht von wahrhaft vollkommener Blindheit, und diese Blindheit besteht nicht darin, dass wir keine Augen hätten oder nicht sehen könnten, sondern darin, dass wir nicht sehen, obgleich wir Augen haben.

Was sagt der Prophet über die Bildhauer und deren Werke? Manchmal schaffen sie Götzen und die Menschen werden den dargestellten Götzen gleichen wollen. Was für ein unseliger Fluch!

Für den Menschen, der nach den Gesetzen Gottes lebt, ist es der größte Segen, Ihm ähnlich zu werden. Was für ein unendlicher Segen!

Und nun muss ich auf uns Portugiesen hinweisen, auf unsere Blindheit. Wir sind davon überzeugt, Gott habe Portugal geschaffen und die Arme Portugals in alle Erdteile gestreckt, damit Portugal die Götzen zerstöre, andere Völker von Götzendienern und Götzendienst befreie.

Diesen Dienst haben wir von der Gesellschaft Jesu erbracht und wir tun das noch immer, in Asien, in Afrika, in Amerika – und dabei sind wir jenen Götzen ähnlich geworden, die wir zerstört haben. Und nun sind wir blind bei offenen Augen wie Saulus, wie die Schriftgelehrten und die Pharisäer – die Standbilder der Götzerei sind zerstört, dabei sind wir selbst Götzen geworden!

III

Die Blindheit bei offenen Augen ist von dreifacher Art:
    die Blindheit jener, die sehen und gleichzeitig nicht sehen,
    die Blindheit jener, die einen Gegenstand für einen anderen ansehen,

und die Blindheit jener, die scheinbar alles sehen, nur die eigene Blindheit nicht wahrnehmen.

Diese dreifache Blindheit findet sich bei den Schriftgelehrten und bei den Pharisäern, und sie ist auch unsere Blindheit.

Beginnen wir mit der ersten Art: der Blindheit bei offenen Augen.

Ich weiß wohl, dass sehen und nicht sehen, also nicht wahrnehmen, einen Widerspruch enthält.

Wir haben jetzt Fastenzeit, eine Zeit der Strenge und der Buße, und die Buße ist ein schmaler Weg. Bei Matthäus lesen wir: »Wie eng ist das Tor und wie schmal der Weg, der zum Leben führt, und wenige sind es, die ihn finden.«

Wir sehen den Weg und finden ihn doch nicht. Die Prediger betreten die Kanzel, stellen uns das vergessene und verachtete Gesetz Gottes vor Augen und wir finden doch nicht die Pforte zum richtigen Weg.

Die Menschen suchen mehrere Höfe auf, durchziehen Länder, durchreisen die Welt, jeder um seine Ansprüche geltend zu machen, jeder, um endlich das Ziel seiner Wünsche zu erreichen.

Alle haben die Augen offen und finden nicht die Pforte zum Weg, zum einzig richtigen Weg.

Ja, so ist es! Ihr sucht die Ehre, und es gibt zur wahren Ehre nur ein Tor – die Tugend. Und es findet doch keiner dieses Tor. Ihr sucht Tag und Nacht den Reichtum, und obwohl die sichere Pforte zum Reichtum nicht die Vermehrung des Besitzes, sondern die Verminderung der Habsucht ist, findet keiner dieses Tor. Ihr wollt das Tor zu einem angenehmen Leben finden, das bedeutet, ein gutes, frommes Leben zu führen und ihr findet dieses Tor nicht. Ihr bemüht euch, innere Ruhe zu finden, und es gibt nur ein Tor dazu: die gegenwärtige Lage zu akzeptieren und auf den Willen Gottes zu vertrauen – und wieder sage ich, keiner findet dieses Tor.

Welche Unbesonnenheit! Welche Blindheit!

Niemand sieht das, was er sieht, denn wir sind Blinde. Ist es euch noch nie widerfahren, dass ihr die Augen auf einen

Gegenstand richtet und, weil ihr im selben Moment an etwas anderes denkt, nicht wahrnehmt, was ihr seht? Wir sehen die Gegenstände – und doch sehen wir die Gegenstände nicht, wenn unsere Gedanken abgewandt sind.

Erinnern wir uns: Zwei Jünger Jesu gingen, während sie mit großer Trauer vom Tod ihres Meisters redeten, nach Emmaus, allein, Christus, der ihnen erschien und mit ihnen redete, erkannten sie nicht. Wie ist das möglich, dass sie denjenigen nicht sahen, den sie doch eben sahen? Ihre Augen waren wie hinter Scheuklappen, ihre Aufmerksamkeit war abgelenkt.

(Lukas 24, 16 – »... ihre Augen aber waren gehalten, sodass sie ihn nicht erkannten«)

Die Jünger waren beschäftigt mit ihrer Traurigkeit. Und diese Abwendung ihrer Gedanken war es, die die Aufmerksamkeit ihrer Augen hielt.

Seht daran den mächtigen Einfluss der Gedanken auf das Schauen, auf das Sehen, auf die Wahrnehmung. Seht, welchen Einfluss die Zerstreuung, die Ablenkung hat. Es ist ein großer Unterschied, etwas mit Aufmerksamkeit zu sehen, es wirklich wahrzunehmen oder es nur abgelenkt, mit Zerstreuung zu sehen.

Der Prophet sagt: Seht zu, dass ihr seht!

Wie sollen wir das verstehen? Nun, der Mangel an Aufmerksamkeit ist die Blindheit der Augen – Mangel an Aufmerksamkeit, Ablenkungen, Zerstreuungen!

Es zerstreuen und lenken ab – Sorgen; unsere Wünsche nehmen und verlangen unsere Aufmerksamkeit; unsere Leidenschaften rauben unsere Aufmerksamkeit; wir eilen der Eitelkeit nach, als wäre sie etwas Dauerhaftes; wir vertrauen der oft vorgetäuschten Hoffnung, als wäre sie etwas Zuverlässiges; wir sehen die Unbeständigkeit des Glücks und folgen doch seinen Versprechungen, als wären sie etwas Gewisses; wir sehen die Lügen in fast allen menschlichen Bereichen und glauben daran, als wären sie etwas Wahres.

Kommen wir zurück zu den Schriftgelehrten und den Pharisäern. Sie waren abgelenkt und zerstreut von Hass, von Neid, von Ehrgeiz, von der Habsucht, vom Stolz, von ihrer Prahlerei. Und weil ihre Aufmerksamkeit auf diese Weise abgelenkt war, deshalb sahen sie nicht, was sie sahen.

IV

Die zweite Art der Blindheit der Schriftgelehrten und Pharisäer war: Sie sahen die Gegenstände nicht, wie sie waren, sie sahen sie, wie sie **nicht** waren!

Ja! Es passieren beim Sehen wie beim Schauen so viele Fehler, so viele Täuschungen; denn einen Gegenstand ansehen und für einen anderen halten, das ist nicht »nicht sehen«, sondern das bedeutet blind sein.

Die blindesten Menschen, welche es auf Erden je gab, waren die ersten Menschen. Gott sagte ihnen, dass durch das Essen jener Frucht, die Er ihnen verbiete, sie ihre Unsterblichkeit verlieren würden. Eva sah die Frucht und meinte, dass die Frucht gut zu essen sei. Eva war bei offenen Augen so blind, dass sie nicht sah, dass genau diese Frucht für sie verderblich war, wie Gott es mit deutlichen Worten gesagt hatte.

So wird oft das Gute mit dem Bösen und das Böse mit dem Guten verwechselt, und zwar nicht wegen des Verlustes der Augen, sondern wegen der Täuschung des Anblicks, wegen der Täuschung dessen, was wir sehen; wir sehen etwas anderes, als das, was es in Wirklichkeit ist.

Im Paradies gab es nur einen verbotenen Baum; in der Welt gibt es unendlich viel Verbotenes. Alles, was das natürliche, das göttliche und das menschliche Gesetz verbietet, alles, was die Vernunft untersagt, was die Erfahrung verwirft – all das sind verbotene Bäume und verbotene Früchte. Und die Täuschung unserer Augen ist von jener Art, dass wir anstatt Negatives zu sehen und zu fliehen, Gutes sehen. Das ist die Blindheit der

Augen, die nicht sehen, was geschieht, und die das sehen, was nicht geschieht, die auch das nicht sehen, was in Zukunft geschehen wird.

Es mögen also die Fürsten ihre Augen öffnen und sehen, von welchen Augen sie sich leiten lassen. Sie mögen sich leiten lassen von den Augen der Wenigen, welche die Dinge sehen, wie sie sind, und nicht durch die Augen jener Schar von Blinden, die ein Ding für ein anderes ansehen.

Doch, wie ist es möglich, um endlich den Grund dieser zweiten Blindheit zu benennen, dass es so blinde Menschen gibt, die bei offenen Augen die Dinge nicht sehen, wie sie sind?

Diese Täuschung des Auges geht aus der Unwissenheit hervor. Für das Auge des unwissenden Ackermannes ist der Mond größer als die Sterne; doch für das Auge des Weltweisen, der die Größe nach Entfernung misst, sind die Sterne größer als der Mond. Für das Auge des Unwissenden ist der Himmel blau; Für das Auge des Wissenden ist das, was als der blaue Himmel erscheint, weder blau noch der Himmel. Der Wissende sieht im Regenbogen die Täuschungen des Lichts, wenn es sich bricht, er sieht keine Farben, sondern die Täuschung durch das Auge.

Ist das alles als Irrtum des Unwissenden einzuordnen? Ich behaupte, der Irrtum entspringt nicht aus der Unwissenheit, sondern aus der Leidenschaft. Die Leidenschaft ist es, die unsere Augen täuscht; die Leidenschaft ist es, die die Gegenstände vermengt und verwechselt, sodass ein Gegenstand für einen anderen angesehen werden kann.

Das ist der Grund für diese so merkwürdige Blindheit. Die Augen sehen, was das Herz zu sehen vorgibt.

Es sind zwei Leidenschaften des Herzens zu nennen: Liebe und Hass. Um diese zwei Empfindungen dreht sich die Welt. Diese Empfindungen wägen die Verdienste, sie beurteilen die Handlungen, die den Wert der Verdienste bestimmen; sie verschönen oder verunstalten Zustände und Dinge, sie schaffen oder vernichten.

Wenn die Augen von Liebe geleitet sind, dann ist der Rabe weiß; wenn sie von Hass geleitet sind, dann ist der Schwan schwarz. Sind die Augen von Liebe geleitet, dann ist der Zwerg ein Riese; wenn Hass waltet, dann ist der Riese ein Zwerg.

Ach, Klageruf der Gerechtigkeit!

Wir sehen die Unwürdigen erhoben und wir sehen Würden und Ehrenstellen entstellt und herabgezerrt – Würde wird herabgewürdigt; wir sehen Menschen mit hohen Geistesgaben ohne Beschäftigung, und Unfähige mit Ämtern betraut; wir sehen Unwissenheit ausgezeichnet und die Gelehrsamkeit der Auszeichnung beraubt; wir sehen die Feigheit mit dem Feldherrnstab geschmückt, und die Tapferkeit auf die Seite geschoben.

Kann es eine größere Gewalttätigkeit geben wider die Vernunft, wider die Natur, einen größeren Verlust für den Staat? Und all das vollbringt und zerstört die Leidenschaft der menschlichen Augen, die blind sind, wenn sie lieben und wenn sie hassen, blind, wenn sie gutheißen und wenn sie verurteilen – blind überall dort, wo sie sehen sollten.

V

Wir sind zur Blindheit der dritten Art gekommen, in welche die Schriftgelehrten und Pharisäer versunken waren; sie erkannten ihre Blindheit nicht.

Der Blinde, der seine Blindheit erkennt, ist nicht gänzlich blind; er weiß, woran es ihm mangelt. Jedoch, die äußerste Blindheit besteht darin, blind zu sein und es nicht zu erkennen. Die Kirchenväter sagen von diesen Menschen: Sie sind so weit gekommen, dass sie das Gefühl ihrer Blindheit verloren haben.

Wenn die Natur dem Menschen das Augenlicht entzieht, lässt sie ihm das Gefühl der Blindheit, deshalb lässt sich der Blinde von fremden Augen unterstützen. Allein, die Schriftgelehrten und Pharisäer waren so völlig blind und dabei so stolz auf ihre Augen, dass sie nicht nur das Augenlicht verloren hatten, sondern auch die Empfindung für ihre Blindheit. Als sie von Christus einen versteckten Verweis bekamen, entgegneten sie: »Sind etwa auch wir blind?« Und damit wollten sie sagen: Die Übrigen sind blind, doch wir sind die Augen des Staates, wir haben die Pflicht, die Erfüllung der Gesetze zu beobachten, nur wir haben das Augenlicht, nur wir sind es, die sehen. Kann es eine größere Blindheit geben, als jene, wenn ein Mensch blind ist und glaubt, er sei es nicht?!

In einem Gleichnis von Christus heißt es: Ein Blinder wird von einem anderen Blinden geführt. Wer von diesen zwei Blinden war blinder. Derjenige, der führte, oder der Geführte? Jener, der führte! Denn der Blinde wusste, dass er blind war; doch derjenige, der führte, war weit entfernt einzusehen, er sei blind. Der eine war nur einmal blind, jener, der führte, war hingegen zweimal blind: einmal, weil er es war, das andere Mal, weil er es nicht erkannte.

Oh, wie viele gibt es auf Erden, die mehr als einmal blind sind. Ist der Stolz keine Blindheit? Ist der Geiz keine Blindheit? Ist die Ehr- und Prunksucht keine Blindheit?

Ja, es fehlt nicht an deutlichen Erfahrungen, um auf unsere Blindheit aufmerksam zu werden. Denkt bloß an euer Straucheln und Fallen, so werdet ihr auf der Stelle eure Blindheit einsehen!

Als Tobias hörte, sein Sohn, an dessen Wiederkehr er beinahe nicht mehr geglaubt hatte, komme zurück, da war seine Freude so groß, dass er sich erhob, um ihm entgegen zu eilen und ihn in seine Arme zu schließen. Halt inne, siehst du nicht, dass du blind bist?

Nach einigen wankenden und unsicheren Schritten strauchelte Tobias und fiel zu Boden. Von fremden Händen aufgerichtet und mit Stütze gelang es ihm schließlich, ohne weitere Gefahr seinen Sohn zu empfangen. Die unerwartete Freude hatte Tobias so sehr erschüttert, dass er nicht an seine Blindheit dachte und nicht daran, dass er sich helfenden Händen anvertrauen sollte.

Ja, es scheint unglaublich und unmöglich zu sein, dass ein Blinder seine Blindheit nicht erkennt. Was kann also der Grund sein, dass viele Blinde so verblendet sind, ihre Blindheit nicht zu erkennen? Der Grund, den ich für zuverlässig und untrüglich halte, ist die große Anmaßung dieser Blinden.

Erinnern wir uns:

Der Grund der ersten Blindheit war die Zerstreuung, die Ablenkung, die Unaufmerksamkeit.

Der Grund der zweiten Blindheit war die Leidenschaft.

Und der Grund der dritten und allergrößten Blindheit ist die Anmaßung, die Arroganz.

Die Schriftgelehrten und Pharisäer dienen uns als Beweis. Christus sagte zu seinen Jüngern: »Lasst sie, Blinde sind sie und Führer der Blinden« (Mt 15, 14)

Sie waren blind und ergingen sich in solcher Anmaßung, Blinde zu führen. An anderen erkannten sie die Blindheit als Blindheit, bei sich selbst hielten sie Blindheit für Augenlicht.

Anstatt Wegweiser, Führer für sich zu suchen, gaben sie sich als Wegweiser und Führer der anderen aus. Und der einzige Grund, die ganze Ursache für ihr Verhalten lag in jenem Satz, den die Schriftgelehrten und Pharisäer aussprachen: »Wir wissen.«

Dieses »Wir wissen« war die Grundlage ihres Urteils, ihres Verhaltens.

»Wir sagen es«, und alles Übrige ist Unwissenheit und Irrtum.

Hätten sie nicht sagen sollen, fragen sollen: Sind etwa auch wir blind?

Ich möchte an diese großen Gelehrten die Frage stellen: Wer seid ihr denn, dass ihr es verschmäht, Belehrung anzunehmen? Hat man je eine derart blinde Anmaßung gesehen?

Nichts mindert ihre Blindheit. Sie haben eine angesehene Stellung und diese gibt gewöhnlich kein Augenlicht, im Gegenteil, sie entzieht es demjenigen, der sie innehat, je höher die Stellung, desto geringer das Augenlicht. Deshalb entschwand den Schriftgelehrten und Pharisäern das Augenlicht. Sie waren blind, weil sie auf ihr Amt stolz waren, und sie waren noch weit blinder, weil sie die Pflicht gehabt hätten, zu sehen.

VI

Das war die letzte und unheilbare Blindheit der Schriftgelehrten und Pharisäer. Und welche Blindheit ist die unsrige? Sie erkannten ihre Blindheit nicht. Erkennen wir die unsrige?

Ein Übel sehen und nicht versuchen, ihm abzuhelfen, das heißt – nicht sehen.

Oh, wenn ich jetzt die ganze Welt hier versammelt sehen könnte! Wenn mich Spanien hören könnte, Frankreich hören könnte, selbst Rom hören könnte! Ihr Fürsten, Könige, Kaiser, seht ihr den Verfall, das Unglück in euren Reichen, seht ihr die Leiden und das Elend eurer Untertanen, seht ihr die Gewalttätigkeiten, die Unterdrückungen, die Erpressungen, die Armut, die Hungersnot, die Zwietracht, die Mordtaten, die Verwüstung? Entweder ihr seht es oder ihr seht es nicht. Wenn ihr es seht, warum sucht ihr nicht abzuhelfen? Und wenn ihr ihm nicht abzuhelfen sucht, was seht ihr dann? Ihr seid blind!

Ihr hohen, ihr höhere, ihr höchsten Kirchenfürsten, und ihr, die deren Stelle vertreten – seht ihr die allgemeinen und besonderen Trübsale der Kirche, seht ihr die Abnahme des Glaubens, die Verachtung der göttlichen Gebote, den vielfachen Missbrauch, seht ihr die öffentlichen Sünden, die Ärgernisse, den wucherischen Verkauf und Kauf geistlicher Ämter, seht ihr den Mangel an tüchtiger Unterweisung? Entweder ihr seht es oder ihr seht es nicht. Wenn ihr es seht, warum sucht ihr nicht abzuhelfen? Und wenn ihr nicht abzuhelfen sucht? Ihr seid blind!

Ihr Staatsräte, seht ihr die Nachlässigkeiten in der Amtsverwaltung, seht ihr die Ungerechtigkeiten, seht ihr die Diebstähle und Räubereien, die Betrügereien, die Bestechungen, die Macht der Großen, die Bedrückung der Geringen, die Tränen der Armen?

Entweder ihr seht es oder ihr seht es nicht. Wenn ihr es seht, warum sucht ihr nicht abzuhelfen? Und wenn ihr ihm nicht abzuhelfen sucht? Ihr seid blind!

Ihr Familienväter, die ihr Haus, Ehefrau, Kinder, Dienstboten habt – seht ihr das unanständige Betragen und die Verirrungen eurer Angehörigen, seht ihr die Eitelkeit der Gattin, die fehlende Zurückhaltung der Töchter, den sündhaften Umgang der Söhne, die Zügellosigkeit und Unbescheidenheit der Dienstboten, seht ihr, wie sie leben, was sie tun und zu tun sich vermessen? Wenn ihr es seht, warum sucht ihr nicht abzuhelfen? Und wenn ihr ihm nicht abzuhelfen sucht? Ihr seid blind!

Siehst du endlich, o Christ, siehst du das Sittengesetz der Religion, siehst du den Zustand, worin du schon so viele Jahre lebst? Warum sind wir so blind, warum betreten wir nicht den Weg der Besserung?

Und wenn wir uns doch einmal bessern wollen – wann wird dieses »einmal« kommen?

In der Todesstunde? Im hohen Alter? Darauf rechneten alle, die in der Hölle sind.

Wenn wir doch einmal die Augen öffnen, warum soll es denn nicht am heutigen Tage geschehen?

Herr, sieh nicht auf unsere Blindheit, möge heute wenigstens **ein** Blinder mit dem Augenlicht diese Versammlung verlassen. Wende uns Deine barmherzigen Augen, durchdringe und erwecke mit ihnen die Härte dieser Herzen, zerreiße den Schleier und erleuchte unsere Augen, auf dass sie die unglücklichen Zustände sehen und wahrnehmen, und wir alle mit festem Vorsatz den Weg der Besserung antreten und würdig sein mögen, durch Deine Gnade erleuchtet zu werden und uns einst Deiner Anschauung zu erfreuen.

Zweiter Teil der Predigten:
Erste Einübungen ins Christentum

Mittel, immer Brot zu haben
Predigt auf den vierten Sonntag in der Fastenzeit

Gehalten 1657 in der Hauptkirche von São Luís, Maranhão.

Johannes 6, 12, 13:
»Als sie aber satt waren, da sammelten die Jünger und füllten zwölf Körbe mit Stücken von den fünf Gerstenbroten.«

Extrakt:
Die größte Sorge, die der Allmächtige in den Menschen setzte, ist die Sorge um Nahrung, um Brot, um die Lebensgrundlage. Alle mühen sich ab. Es gibt niemanden, der nicht dem Erwerb und Erhalt des Brotes seine ganze Sorge zuwendete.

Hunger und Armut bedrängen den Leib. Die Seele wird gepeinigt von Unsicherheit und Furcht vor dem nächsten Tag.

Wir sehen überall tugendhafte Menschen, die in Armut und Not leben, wie kommt das?

Fasst Mut, und schaut auf die Beispiele:

Joseph war in Gefangenschaft und wurde reich; David erlitt, bevor er Reichtum erlangte, jede Art von Verfolgungen; Jakob durchlebte lange Zeiten der Mühsale und wurde später vermögend.

Fasst Mut, gebt Almosen! Almosen geben heißt säen. Und für diesen Samen gibt es keinen besseren Boden als die Hände der Armen – und es wird immer und für alle Brot geben.

*   *   *

I

Hochverehrte!

Heute könnt ihr mir getrost zuhören, denn heute werde ich ganz nach euren Wünschen sprechen. Da an den vergangenen Sonntagen von der Seele gesprochen wurde, wird meine heutige Predigt den Leib zum Inhalt haben.

Die größte Sorge, die Gott in den Menschen setzte, ist die Sorge die Sorge um Nahrung, um das tägliche Brot. Was tut der Bauer auf dem Acker, er pflügt, er sät, sein Ziel ist das Getreide für die Herstellung von Brot. Er strebt nach Brot. Was tut der Krieger auf dem Schlachtfeld, er braucht eine Lebensgrundlage: Er strebt nach Brot. Was tut der Kaufmann, wenn er Briefe und Rechnungen ordnet, Handelsverbindungen knüpft, er strebt nach Brot. Was tut der Student auf der Hochschule, wenn er sich in Bücher vergräbt und beim Studium Nächte schlaflos zubringt, er strebt nach Brot. Was tut der Jurist, wenn er Fragen stellt, Beweise sucht, Einwendungen und Erklärungen abwägt, er strebt nach Brot.

Sie alle streben nach Brot. Am Ende läuft alles auf die Sicherung der Lebensgrundlage hinaus. Die Armen arbeiten Tag und Nacht um des Brotes Willen. Menschen von hohem Geist geben für Brot ihr Leben. Menschen von niedrigem Geist geben für Brot ihre Ehre. Alle mühen sich ab. Es gibt niemanden, der nicht dem Erwerb und Erhalt des Brotes seine ganze Sorge zuwendete.

Alles wird zum Zwecke des Broterwerbs verwendet. Die Kräuter, die Pflanzen, die Bäume, die Tiere; das Feuer in den Öfen, das Wasser auf den Mühlen, der Wind in den Segeln, die Erde in den Weinbergen. Und wie ist es mit Sonne, Mond und Sternen? Ja, auch sie werden für den Broterwerb verwendet, denn sie zeigen Einflüsse an, wann der Mensch säen soll, jagen soll, wann er ruhen soll, um später wieder ausgeruht für den Broterwerb sorgen zu können.

Es besteht also, wir können es zusammenfassen, die größte Sorge und die größte Bemühung des Menschen darin, zu Brot zu kommen. Aus diesem Grund mühen sich alle ab.

Auch Gott ist damit beschäftigt, für unsere Nahrung zu sorgen, denn ihr gelten die größte Sorge und das größte Bemühen des Menschen.

Somit sind Himmel und Erde damit beschäftigt, für Brot zu sorgen.

Deshalb sollen heute zwei Punkte eingehend erörtert werden: die Art und Weise, wie wir Brot ohne Mühe erlangen können, und die Art und Weise, wie wir viel Brot erlangen können.

II

Am heutigen Tag führt uns das Evangelium jenes große Wunder vor Augen, bei dem Christus in einer Wüste mit fünf Broten fünftausend Menschen – Männer und Frauen und Kinder – speiste, und dann noch zwölf Körbe voll Brot übrig waren.

Wir sehen daran zweierlei: Christus gab den Menschen Brot und Er gab ihnen viel Brot.

Bei Matthäus heißt es: »Und sie aßen alle und wurden satt, und sie hoben von dem, was an abgebrochenen Stücken übrig war, zwölf Körbe voll auf.« (Mt 14, 20)

Wie ist das möglich, welche Mittel sind einzusetzen, welcher Weg ist zu gehen, welche Lebensweise ist anzustreben und zu verfolgen, um im ganzen Leben Brot zu haben, ohne jemals daran Mangel zu leiden? Besteht die Lebensweise, die zu diesem Ergebnis führt, vielleicht darin, unaufhörlich zu arbeiten, mehr zu sparen, vermehrt zu hintergehen, vermehrt zu schmeicheln? Jene, die das glauben, täuschen sich. Das sichere Mittel, der sichere Weg Brot zu haben, ohne Mangel an Brot zu leben, ist, Christus zu folgen.

Da dies letztlich doch eine schwierige Betrachtung zu sein scheint und Sie, Hochverehrte, wohl nicht so leicht zu überzeugen sind, will ich mit Zitaten der Heiligen Schrift, mit Bildern des Alten Testamentes, mit Beispielen und mit Erfahrung versuchen, Beweise zu erbringen für die These:

Christus zu folgen ist der sichere Weg, ohne Mangel an Brot zu leben.

Schenkt mir eure Aufmerksamkeit.

III

Erinnern wir uns an Gottes Worte im Buch Levitikus, nach denen Er jenen, die Ihm Gehorsam erbringen, Regen, ertragreiches Land und viele Früchte zusagt, während Er den Ungehorsamen vor Augen führt, dass sie einen Himmel wie Eisen und Erde wie Erz erleben werden.

Levitikus XXVI, 3, 4, 5, 10: »Wenn ihr in meinen Satzungen wandelt und meine Gebote beachtet und sie erfüllt, gebe ich euch Regenfälle zur rechten Zeit, der Boden wird seinen Ertrag geben, und die Feldbäume ihre Frucht. Das Dreschen soll sich dann bei euch hinziehen bis zur Weinlese; ihr habt euer Brot in Fülle zu essen.«

Ist hier nur vom Leib die Rede? Nein. Hunger, Armut, Unsicherheit der Lebensbasis bedrängen zwar den Leib, doch viel mehr wird davon die Seele bedrängt. Die Seele wird gepeinigt von Sorge, von Ungewissheit, von Furcht vor dem nächsten Tag; in der Seele lebt nur Angst, die Seele ist ohne Zuversicht und ohne Sicherheit.

Wie ist also das Wort des Allmächtigen vom Gehorsam zu verstehen? Sät gute Werke und ihr werdet Barmherzigkeit ernten!

Wie sehr täuschen sich jene Menschen, die gierig nach Reichtum streben, und dabei doch nicht Ruhe in der Seele finden. Das Mittel, der Weg, unser tägliches Brot, unsere gesicherte Lebensbasis zu haben, besteht einzig in der Erfüllung von Gottes Gesetzen.

Und was ist eure Art und Weise, das Leben, euer Bemühen um Brot einzurichten? Habt ihr Vertrauen in den Himmel?

Ihr reist von hier, von Maranhão nach Portugal, und was habt ihr als Verpflegung mit?

Wir haben einen Wechsel von tausend Cruzados, werdet ihr mir antworten.

Wie? Ein Wechselbrief soll euch vor dem Mangel an Brot schützen? Einen Wechselbrief, schriftliche Versicherungen nehmt ihr mit? Vertrauen in den Himmel schiebt ihr beiseite?

Mit Wechselbriefen fühlt ihr euch sicher, mit dem Allmächtigen nicht?

IV

Kommen wir zu den Bildern, die das Anliegen, immer Brot zu haben, veranschaulichen.

Es steht im Psalm (22, 1): »Ändert euren Lebenswandel, verlasst den Weg und ihr werdet sehen, dass es euch an nichts mangelt.«

Erinnern wir uns an Jakob und Esau und den Segen, den Vater Isaak seinen Söhnen gegeben hatte. Zu Jakob sagte er:

»Gott gebe dir den Tau des Himmels und den Humus der Erde.«

Und zu Esau sagte der Vater: »Im Humus der Erde und im Tau des Himmels wird dein Segen sein.«

Die gleichen Worte, doch ihre Stellung im Satz ist verändert. Beim Segen für Jakob stehen die Gaben des Himmels an erster Stelle, erst an zweiter Stelle stehen die Güter der Erde. Und in dieser Reihenfolge sollen wir die Güter anstreben.

Hochverehrte! Wir alle haben die Güter der Erde nötig, doch weit mehr noch die Güter des Himmels; die Güter der Erde für dieses Leben, die Güter des Himmels für das andere Leben.

Wir sollten zuerst die Güter des Himmels suchen, und dann die der Erde, das wird sich als Segen erweisen. Wer zuerst die

Güter der Erde sucht und dann um die Güter des Himmels fleht, der wird die Güter weder des Himmels noch der Erde finden, und, was er als Segen erwartet, wird sich als Fluch erweisen.

Sucht deshalb einen Weg, wo ihr zuverlässig im Gesetz Gottes geht, dann wird es euch an nichts mangeln.

V

Hören wir nun Beispiele für die Richtigkeit meiner Mahnung, auf eurem Weg dem Gesetz des Allmächtigen zu folgen.

Jakob flieht aus seinem Vaterhaus, begibt sich in die Betrachtung des Allmächtigen, kommt zu großem Reichtum (Genesis 32, 10) und kehrt mit einer Schar von Knechten und Mägden, mit Rindern und Schafen zurück.

Erinnern wir uns an Joseph, der als Sklave nach Ägypten verkauft wird und dort der bösen Gebieterin widersteht. Ihm wird Brot in solchem Übermaß beschert, dass er seine Brüder, deren Familien, und beinahe ganz Ägypten versorgen kann.

Denken wir an David. Er ist einer niedrigen Familie entsprossen, ist der kleinste seiner Brüder, durchleidet die größten Beleidigungen und Angriffe, und kommt zu solchen Gütern, dass sich seine Millionen kaum noch zählen lassen.

Nun werdet ihr einwenden, der Allmächtige hat euch nichts dergleichen beschert. Was ist der Grund? Ihr seid nicht wie David, nicht wie Jakob, nicht wie Joseph. Ich wiederhole meine Frage: Habt ihr Vertrauen in Gott?

VI

Kommen wir nun zur Erfahrung.

Bei diesem Aspekt der Betrachtung spricht vieles gegen mich, so scheint es. Denn es ist ein Faktum, dass wir viele tugendhafte Menschen sehen, die in Armut und Not leben. Ist es also doch nicht wahr, dass der Lebensweg nach den Gesetzen Gottes das Mittel ist, keinen Mangel an Brot zu leiden?

Nochmals greife ich zum Beispiel von David. Er sagt: Ich bin jung gewesen, bin alt geworden (Psalm 37, 25) und habe in keinem Moment den mir aufgetragenen Weg Gottes verlassen.

Wir wollen genau hinsehen. Manchmal sind diejenigen, die wir für gut halten, nicht gut, nicht erhaben, auch nicht gerecht. Dass Menschen uns als etwas anderes erscheinen, als sie sind, erleben wir gewiss oft, allzu oft.

Tugendhaft scheinen und trotzdem andauernd Not leiden?

Wenn ihr schmerzlich Mangel leidet, am Nötigsten, so fasst dennoch Mut, der Allmächtige hat die Phase der Prüfung genau bemessen. Der Psalmist (27, 14) sagt: »Lass stark sein dein Herz und hoffe auf den Herrn.«

Schaut vor allem auf die Beispiele:

Joseph ist reich und war zuvor in Gefangenschaft,

David ist reich und erlitt zuvor jede Art von Verfolgung,

Jakob ist reich und durchlebte lange Zeiten der Mühsale.

Den Weg Gottes zu gehen, Seine Anweisungen, Seine Gebote zu leben, ist ein sicheres Mittel, Brot und eine Lebensbasis zu haben; von diesem Weg abzuweichen ist ein sicheres Mittel, Brot und Lebensbasis zu verlieren.

Wir kennen alle das siebente Gebot – du sollst nicht stehlen. Und ihr vermehrt aus Gier, mit allen möglichen Kunstgriffen und durch fremdes Eigentum, euer Vermögen!

Was folgt daraus? Wie oft sehen wir, dass einem Menschen sowohl das Vermögen, welches er schon besessen, als auch jenes, das er unrechtmäßig dazu erworben hatte, entzogen wurde.

Die Erdengüter werden verzehrt vom Rost, von der Motte oder sie werden von Dieben gestohlen.

Der Begriff Dieb ist uns geläufig, wir wissen, was gemeint ist. Rost zernagt und verzehrt Metall, unser gesamtes Eigentum, das bereits vorhandene und auch jenes, das hinzugekommen ist. Auch die Motte verzehrt das Eigentum, sie tut es listig und vollkommen.

Ihr sinnt auf tausend Mittel und Wege, auf tausendfache List, euer Eigentum mit fremdem Eigentum zu vermehren, und es wird, wir erleben das so oft, zernagt und zerstört.

Gehen wir zu einem anderen Beispiel. Gott sprach: »Gedenke, dass du den Sabbath heiligst.«

Und was tut ihr? Ihr schickt die Sklaven nicht in die Kirche zur Heiligen Messe, nein, ihr gebt ihnen Befehl zu arbeiten.

Ja, habt ihr schon überlegt, wie oft Arbeit, die aus Gewinnsucht am Sonntag verrichtet wird, alles zerstört was in der Woche erworben wurde?!

Gott bestimmte, der Erde wöchentlich einen Ruhetag zu geben!

Das vergönnt ihr der Erde nicht! Doch bald wird sie eine ganze Woche ruhen, einen ganzen Monat, das ganze Jahr. Es gibt in Paraíba schon einige Zuckermühlen, die nicht mehr in Betriebsamkeit stehen. Jetzt feiern das Land und die Zuckermühlen die heiligen Tage, die ihre Herren nicht feiern ließen.

Warum, glaubt ihr, sterben eure Sklaven? Warum, glaubt ihr, entfliehen sie euch so oft und verschwinden? Warum glaubt ihr, stehen so viele Zuckermühlen schon öde und leer?

Ich will es euch sagen: wegen der Sorglosigkeit, wegen der Gier der Verwalter.

Gott lässt die Sklaven in den Wald entfliehen und dort feiern sie sieben Tage in der Woche, weil ihr sie nicht einen Tag pro Woche ruhen lassen wolltet. Ihr lasst weder die Menschen noch die Natur einen Tag pro Woche ruhen, und was ist die Konsequenz? Eure Zuckermühlen erleiden Schaden, durch Wasser und Schimmel, durch Gifttiere und Räuber, und ihr habt keine Möglichkeit mehr, die Zuckermühlen instand zu halten, zu reparieren, euren Verpflichtungen zur Lieferung von Zuckerhüten nachzukommen, ihr könnt das Zuckergeschäft nicht aufrecht halten.

Seht, Hochverehrte, wie eure Habsucht euch täuscht, sie bewirkt, dass ihr alles verliert, das Vorhandene und das Dazuerworbene.

Das sichere, zuverlässige Mittel, Vermögen zu erwerben und zu erhalten, besteht darin, Gottes Gesetzen zu folgen, das ist der Weg, Brot zu erhalten, wie wir das aus dem heutigen Evangelium erfahren.

VII

Ich habe nun ausführlich den ersten Weg, Brot, eure Lebensbasis, zu erlangen, vor Augen geführt. Jetzt will ich zum zweiten Anliegen kommen: Brot in Fülle zu erlangen.

Welch ein Gegenstand für Habsüchtige und Geizige! Würde ich diese nach dem Mittel fragen, das Brot und ihre Habe zu vermehren, sie würden sofort sagen, das sei vor allem durch den Handel möglich. Wie leicht ist das zu beweisen, denn was in Portugal zwei Cruzados kostet, verkauft man hier in Maranhão (Brasilien) um zwanzig. Und doch ist das ein gefährliches Mittel, ein gefährlicher Handel, ein gefährlicher Weg zur Vermögensvermehrung, denn es gilt, die Fahrt über den Ozean zu überstehen, es sind Seeräuber zu bekämpfen, Meutereien am Schiff zu schlichten.

Also werden manche einen anderen Weg, ein anderes Mittel empfehlen: Man solle sich an einen König herandienen, indem man ihm aus möglichst großer Nähe oder aus großer und doch wirksamer Entfernung dient, denn das seien die Positionen, aus denen man den größten Nutzen schöpfen könne.

Dabei müsse man das Bild des Feuers vor Augen haben; dem Feuer dürfe man nicht so nah kommen, dass es einen verbrenne, und auch nicht so fern von ihm stehen, dass es nicht wärme. Seid ihr dem König sehr nah, dann unterwerfen sich euch alle. Wenn ihr dem König fern seid, dann unterwerft ihr alle.

Diese Wege, Vermögen zu vermehren, sind ohne Zweifel höchst wirksam. Und doch wirkt auf dieser Welt das Prinzip der Rechenschaft, es wirkt eine Gerechtigkeit, die wir nicht beeinflussen können. Es gibt in diesem Leben Gefängnisse und im anderen Leben die Hölle. Deshalb sollten wir sorgsam abwägen, ob die genannten Mittel und Wege die richtigen sind – nun, wir wissen es bereits, sie sind es nicht!

Wieder andere sagen, das beste Mittel viel Brot und viel Vermögen zu erwerben, sei, das bereits Erworbene festzuhalten, zu bewachen, zu hüten, nichts davon zu verzehren, alles zu sparen und beinahe vor Hunger sterben, denn, so sagen diese Sparsamen, die Habe wachse mehr durch sparsame Ausgaben als durch reiche Einnahmen. Dieses Mittel scheint tauglich zu sein, und doch sollten diese Ratgeber bedenken: Sparen und beinahe vor Hunger sterben, damit andere das Vermögen so recht froh verzehren, gut leben und prahlen, das ist törichter Geiz und wahnsinnige Habgier.

Welches Mittel gibt es also, das zur Vermehrung unserer Habe nützlich und sicher ist? Es ist ganz einfach, spendet von dem, was ihr besitzt, den Bedürftigen. Darauf laufen die beiden Punkte meiner Predigt hinaus:

Ihr wollt Brot und Lebensgrundlage haben? Dann geht auf den Wegen Gottes.

Ihr wollt Brot und Lebensgrundlage in Fülle haben? Dann gebt den Bedürftigen davon.

Wie, werdet ihr fragen, von meinem Vermögen soll ich nehmen und geben, und das sei ein Mittel, es zu vermehren? Das erscheint doch eher als ein Weg, es zu verlieren! Ja, würde beim Geben nur an den Menschen gedacht werden, so könnte das der Fall sein, doch wenn es aus Hinwendung zu Gott geschieht, dann ist es das sicherste Mittel, unsere Habe zu vergrößern.

Lesen wir bei Johannes (6, 5) die Gedanken zum heutigen Evangelium:

»Woher werden wir Brot bekommen, damit diese zu essen haben?«

Fünf Gerstenbrote und zwei Fische, damit wollte Christus alle speisen. Es galt, durch Teilen die Brote zu vermehren.

Wären die Apostel geizig und engherzig gewesen, so wäre bei fünf Broten auf jeden nicht einmal ein halbes Brot gekommen. Weil aber jeder sein Stück Brot teilte, füllten sich Körbe damit.

Es muss immer in unserer Seele verankert sein, dass wir alles, was wir den Armen geben, dem Allmächtigen geben, und soll eure Habe wachsen und sich mehren, dann teilt die Habe mit den Armen.

Wollen wir noch eine Unterscheidung vornehmen:

Es gibt zwei Mittel, wodurch die Habe wächst und sich mehrt –den Ackerbau und den Handel.

Beim Ackerbau sät ihr einen Scheffel Korn und erntet fünfzehn, zwanzig, wenn der Boden gut ist, dreißig Scheffel. Beim Handel gilt, ihr habt fünfzig Cruzados eingesetzt und hundert oder zweihundert erlangt ihr.

Und so findet ihr es auch bei Almosen. Almosen geben heißt säen und Handel treiben, mit großem Gewinn. Für den Samen gibt es keinen besseren Boden als die Hände der Armen, und für den Handel gibt es keinen besseren Geschäftsfreund als Gott.

VIII

Mancher glaubt, wenn er Almosen spenden würde, dann verliere er das Gegebene, aber er irrt, er leiht das Almosen. Wer Geld verleiht, erhält Zinsen. Ebenso derjenige, der Almosen gibt. Natürlich erhält er für Almosen nicht Zinsen wie die Menschen sie geben, denn Gott entrichtet weit höhere Zinsen, und diese Zinsen sind euch in der anderen Welt sicher. (Von Ihm empfangt ihr in der anderen Welt das ewige Leben). Aber ich vermute, ihr wollt das Geld in das Pfandhaus nach Rom tragen, oder in die Wechselbank nach Venedig. Glaubt mir, die Bank in Venedig kann zugrunde gehen, sie ist jetzt schon keine sichere Bank, da sie für Kriege Geld leihen muss. Kriege kosten Geld, viel Geld. Die Almosen hingegen werden in der Bank des Allmächtigen verwaltet, und diese himmlische Bank wird nicht zugrunde gehen, sie bleibt für alle Zeiten bestehen.

Ist Almosengeben ein vorteilhafter Handelszweig?

Noch weit ergiebiger ist die Ernte, die auf gutem Boden gewonnen wird.

Wenn ihr, Hochverehrte, ein so gutes Erdreich habt um darauf zu säen, warum lasst ihr es so oft öde liegen? Der heilige Joachim, dessen Fest wir heute begehen, teilte seine Habe in drei Teile, und ein Teil war für die Armen.

Wir denken an den Sämann im Evangelium nach Lukas. Wir säen vieles unter die Dornen, das sind die Laster und Sünden; wir säen vieles auf den Weg, das ist die Eitelkeit. Warum säen wir nicht einen Teil auf gutes Erdreich und damit in die Hände der Armen, und auf dieser guten Erde wird die Saat hundertfache Frucht tragen!

IX

Ja, Hochverehrte, die Zeit, in der wir die segensreiche Arbeit des Säens verrichten, ist die Fastenzeit. Das ist die Zeit zum Säen. An Armen fehlt es nicht. Wozu, glaubt ihr, hat die Kirche diese vierzig Tage angeordnet? Zum Fasten und zum Almosengeben.

An Tagen, die keine Fasttage sind, essen wir zweimal, zu Mittag und abends. An Fasttagen essen wir nur einmal. Und wozu tun wir das? Um das, was wir am Abend essen würden, den Armen zu geben. Stellen wir auch gleich richtig: Fasten und das Brot aufbewahren, das ist Geiz.

Lasst uns allen Almosen geben. Diejenigen, die viel besitzen, mögen viele Almosen geben; die wenig besitzen, mögen wenig geben; und jene, die nichts besitzen, um davon Almosen zu geben, sie mögen es mit Geduld ertragen, dass sie nichts besitzen, und den Wunsch haben, irgendwann Almosen geben zu können.

Ich weiß, dass in diesem Land, in Maranhão, christliche Liebe waltet, doch ich kann nicht umhin, eine Mahnung auszusprechen und mein Befremden über einen Mangel auszudrücken, den ich hier sehe.

In einer so berühmten Stadt, hier in São Luís in der Region Maranhão, gibt es kein Krankenhaus. Bedenkt was Christus am Tag des Gerichtes sprechen wird: Ihr Gesegneten meines Vaters, kommt! Ich war hungrig, und ihr habt mich gespeist; ich war durstig und ihr habt mich getränkt; ich war ein Fremder, und ihr habt mich beherbergt; ich war krank, und ihr habt mich besucht.

Bedenkt! Christus erwähnt nicht das Begraben der Toten, denn das Hauptthema der Barmherzigkeit sind die Lebenden. Er erwähnt die gastfreundliche Aufnahme der Fremden und der Armen. Und Christus sagt nicht, es seien die anderen krank. Nein, Er sagt: »Ich war krank.« Christus sagt nicht: »Es waren die anderen Fremde«. Nein, Er sagt: »Ich war ein Fremder und ihr habt mich beherbergt und mich besucht.«

Wäre es also richtig, käme Christus hungrig, durstig, nackt, krank, als ein Fremder in diese Stadt und es fände sich kein Haus, um Ihn zu beherbergen? Es wäre besser, es gäbe hier keine Kirche, als dass es hier kein Krankenhaus gibt. Das Bild Christi, welches in der Kirche hängt, es ist ein totes Bildnis. Die Bildnisse Christi, die Armen, das sind lebendige Bildnisse, sie fühlen Schmerz und Not. Wenn es keine andere Möglichkeit gibt, dann verwandelt die Kirche in ein Spital. Baut den Armen ein Haus, Christus wird zufrieden sein. Nehmt einen Teil von der Habe eures Hauses, dann wird der Herr euer Haus, eure Habe segnen, wie Er die fünf Brote der Apostel segnete, sodass alles wächst und sich vermehrt; ebenso wachsen und mehren sich auch eure irdischen Güter und die Güter der Gnade – und damit die Gewähr für ewige Seligkeit – Amen.

Segen der Einsamkeit
Predigt auf den vierten Sonntag in der Fastenzeit

Gehalten 1655 in der Königlichen Kapelle von Lissabon,
vor der neuerlichen Reise von Antonio Vieira SJ nach Maranhão.

Johannes 6, 15:
»Und er zog sich wieder auf den Berg zurück, er allein.«

Extrakt:
Würde die Welt erkennen, was derjenige sammelt, der sich
sammelt, wie viele Vorteile ein Mensch daraus schöpft, dass er
sich zurückzieht, niemand würde vor der Einsamkeit, vor dem
Rückzug zurückschrecken.

Umgang und Konversation mit Menschen können eine besondere Form von Ansteckung sein, weil wir, ohne es zu wollen, uns mit dem Verhalten, den Defiziten, den Krankheiten
der anderen anstecken.

Die Einsamkeit bringt eine neue Einstellung zu uns selbst.
Wir können dann zu uns sagen: Ich bin ein Mensch, der in sich
wohnen kann.

Anmerkung Gloria Kaiser:
In dieser wie in einigen anderen Predigten Antonio Vieiras
kommt eine Radikalität zum Ausdruck – sowohl was die letzten Dinge anbelangt als auch in der Anklage der Lebenshaltung
seines Publikums –, die sich gewiss auch aus seinem Wissen
um die Gefahren einer monatelangen Überfahrt von Kontinent zu Kontinent erklärt. Aufgrund seiner steten Lebenslage
des Aufbruchs hatte er gegenüber allem weltlichen Kalkül gewiss eine größere Distanz und Furchtlosigkeit, ja Abgeklärt-
heit als die meisten seiner Mitbrüder.

I

Hochverehrte!
Als Herodes Christus töten wollte, damit Christus nicht König werde, da flohen die Eltern mit Jesus nach Ägypten. Und nun, wir hören es von Johannes (6, 15), floh Er auf den Berg, Er allein.

Er flieht. Freunde und Feinde, alle verfolgen Ihn nach ihrer Art; die Liebe der einen, der Hass der anderen, beides ist Verfolgung, Er flieht vor allen.

Die Apostel sammelten die Reste des Mahles und füllten damit zwölf Körbe.

Sie sammelten die Brotreste.

Er sammelte sich.

Würde die Welt erkennen, was derjenige sammelt, der sich sammelt, wie viele Vorteile ein Mensch daraus schöpft, dass er sich zurückzieht, niemand würde vor der Einsamkeit, vor dem Rückzug in die Wüste zurückschrecken.

Heute will ich von der Einsamkeit, von der Wüste sprechen, und ich schicke mein Flehen zum Himmel: Verleihe mir Deinen Beistand und lass mich in meiner Predigt jene erreichen, die durch meine Worte veranlasst werden können, zu Dir, Allmächtiger, zu fliehen!

II

Christus zog sich auf einen einsamen Berg zurück.

Einen bewohnten Ort mit der Einöde, die belebten Städte mit einsamen Bergen zu vertauschen, den Umgang mit den Menschen zu fliehen, um mit Gott und mit sich zu leben, das ist eine wichtige Lehre, die uns Christus gibt.

Es ist bekannt, es gibt jene, die zu bedenken geben, selbst in Mexiko könne man als Einsiedler leben. Auch wenden diese

Menschen ein, Fliehen sei Schwachheit … Als ob es nicht Tapferkeit wäre, die Ketten, von denen sich so viele nicht befreien können, zu zerbrechen!

Sie behaupten, der Mensch sei ein soziales Wesen und den Umgang mit den Menschen gegen Einöden zu vertauschen, hieße, sich gegen die Natur aufzulehnen.

Der Umgang mit den Menschen, sagt Seneca, der Weise des Altertums, ist eine Art von Ansteckung. Und wie die Pest in bevölkerten Städten gewaltiger wirkt, so ist auch die Gefahr der Ansteckung durch Menschen größer.

Seneca gibt seinem Schüler Antworten auf die Frage, was zu tun sei, um ruhig und glücklich zu leben.

Seine erste Anweisung lautet: Der Mensch soll den Menschenmassen entfliehen. Denn, so sagt der Philosoph, der Umgang und die Konversation mit Menschen ist eine spezielle Form der Ansteckung: Ohne es zu wollen, stecken wir uns mit den Defiziten, dem Verhalten, den Krankheiten der anderen an.

Der Weise sagt weiter: Ich gestehe meine Schwachheit. Niemals ging ich von Menschen weg, ohne dass ich in meinem Verhalten nicht übler zurückkehrte, als ich es vorher gewesen war. Immer war eine von den Leidenschaften, die ich bereits bewältigt hatte, wieder erwacht. Immer nahm ich wieder Fehler an mir wahr, die ich schon überwunden glaubte. Ja, ich würde sagen, ich kehrte geiziger, ehrsüchtiger und unenthaltsamer zurück, auch grausamer und unmenschlicher – weil ich unter Menschen war.

Und es sind viele, vor denen wir fliehen müssen. Bei Gemeinschaften ist es natürlich, sich der Meinung und Haltung der Mehrzahl anzuschließen. Dabei geraten wir in einen Strom, dem wir nicht Widerstand leisten können. Selbst Riesen der Tugend können sich gegen das Heer der Laster nicht aufrecht halten.

Was hilft uns dagegen, zu welchem Mittel sollen wir greifen? Es lautet: Fliehen!

Und Seneca spricht eine nächste Facette an, indem er aus seinem früheren Leben erzählt: »Ich bot alle Kraft auf, mich von der Menge abzusondern und ein besonderes, ein leuchtendes Werk zu schaffen, das mir die Hochachtung der Welt bringen würde.«

Was hat er dadurch gewonnen? Er wusste es bald, er erlebte es.

Jene, die seine Beredsamkeit loben, seine Anmut preisen, vor seinem Einfluss sich bücken – alle sind entweder seine Feinde oder sie werden es. So groß wie die Zahl derer ist, die ihn bewundern, so groß ist die Zahl derer, die ihn beneiden. Die Bewunderung wird mit der Zeit verstummen; der Neid wird mit steigender Gewalt hervorbrechen. Was Lob und Beifall war, ist bald Verderben und Zerstörung.

Es sagt der heilige Gregorius von Nazianz: Lieber mögen uns die Menschen beneiden als Mitleid mit uns haben. Doch seine eigene Erfahrung zeigte ihm, dass der Neid seiner Rivalen ihn so sehr verfolgte, dass er sich gezwungen sah, sich wie Jonas ins Meer zu stürzen.

Es ist eine unverrückbare Wahrheit: Solange der Neid sich nicht entladen kann, ruht er nicht.

Deshalb war die erste Regel, die erste Instruktion, die Seneca gab, und die er bewusst selbst lebte, sich in sich selbst zurückzuziehen, damit er unangefochten und unverfolgt wachsen und arbeiten könne. Und welche Frucht brachten ihm Rückzug und Einsamkeit? Die Erkenntnis, ich kann mit mir leben, ich bin ein Mensch, der in sich wohnen kann.

III

Jeder, der sich wahrhaft retten will, sei davon überzeugt: Er muss vor den Menschen in die Einöde fliehen.

Es wurde ein Weiser nach dem Grund seiner Zurückgezogenheit gefragt, und er gab sinngemäß zur Antwort: »Ich hatte im Umgang mit der Welt erfahren, dass es unmöglich ist, mit den Menschen und zugleich mit Gott zu leben. Denn Gottes Wille ist nur einer, der Wille der Menschen ist so verschieden wie die Menschen selbst. Sie leben Eigennutz, Habsucht, Leidenschaften, und auch darin sind sie unbeständig und veränderlich.«

Ich, euer Bruder Antonio, sage, es gibt drei Feinde, die sich im Menschen bekriegen: Das Sehen, das Hören, das Sprechen, und von all dem befreit uns die Einöde, wo wir weder sehen noch hören noch sprechen.

In einer Welt, in der wir so vieles sehen, was wir doch nicht richtig wahrnehmen, so vieles hören und es doch nicht richtig zuordnen können, so vieles sprechen, was wir nicht sagen dürften – wie kann ein Mensch, der nicht blind, taub oder stumm ist, noch sicher leben, noch wahr leben, wenn er nicht vor den Menschen flieht?!

Erinnern wir uns an den heiligen Antonius, den Eremiten. Er hätte viele Gründe gehabt, die Wüste zu verlassen und nach Rom, in die Hauptstadt der Welt, zu gehen. Er tat es nicht. Er fürchtete, wieder unter die Menschen zu kommen, die er so viele Jahre gemieden hatte. Er fürchtete, den Geist eines Einsiedlers zu verlieren. Was würde ihn erwarten, lebte er unter Menschen? Der Kaiser Konstantin würde ihm seine Gunst schenken, und schon würden sich Schlingen des Neides um Antonius legen, alle würden versuchen, ihn zu stürzen und dem Untergang zuzutreiben.

Warum flieht Antonius vor den Menschen, er fürchtete weder wilde Tiere noch Geister.

Die Menschen sind in ihrer Verruchtheit und Bosheit wilder und grausamer als Tiere und dämonischer als der Dämon. Die Dämonen haben weder Fleisch noch Blut, sie sind Wesen einer anderen Welt. Die Tiere haben keinen Verstand, keinen freien Willen, sie werden vom Trieb geleitet.

Die Menschen aber sind dämonischer, sie sind wilde Tiere mit Verstand und freiem Willen.

Erinnern wir uns, Christus scheuchte mit einem Wort Dämonen von sich, jedoch Er war nicht imstande, Judas zu bekehren, weder mit Wohltaten noch mit Beispielen, Mahnungen und Drohungen. Ein Jahr, bevor Judas Ihn verriet, sagte Er: Einer von euch ist ein Teufel (Johannes 6, 71). Judas war ein Dämon aus Fleisch und Blut.

Um Dämonen, die aus Fleisch und Blut sind, zu erreichen, zu bekehren, dazu reichen keine Beispiele, keine Bemühungen und seien sie übermenschlich.

Der Mensch mit Verstand, und sei er auch waffenlos, ist mehr zu fürchten als das wilde Tier ohne Verstand. Und die Einöden sind die sichersten Zufluchtsorte vor den Zugriffen vernunftbegabter, wilder Tiere, also der Menschen.

In welcher Zeit leben wir! Es ist so weit gekommen, dass die Herrschenden, die Kaiser und Könige diejenigen hassen, die ihre Ungerechtigkeiten tadeln, und dass sie jenen verabscheuen, der ihnen die Wahrheit sagt. Da muss der kluge Prediger schweigen, mag auch die Lehre gut sein, die Zeit ist gegen ihn.

Antonius handelte also klug, wenn er lieber in der Einöde weilte, als in die Hauptstadt der Welt zu gehen. In der Hauptstadt, unter Menschen, konnte er keine Früchte sammeln; in der Wüste konnte er Früchte sammeln – für sich. Antonius handelte wie von Christus im heutigen Evangelium berichtet wird: Obwohl er zu den Scharen hätte sprechen können, war er geflohen.

IV

Er floh auf einen Berg, so sagt der Evangelist, doch er nennt den Berg nicht. Christus wünschte, dass man nicht wisse, wo Er weilte.

So begrub der Allmächtige den Moses, ohne dass man wusste, wo.

Warum werden die Söhne Jonadabs, werden die Wüstenbewohner die ersten Gefangenen genannt? Weil, so sagt der heilige Hieronymus, sie sich als Bewohner der Wüste für frei hielten und in der Stadt, in die sie aufgefordert wurden zurückzukehren, als Sklaven fühlten.

Der große Kirchenlehrer spricht als einer, der die Ruhe der Wüste und die Unruhe der Städte erfahren hat. Er schreibt: Die Stadt ist mir ein Kerker, die Einsamkeit ein Paradies.

Gehen wir nun zum Berg Sinai, der sich wie der Berg Horeb in der Wüste erhebt. Der Allmächtige wählte, als Er den Menschen seine Gebote verkünden wollte, einen Berg, mitten in der Wüste.

Auf den Bergen, in den Wüsten und Einöden sind die Menschen dafür empfänglich, Gebote und Vorschriften in ihr Herz aufzunehmen. Um göttliche Gesetze aufzunehmen, müssen die Gemüter frei sein von Leidenschaften, vor allem frei von irdischen Sorgen, die die Menschen beunruhigen; die Menschen brauchen Ruhe und die Heiterkeit des Gemüts, und diese walten nicht im Getümmel der Städte, sondern auf den Bergen und in Einöden.

Alle Regeln des Lebens, wir sehen das an den Geboten des Allmächtigen, verlieren in Städten und an bevölkerten Orten, wo ständig gekämpft und gestritten wird, ihre ordnende Kraft. Unter Menschen kommt alles in Unordnung.

Wo verkündete Christus das neue Gesetz? In einer Wüste und auf einem Berg.

Er stieg auf einen Berg, und als Er sich gesetzt hatte, traten Seine Jünger zu Ihm, und Er lehrte sie: Selig sind die Armen im Geiste, denn ihrer ist das Himmelreich (Mt. 5, 1, 2).

Auf dem Berg schlug Er Seinen Lehrstuhl auf. Er wählte einen Berg, weit entfernt von Jerusalem, um durch Sein Beispiel zu lehren, dass das stille Leben in der Wüste die Schule der himmlischen Weisheit sei.

Die Einsamkeit ist die Schule himmlischer Weisheit.

In der Einsamkeit erhielten Antonius und Paulus ihre Weisheit.

Und welche Bücher waren es, aus denen sie Kenntnisse und Erkenntnisse sammelten? Der heilige Bernhard spricht davon. Es sind ganz besondere Bücher, Bücher fern allen Neids.

Glaubt mir, sagt Bernhard – und ich, euer Bruder Antonio Vieira, schließe mich jedem seiner Worte an – ihr werdet mehr in Wäldern als in Büchern finden. Jeder Baum im Wald, sei er hoch oder niedrig, wächst immer zum Himmel empor. Auch die Bäume der Wüste, die ohne Pflege leben müssen, streben nach oben.

Und lernt von ihnen: Die Bäume, die der Winter entlaubt, sie lehren, auf den Frühling zu hoffen, er kommt ganz bestimmt. Und jene Bäume, die der Frühling schmückt, sie lehren, dem gegenwärtigen Glück nicht zu vertrauen, denn es wird ein Winter folgen. Die Bäume, die sich im gewaltigen Sturmwind beugen, lehren Selbsterhaltung. Jene, die sich nicht beugen wollen, die sich nicht biegen lassen, die lieber zerbrechen, sie lehren Standhaftigkeit, sie stehen aufrecht, bis sie gebrochen werden.

Jeder Baum ist ein Buch, jedes Blatt ein Lesestück, jede Blüte ist eine Lehre, jede Frucht ist dreifache Frucht. Die grünen Früchte sind noch keine Früchte; die reifen Früchte haben nur kurz ein stattliches Aussehen und vollen Geschmack; die überreifen Früchte sind schon entstellt von Zeit und Temperatur, sie gehen rasch dahin.

Das ist die stumme Schule der Einöde und darin erwarb sich der heilige Bernhard seine Weisheit.

Gehen wir nun auf den Ölberg, das ist passend in der Fastenzeit. Er war nur mit Bäumen bewachsen, mit Olivenbäumen, die dem Berg den Namen gaben. Dorthin war Christus gegangen, um uns zu zeigen, der Berg in seiner Einsamkeit ist der beste Platz für das Gespräch mit Gott, und um im Gebet zu Ihm emporzusteigen.

V

Christus zog sich auf einen Berg zurück – allein.

Im Wort »allein« sind alle Schrecken, ist alles Schreckliche der Wüste ausgedrückt. Ach, wie viele von den Furchtsamen, die ihre Furcht unter scheinbarer Klugheit verbergen, sagen wie Salomon: »Weh dem, der allein ist.«

Der weise König gab als Grund an: »Wenn der Mensch, der allein ist, fällt, hat er niemanden, der ihn aufrichtet.«

Jedoch ich sage, wer allein ist, hat auch niemanden, der ihn stürzt.

Bedenken wir stets, es ist wichtiger zu vermeiden, dass uns jemand stürzt, als jemanden nötig zu haben, der uns aufrichtet. Denn, jene, die uns stürzen können und das üblicherweise auch tun, das sind die Mächtigen und scheinbar Großen; und diejenigen, die gestürzt werden, sie werden angesichts der Mächtigen und scheinbar Großen keine standhaften und mutigen Freunde finden, die es wagen, ihnen die Hand zu reichen.

Es mag die hilfreiche Hand der Menschen fehlen, doch Gottes hilfreiche Hand fehlt nie, das gilt erst recht für den, der fällt.

So bleibe ich dabei, mit Bernhard und Chrysostomus zu behaupten: Nie bin ich weniger allein, als wenn ich mit mir allein bin. Denn wenn ich nicht allein bin, dann bin ich bei den Menschen; wenn ich hingegen allein bin, bin ich beim Allmächtigen. Oh, wenn die Menschen einsehen würden, wie viel sie dadurch verlieren, dass sie nicht mit sich selbst und mit Gott in Einsamkeit umzugehen wissen!

Allein war Abraham, allein war Moses, als der Allmächtige ihnen erschien; allein waren Gedeon und auch Elias; allein war Isaias, als er den Thron der göttlichen Majestät von Seraphim umgeben sah.

Doch damit es nicht scheine, als setzte ich das Glück der Einsamkeit nur in die geistigen und seelischen Vorgänge des Menschen, so weise ich euch darauf hin, dass der Einsame auch deshalb ruhiger und zufriedener ist als alle anderen, weil er die Menschen aus der Ferne sieht.

Als Christus sich auf den Berg zurückzog, waren Seine Jünger mit einem Kahn auf dem See und ein wütender Sturm hätte sie beinahe verschlungen. Zur gleichen Zeit war der Erlöser allein auf dem Land. So ist es, da treiben Menschen im Meer des Lebens, kämpfen mit vielen Schwierigkeiten, manche gehen zugrunde, manche retten sich mit Mühe. Und der Einsame sieht all dieses Treiben aus der Ferne, denn er ist auf dem Berg oder in der Einöde.

Bedenken wir: Die Welt steht in den Flammen des Krieges. Einige siegen, andere werden besiegt; Städte werden belagert, Reiche erobert; Millionen von Menschen sterben. Unaufhörlich kreist das Rad der Welt, die einen wirft es nieder, die anderen wachsen bis zu den Wolken empor, wieder andere sinken in die tiefsten Abgründe. Nur der Einsame, der nicht unter der Gerichtsbarkeit des Glückes steht, nur er muss keine Furcht haben, denn sein Zustand ist unveränderlich. In diesem Leben gibt es nur einen treuen Seelenfrieden, nur eine stete Sicherheit, und diese erlebt nur, wer fern von der unruhigen Welt lebt.

VI

So schließe ich nun meine Predigt, bevor ich zum Boot eile.

Ich sehe hier einige, die der Gegenstand meiner Predigt befremdet; sie sagen, sie sei nicht für diesen Ort und nicht für diese Versammlung geeignet, nicht für die königliche Kapelle und nicht für den Hof von Lissabon.

Sind die Menschen, die ich da unten und da oben auf der Empore erblicke, frei von jenen Ketten, die sich zerbrechen lassen? Sie mögen es überdenken, wie es wäre, würden sie den bloßen Schein gegen die Wahrheit vertauschen, den Hof gegen die Einöde und Wüste, das Prunkkleid gegen das Bußgewand; dann würden sie Einsicht gewinnen und siegen über sich selbst.

Ich will auch noch zu jenen sprechen, die glauben, dass sie sich aufgrund ihres Standes, ihres Berufs, nicht zurückziehen können. Sie sagen, sie könnten den Umgang mit den Menschen nicht vermeiden, sie könnten vom Umgang mit den Menschen nicht ablassen.

Sie mögen wissen, dass sie, um ihre Berufspflichten erfüllen zu können, wechselweise ihre Lebenstage den Geschäften und der Zurückgezogenheit widmen sollten. In keinem Stand, sei es im weltlichen oder im geistlichen, wird jemand – und hielte er sich auch für den Fähigsten – den Pflichten seines Berufes entsprechen können, wenn er sich nicht die Schule der Einsamkeit verordnet.

Welche Hirten sollten strenge Rechenschaft geben? Die Oberhirten. Wenn diese jedoch nicht in der Einsamkeit mit dem Allmächtigen und mit sich selbst Umgang pflegen und von sich selbst Rechenschaft verlangen, so werden sie niemals gute Rechenschaft geben können.

Die großen Wirkungen und Ergebnisse, die die Oberhirten erbrachten, kamen aus dem Licht, der Gnade und dem Feuergeist, den sie in der Einsamkeit empfingen, womit sie dann an bevölkerten Orten die Seelen entflammten, Laster ausrotteten und Tugenden pflanzten.

Im weltlichen Stand scheint die Zurückgezogenheit wegen der Betriebsamkeit und des notwendigen Umgangs mit öffentlichen Personen weniger möglich zu sein. So wird argumentiert. Welche Fehleinschätzung! Als ob der klare Blick auf die irdischen Dinge, die unbeeinflusste Einsicht, nicht abhängig wären von göttlicher Erleuchtung, als ob irgendein Großer zum guten Ausgang von Verhandlungen die göttliche Vorsehung nicht nötig hätte.

Erinnern wir uns an David, er war König eines riesigen Staates und die Staatsangelegenheiten waren höchst schwierig, so dass sie ihn während seiner vierzigjährigen Herrschaft, im Frieden wie im Kriege, von innen wie von außen, der Gefahr aussetzten, die Krone zu verlieren. Wo sollte er Licht suchen und Rat? Nur in der Wüste, in der Einöde. Wie sagt er selbst: Wie oft sah sich mein Herz verängstigt und bestürzt, ich war mitten in Gefahren, in den Schauern des Todes, sah mich bedeckt von vollkommener Finsternis, nicht der kleinste Lichtstrahl zeigte mir, wohin ich entfliehen könnte. Und worin bestand meine Zuflucht in meiner Angst und Not? Ich floh in die Ferne und blieb in der Einöde und ich wartete auf den, der mich errettete vom Kleinmut meines Geistes. Und ich wurde gerettet, jedes Mal, indem ich lange genug mit mir selbst war, lange genug in mir selbst gewohnt hatte.

Und wenn dies ein Mann, David, getan hat, den wir kennen als einen mit Mut, Unerschrockenheit, mit Weisheit und Erfahrung, wie können andere Fürsten glauben, sie könnten, ohne dass sie sich zeitweise vom Hof zurückziehen, ohne dass sie in der Einsamkeit Gott um Rat anflehen, für sich und ihre Minister und Räte das Wohl des Staates herbeiführen?!

Jetzt wenden diese Fürsten ein, sie hätten für Zurückgezogenheit keine Zeit. Wir wissen, dass sich Tage, Wochen und Monate finden für andere Zurückgezogenheiten, sie nennen sie Erholung. Sie wenden viel Mühe auf, um, vom Hof entfernt, ein Wildschwein zu erlegen und im Triumph nach Hause zu bringen.

Diese Mühe würden sie besser auf das Erlegen anderer Tiere verwenden, viel wilderer Tiere, wahrer Ungeheuer, und die Jagd nach ihnen kann nur in der Einöde, in der Wüste gelingen, im Einklang und mit der Hilfe des Allmächtigen. In der Einöde werden der Eitelkeit die Flügel gebrochen, da werden der Rache die Hände abgehauen, da wird der Stolz zu Boden geworfen, da sinkt die Ungerechtigkeit, da stirbt der schäumende Zorn, da werden die Schritte des Geizes gehemmt, alle übrigen Ungeheuer der zügellosen Unmäßigkeit und der Wollust getötet, in die Flucht geschlagen oder gebändigt.

Die Erholung, welche die Fürsten für sich wählen, sollte die Unerschrockenheit, den Mut und die Tapferkeit fördern. Wenn sie die Zeit, die sie der Jagd widmen, dafür aufwendeten, sich zurückzuziehen, um nur mit sich und mit dem Allmächtigen Umgang zu pflegen und von Ihm und von der Zeit der Einsamkeit das Licht zu empfangen, wären sie erneut und erneuert imstande, den Staat zu lenken und sich selbst aufrecht zu halten.

Schließlich, um ein wichtiges, das wichtigste Beispiel zu nennen:

Christus teilte seine Lebenstage in den drei Jahren, in denen Er zugleich König und Priester gewesen war, zwischen dem Umgang mit den Menschen und der Einsamkeit in der Wüste. Am gleichen Tag, an dem Er durch seine Wunderwerke kundtat, dass Er der Sohn des Allmächtigen, der Erlöser sei, und Ihn alle als solchen anerkannten, da widmete Er einen Teil des Tages den Menschen und den anderen Teil der Einsamkeit in der Wüste und auf dem Berg.

Niemals und unter keinen Umständen traurig sein

Predigt auf den vierten Sonntag nach Ostern

Gehalten 1654 in São Luís, Maranhão

Johannes 16, 5, 6:
»Jetzt aber gehe ich zu dem, der mich gesandt hat, und keiner von euch fragt mich: Wohin gehst du? Vielmehr ist euer Herz von Trauer erfüllt, weil ich euch dies gesagt habe.«

Extrakt:
Trennungsschmerz und Traurigkeit sind allgemeine Krankheiten, Traurigkeit beschleunigt den Tod, sie ist auch Veranlassung zu Verfehlungen.
Niemand entgeht der Traurigkeit, die Klügsten am wenigsten.
Der Mensch frage seinen Körper: Wohin gehst du?
Der Mensch frage seine Seele: Wohin gehst du?
Der Weg geht nach oben und der Blick nach oben erleichtert alles, denn der Körper geht zum Grabe, die Seele geht zur Vollendung.

*   *   *

I

Hochverehrte!
Das Evangelium dieses Sonntags hat den Teil einer Unterredung zum Inhalt.
Christus offenbarte den Jüngern, die Stunde sei gekommen, in welcher Er sich von ihnen trennen werde, weil Er aus der Welt scheiden werde.
Und welche Wirkung hatte diese Eröffnung auf die Gemüter der Apostel? Sie waren bestürzt und außer sich, und

zwar so sehr, dass keiner von ihnen auch nur ein Wort sagen konnte.

Die Ursache ihres Schweigens war der Trennungsschmerz, sie fielen darüber in Traurigkeit.

Christus erklärte ihnen, dass ihr Schweigen der Grund der Traurigkeit sei.

»Nicht mein Scheiden ist der Grund für eure Traurigkeit, sondern euer Schweigen. Niemand von euch fragt mich, wohin ich gehe. Würdet ihr diese Frage stellen, ich würde euch antworten und niemand würde sich betrüben.«

Was wollen wir nun tun?

Wir wollen die Folgerung von Christus auf uns anwenden und das wird der Gegenstand meiner Predigt sein. Ich bin entschlossen, heute jeden Menschen zu lehren nie traurig zu sein, in welchen Umständen und Verhältnissen er sich auch immer befinden möge.

II

Die Krankheit, in welche die Menschen am häufigsten fallen und die nicht nur die körperliche Gesundheit angreift, sondern vor allem für die Seele gefährlich ist, das ist die Traurigkeit.

Es ist eine allgemeine Krankheit, die jeden befällt und in allen Ländern grassiert, denn kein Land hat ein so gesundes Klima, eine so reine Luft, dass es von dieser Krankheit frei wäre.

Traurigkeit ist uns allen angeboren. Untrügliches Anzeichen dafür ist, dass wir weinend auf die Welt kommen. Wir sind also und wir bleiben es auf unserem ganzen Lebensweg – der Traurigkeit unterworfen.

Und die Traurigkeit, unsere Traurigkeit, ist nicht eine Tochter der Natur, sondern eine Tochter der Schuld, da wir alle Kinder Adams sind. Diese Welt, in der wir leben, ist ein Tränental und es gelingt keinem, sich der Traurigkeit zu entziehen. So hoch auch Fürsten und Könige und Päpste ihren Platz über den anderen Menschen haben, die Nebel der Traurigkeit kommen auch in diese Höhen. Zwar ist dort die Traurigkeit mit dem Glanz der Zepter und Kronen vergoldet, doch ist sie deshalb nicht weniger drückend.

Die Traurigkeit, die im Herzen waltet, verwundet unser Innerstes.

Die Traurigkeit ist ein Übel, sie ist eine Krankheit, der niemand entgeht.

III

Wie zeigt sich ein Trauriger – bleich, sein Gesicht eingefallen, die Augen hohl, das Haupt zur Erde gesenkt, sein Körper gebeugt. Er verschließt den Freunden die Türen und der Sonne die Fensterläden, denn es ist ihm alles, was Freude bereiten könnte, zuwider und ekelt ihn an.

Da die Traurigkeit eine Wunde des Herzens ist und aus dem Herzen alle Lebensgeister kommen, die sich im Körper verteilen, so ist die Traurigkeit tödliches Gift, das den ganzen Körper verwundet.

Dieses Gift tötet!

Die Traurigkeit verwundet den Geist und verwirrt das Urteil, sie verwundet die Ohren und lässt Wohllaut als Missklang tönen, sie verwundet die Zunge und bringt sie zum Verstummen.

Betrachtet einen von Traurigkeit Gequälten, er ist unempfänglich für Freude, er ist nur empfänglich für Schmerz; er nimmt um sich nur Qual und Kummer wahr, er verwendet keinen Gedanken an etwas Gutes; er hasst alles, am meisten sich selbst.

Das ist das Gift der Traurigkeit, es breitet sich aus und tötet.

Traurigkeit ist auch Veranlassung zur Sünde.

Die Traurigkeit tötet nicht nur unseren Körper, sondern auch unsere Seele. Die gewaltige und düstere Leidenschaft Traurigkeit betäubt die Seele und bewirkt, dass der Mensch durch den Mangel an Urteilsfähigkeit in eine Sünde fällt.

Traurigkeit umnachtet den Verstand.

Jene Finsternis, eine der neun Plagen in Ägypten, verdunkelte nicht nur die Augen der Menschen, sondern fesselte sie derart, dass sie sich nicht vom Platz bewegen konnten. Ja, das vermag die Finsternis in der Seele. Der Traurige fühlt sich mit einer Kette an die Finsternis geschmiedet.

Es nützt dem Traurigen weder das Licht des Glaubens noch das Licht der Vernunft, er kann die Finsternis nicht besiegen, die nur er wahrnimmt, und er kann den Versuchungen nicht entfliehen, er ist kraftlos in seiner Dunkelheit, deshalb ist er immer dem Vergehen und der Schuld ausgesetzt.

Wie bewirkt die Traurigkeit Vergehen und Schuld?

Der Traurige sucht nach einem Linderungsmittel und da naht die Versuchung.

Wird die Traurigkeit vom Ehrgeiz und vom Verlangen gespeist, mehr sein zu wollen, dann wird der Traurige einem Verbot zuwiderhandeln.

Kommt die Traurigkeit von der Armut, dann wird der Traurige stehlen.

Kommt die Traurigkeit von sinnlichem Begehren, dann wird der Traurige sich erzwingen, was er als freiwillige Erwiderung nicht erlangen kann.

Bei Habsucht wird der Traurige falsches Zeugnis ablegen,

bei Beleidigung wird er Rache nehmen und sei es durch Verrat,

bei Neid wird er den Beneideten zu stürzen suchen,

bei Mangel an Gesundheit wird der Traurige der Heilkunst misstrauen und zu einem Zaubertrank greifen.

Es ist ein Thema von unermesslichem Umfang, würde ich alle Sünden besprechen wollen, die von der Traurigkeit gefördert werden.

V

Niemand entgeht der Traurigkeit, die Klügsten am allerwenigsten.

Kommen wir zurück zum Beginn meiner Predigt: »Euer Herz ist von Traurigkeit erfüllt, keiner von euch fragt mich: Wohin gehst du?«

Wohin gehst du?

Mit dieser Frage ist der Traurigkeit die Kraft entzogen.

Wohin gehst du?

Bei jedem Ereignis, in jeder Lebenslage, so traurig und enttäuschend sie auch sein mag, gibt diese Frage nicht nur lindernden und heilenden Trost, sondern befreit von der Traurigkeit.

Wollen wir nun erforschen, wohin wir alle gehen:

Der Staub kommt wieder zur Erde, der Geist kehrt zu Jenem zurück, der uns den Geist gegeben hat.

Der Körper geht zum Grab, die Seele, der Geist zu Gott.

Der Mensch frage seinen Körper – wohin gehst du? Der Mensch frage seine Seele – wohin gehst du?

Und die Antwort ist:

Der Körper geht zum Grabe, die Seele geht zu Gott, zur Vollendung.

Lenken wir also unseren Geist nach oben … und mit einem Mal zerstiebt die schwarze Wolke der Traurigkeit.

VI

Ein Mensch der sich fragt: Wohin gehst du? – und der sieht, dass er mit den Schritten der Zeit, welche nie stillsteht, ständig dem Grabe entgegengeht, kehrt allem anderen den Rücken, es bleibt nur die Traurigkeit.

Wie viele Klagen werden ausgestoßen, weil niemand die Augen auf den unvermeidlichen Weg richtet und an sich die Frage stellt: Wohin gehst du?

Schauen wir in die richtige, in die einzige Richtung, die uns als Antwort gelten sollte – hinauf, nach oben. Die Seele geht zur Vollendung!

VII

Betrachten wir die Mäßigkeit und Unmäßigkeit im Menschen.

Welches waren die Reichtümer der Ägypter? Ihr Küchengeschirr, ihre Edelsteine und ihr Schmuck.

Das Küchengeschirr betraf den Tisch, Edelstein und Schmuck die Kleidung.

Das war das Höchste, womit der Körper seine Begierden nach innen zufrieden stellte oder sich nach außen fremden Augen zeigte. Speise und Kleidung sind es, ohne die wir nicht leben können und deretwegen die Mäßigkeit und die Unmäßigkeit im Menschen einen Kampf führen.

Als Jakob nach Mesopotamien reiste, flehte er den Herrn an, Er möge ihm Brot und Kleidung geben. Jakob kam aus einer vermögenden Familie, in der alle im Überfluss lebten.

Warum war Jakob mit so Wenigem zufrieden? Weil er auf jener Reise die letzte Stätte auf Erden vor Augen hatte.

Ein Mensch, der das Grab vor Augen hat, mäßigt und ordnet seine Ansprüche, er ist damit zufrieden, trockenes Brot zu essen und Kleidung aus einfachstem Stoff zu tragen.

Stellen wir den Überfluss der Reichen der bescheidenen Bedürftigkeit der Armen in Kleidung und Speisen gegenüber, was geht daraus hervor? Die Zufriedenheit und die Freude, wonach der Reiche strebt, erlangt der besonnene Bedürfnislose in höherem Maße.

VIII

Von der Stunde der Geburt an betreten wir den Weg zum Grabe.

Als zu Hiob Trauernachricht auf Trauernachricht kam und er schließlich all seine Güter an einem Tag verloren hatte, da zerriss er seine Kleider und sagte: Nackt bin ich aus meiner Mutter Leib gekommen und nackt gehe ich zurück, nackt lege ich mich ins Grab.

Wie hätte er über den Mangel an Schmuck und Prunk traurig sein können!

Suchen wir ein Beispiel in unserer Zeit.

Es ist ein Jüngling in schwere Krankheit gefallen und er bestimmt, man solle ihn im Ordenskleid des heiligen Franziskus ins Grab legen. Das ist zwar nichts Außergewöhnliches, doch es ist bewunderungswürdig.

Wie steht diese Sache bei euch, Hochverehrte?

Ihr prahlt mit eurem Schmuck, mit euren Seidengewändern. Für einen Edelstein gebt ihr alles, was ihr besitzt, und manchmal auch das, was nicht euer Eigentum ist.

Als der Jüngling den Weg zum Grab antritt, da weiß er – endlich – wohin er geht.

O Blindheit! O Täuschung der Eitelkeit! O Unwissenheit!

Wir glauben, wir betreten den letzten Weg, wenn wir auf fremden Schultern getragen werden, und kommen nicht zur Einsicht, dass wir diesen Weg schon mit unserer Geburt betreten haben.

Mögen wir sterbliche Menschen zur Einsicht kommen, dass aller Schmuck und Prunk Begräbnisgepränge ist. Denn wird euch diese Herrlichkeit in die letzte Stätte folgen?

Nein!

Es ist auch über die Bedürfnislosigkeit bei Tisch zu sprechen.

Wohin geht der Weg des Reichsten auf Erden?

Der Arme dankt für ein einfaches Mahl, und dadurch, dass er weniger isst, wird er später zur letzten Stätte kommen.

Die Natur ordnet zum Leben das Essen an und der Gaumen verleitet uns, viel zu essen und dann nur kurze Zeit zu leben.

Es gibt Menschen die muntern einander auf: »Lasst uns essen und trinken, denn morgen müssen wir doch sterben.« So sprechen sie. Warum können sie vorhersagen, dass sie am nächsten Tag sterben würden? Wegen ihrer Schlemmerei.

Aus der Übermäßigkeit im Essen entstehen oft Krankheit und Tod. Diejenigen die im Überfluss leben, mögen daran denken.

Das Leben der Mächtigen und Reichen ist oft kurz, denn die Reichen und Mächtigen geben dem Gaumen zu viel zur Schlemmerei.

Es tötet, was wir ohne Maß genießen.

So sind der Überfluss und die Schwelgerei Gift für die Reichen, und sie mögen bedenken, Enthaltsamkeit und Entsagung wäre und ist Arznei.

X

Wohin gehst du?

Stellen wir diese Frage an die Seele, so wird der Geist die Antwort formulieren: hinauf, zur Vollendung.

Wenn es je eine traurige Seele auf Erden gab, so war es die Seele Davids. »Es zertreten mich meine Feinde, denn viele streiten wider mich«, klagte er.

David war voll Sanftmut und hat doch die größten Verfolgungen erlitten. Er sagte, seine Feinde seien verräterisch und hielten Rat, um ihn zu vernichten, sie seien so wütend, dass sie wie tückische Hunde seine Gebeine zermalmten,

sie seien so hartnäckig, dass sie ihn alle Zeit höhnten,

sie seien so falsch, dass sie ihm ins Gesicht lobten und sich gegen ihn verschworen.

David fand kein Heilmittel gegen seine Traurigkeit. Er flehte zum Himmel: »Sende dein Licht und deine Wahrheit!«

Er flehte um Licht, da er sich im tiefsten und dunkelsten Abgrund der Traurigkeit befand. Er flehte um Wahrheit, damit die Wahrheit die Verleumdungen vernichte, mit denen ihn seine Feinde verfolgten.

Die Antwort kam.

David sagt es selbst: »Ein Engel ist mir erschienen und riet mir, ich soll meine Augen heben, den Blick nach oben richten. Und ich nahm wahr: Das Licht und die Wahrheit leiten und führen mich.«

Der Grund warum wir bei Drangsalen, bei Verfolgungen und Leiden traurig sind, ist: Wir sind blind und sehen das Licht nicht.

Betrachtet eure Schritte und erkennt, dass sie euch emporführen, und bald werdet ihr die Traurigkeit unter den Füßen haben. Hebt eure Augen, euren Blick hinauf!

XI

Der Blick nach oben, zur Vollendung, erleichtert alles.

Manche Seelen sind vor Traurigkeit stumm und blind.

Eine stumme Seele stellt an sich nicht die Frage: Wohin gehst du? Eine blinde Seele blickt nicht empor.

Die größte und tiefste Traurigkeit, die jemals eine Seele empfunden hat, war jene von Christus im Ölgarten; diese Traurigkeit war so furchtbar, dass sie Ihm Blutschweiß erpresste. Das Heilmittel gegen diese Traurigkeit war, dass der Himmel einen

Engel sandte, Christus zu trösten und zu stärken. Dieser Engel entfernte die Traurigkeit aus dem Herzen von Jesus Christus.

Mit welchem Mittel tat dies der Engel? Christus lag auf der Erde und der Engel bat Ihn, Er möge die Augen zum Himmel erheben und sie dort belassen.

Thomas von Aquin sagt: »Es erschien Ihm ein Engel und stärkte Ihn, indem er Ihm die Freude des ewigen Lebens erklärte.«

Jener Mann, dessen Seele so unendlich traurig war, dass die Vorstellung der Qualen, des Hohns und der Schmach, die vom Ölgarten bis zum Kalvarienberg für Ihn vorbereitet waren, Ihn dazu verleiten hätte können, sich das Leben zu nehmen – was empfing er von dem Engel? Mit welchen Beweggründen überzeugte ihn der Engel, seinen Weg nicht abzubrechen?

»Wohin gehst du?«

Der Weg vom Ölgarten bis zum Kalvarienberg war grausam, qualvoll. Nur die Betrachtung des Wegzieles, nur der Blick zur Vollendung erleichterte Ihm alles.

Das Kreuz auf den Schultern, unter Seinen Füßen Hohn, Schmerz und Schmach, duldete Er den Steinhagel, denn Er hatte seinen Blick nach oben, zum Himmel gerichtet.

XII

Der Weg geht nach oben.

Das ist die Art und Weise, wie ihr mitten in größten Kümmernissen und Drangsalen des Lebens ohne Traurigkeit leben könnt. Ein jeder frage sich: »Wohin gehst du?«

Und wenn die Antwort lautet: Mein Weg geht zur Vollendung, mein Blick geht nach oben, dann wird die Traurigkeit entfliehen und verschwinden.

Der Weg zur Vollendung ist der Weg der Widerwärtigkeiten, des Grams, des Kummers. Doch am Ort der Vollendung werden wir nicht gefragt: Kommt ihr als Sprösslinge der Goten aus Spanien, oder der Bourbonen aus Frankreich, stammt ihr von Königen ab oder seid ihr niedriger Herkunft, gar Sklaven?

Wie sollte ich den Weg dorthin beschreiben. Er ist schmal, mit Steinen bedeckt, mit Disteln und Dornen besät, er ist durchschnitten von Schluchten und Abgründen, wo das Licht schwindet.

Und was ist mit jenen, die oben stehen?

Sie erblicken die Welt ausgebreitet, sehen breite Straßen, auf denen Männer und Frauen gehen, alle kostbar gekleidet. Sie sehen vergoldete Wagen und Sänften, sie sehen überall Vergnügen, Lust und Annehmlichkeit, Freude. Wenn auf diesen breiten Straßen eine jede Seele sich fragen würde: Wohin gehst du?

Die Antwort wäre: Verlass den breiten Weg, solange du noch Zeit hast, und fürchte dich nicht vor Leiden!

Es ist wie bei den Seefahrern, wenn sie Stürmen und Seeräubern entkommen sind und endlich rufen können: Land in Sicht! Das tun sie wie die Leidenden rufen: Angekommen, endlich in der Vollendung angekommen!

XIII

Ich sehe deutlich, Hochverehrte, niemand von euch fragt sich selbst: Wohin gehst du? Wohin gehe ich?

Ihr fürchtet euch vor Mühsalen; davor flieht ihr.

Was aber ist der Lohn für alle Mühsal?

Ich will es euch erklären: Eure Waren stehen in hohem Kurs! Da das Wort Belohnung in diesen Zeiten beinahe in Vergessenheit geraten ist, hoffe ich, dass ich mit dem Wort »Ware« die Situation euch gut verständlich darstelle.

Die Menschen sind habsüchtig und bemessen die Werte nach der Rechnungslegung.

Die erste Regel bei Handelsgeschäften besteht darin, die Waren von dem Land, wo es dieselben gibt und wo sie wenig kosten, dorthin zu bringen, wo es dieselben nicht gibt und wo sie viel kosten. Ein Kaufmann kauft in Angola Elfenbein, in Indien Zimt und in Brasilien Zucker, und er bringt all das nach Lissabon. Genauso ist es, die Handeltreibenden verwenden ihre ganze Habe, verwenden alle Mühe an den Erwerb und Verkauf jener Waren, die im Himmel keinen Wert und keinen Preis haben. Gold und Silber haben dort keinen Wert.

Seht ihr, hier ist das Land der Drangsale; dort der Hafen der Ruhe und das Land, in dem es keine Leiden gibt. Deshalb: Groß ist der Lohn im Himmel und so groß auch Mühsal und Beschwerden sein mögen, wir werden nicht traurig sein, wenn wir unseren Blick nach oben richten.

XIV

Als Elias flehte: Herr, nimm meine Seele – da erschien ihm ein Engel, der ihm ein Brot zu essen gab mit den Worten: Du hast noch einen weiten Weg.

Und wenn ich um die Wegzehrung gefragt werde, um die Wegzehrung für die Seele auf dem Weg zur Vollendung, so sage ich: Die Wegzehrung ist das Brot im Altarssakrament.

Bedenkt! Der Körper geht zum Grabe, die Seele geht zur Vollendung, deshalb:

Eure Augen sollen nach oben gerichtet sein!

Die verborgenen guten Werke
Predigt auf den fünften Dienstag der Fastenzeit

Gehalten 1671 in der Hauskapelle der Königin von Schweden, Santa Casa di Loreto im Palazzo Riario, der Residenz von Christina von Schweden in Rom.

In dieser Kapelle fanden zur nächtlichen Zeit Singspiele statt. Als die Töne der Sänger verklungen waren, erhob Antonio Vieira SJ seine Stimme und hielt eine kurze Predigt.

Diese hier zitierte Predigt war die Erfüllung eines Wunsches von Königin Christina, die öffentlich zur Schau gestellte Frömmelei verabscheute und nur jene Tugenden als wahre Tugenden schätzte, welche den Augen der Welt verborgen blieben.

Johannes 7, 4:
»Niemand tut etwas im Verborgenen.«

Extrakt:
Die Augen sind zwei Lichter für den Leib – und sie sind zwei Fallstricke für die Seele.

Der größte Fallstrick sind die fremden Augen, denn die Begierde gesehen zu werden, ist groß. Auch marmorne Grabmale zeigen das unsterbliche Verlangen, gesehen zu werden, und dieser Ehrgeiz lebt über den Tod hinaus.

Die Neigung, uns nur von dem, was wir sehen, leiten zu lassen, ist eine Art des Götzendienens. Götzendiener weihen ihre guten Werke den Augen der Menschen, um sich dadurch den Ruf »guter Menschen« zu erwerben.

Die Tat der guten Werke soll jedoch nicht gesehen werden, denn wer den Augen dient, der dient, um zu gefallen. Gute Werke sollten nur für die Augen des Allmächtigen getan werden.

* * *

I

Hochverehrte!
Die größte Wohltat der Natur sind die Augen und von dieser
Wohltat geht zugleich die größte Gefahr aus. Die Augen sind
zwei Lichter für den Leib und sie sind zwei Fallstricke für die
Seele.

Wir sehen und wir werden gesehen, und damit sind wir bereits am Punkt:

Die größte Gefahr und der größte Fallstrick sind die fremden
Augen. Denn obwohl beim Menschen der Wunsch, zu sehen,
ganz natürlich ist, so ist doch die Begierde, gesehen zu werden,
noch weit größer.

Hiob stellte darüber seine Betrachtungen an. Seht den Dorn,
welcher am meisten sein Herz verwundete: »Ich werde sterben, und kein Menschenauge wird mich mehr erblicken.«

Das Sehen hat mit dem Leben ein Ende; die Begierde, gesehen zu werden, endet indes nicht mit dem Tod. Auf den rö-
mischen Gräbern wurde die Bildsäule des Verstorbenen an-
gebracht, weil der Mensch, der im Grabe nicht mehr sehen
konnte, selbst sehr wohl gesehen werden wollte.

»Da mir nun das eigene Leben mangelt, so möge mir wenigstens nicht das fremde Auge mangeln.«

Die marmornen Grabmale sind eine künstliche Auferstehung,
mit der sich die Toten im Voraus beschenkt haben. So unsterblich ist bei den Sterblichen das Verlangen, gesehen zu werden.

Und wenn dieser Ehrgeiz nach dem Tod weiterlebt, wie zeigen sich Ehrgeiz und Eitelkeit im Leben? Niemand tut etwas
Lobenswürdiges im Verborgenen, denn das Verborgene kann
nicht gesehen werden. Entfernt die fremden Augen aus der
Welt, und es wird nichts mehr geschehen, was die Welt bewundert und schätzt.

Gute Werke tun und sie zugleich verbergen – das sollte unser
Ziel sein und darüber werde ich nun sprechen. Ich werde dazu
drei Voraussetzungen oder Bedingungen darlegen, damit die

Werke auch wirklich gut werden:

    erstens eine zuverlässige Bedingung,

    zweitens eine vollkommene Bedingung,

    drittens eine heldenhafte Bedingung.

Die sichere, zuverlässige Bedingung besteht darin, gute Werke nicht für die Augen der Menschen zu tun.

Die vollkommene Bedingung bedeutet, gute Werke nur für die Augen Gottes zu tun.

Die heldenhafte Bedingung bedeutet, gute Werke für Gott so zu tun, als hätte Gott selbst keine Augen.

Das ist also der Gegenstand meiner heutigen Predigt.

Soeben sind Stimmen und Instrumente verklungen und ich weiß selbstverständlich, wie sehr Worte wie die meinen nun für eure Ohren, Hochverehrte, übel klingen werden. Doch, der heilige Johannes sagt, als die Engel im Himmel das Lob Gottes sangen, da unterbrachen sie eine halbe Stunde lang, damit sie die Stimmen der Erde hörten. So werde ich es halten; nehmt meine Predigt als Stimme der Menschen und der Erde; ich werde, um die halbe Stunde nicht zu überschreiten, nicht einmal so lange sprechen.

II

Kommen wir zur ersten wichtigen Bedingung, welche die sichere, die gewisse genannt wird.

Wir dürfen nichts für die Augen der Menschen tun.

Und warum?

Weil wir all das, was wir für die Augen der Menschen tun, eigentlich nicht tun.

Es scheint ein Widerspruch zu sein, doch es ist die Wahrheit. Christus lehrte, die Menschen sollten sich hüten, das zu tun, was die Schriftgelehrten und Pharisäer taten. Christus sagt dazu: »Sie sagen es, tun es aber nicht.«

Wie? Diese Menschen beten nicht nur im Tempel, auch auf den Gassen; sie geben nicht nur Almosen, sondern sie fordern die Armen geradezu auf, alle zu kommen, von nah und fern. Wie kann Christus sagen, sie täten es nicht? Müssen uns Seine Worte nicht sehr befremden?

Warum sagt Christus: »Sie tun es aber nicht.« Was heißt das?

Nun, es heißt, dass sie alles tun, um von den Menschen gesehen zu werden.

Wie vieles tun wir doch in dieser Welt und tun es eigentlich nicht! Überlegt diesen Aspekt in allen Facetten, denn mir ist hier nicht die nötige Zeit vergönnt, ausführlich darüber zu referieren.

Hochverehrte!

Die guten Werke sind die Seele des Glaubens. Tut solche, aber hütet euch vor den Augen der Menschen!

Wer Böses tut, flieht vor dem Licht und will nicht, dass die Menschen ihn sehen.

Wer Gutes tut, der fliehe gleichfalls vor dem Licht und wünsche, nicht gesehen zu werden, eben weil er Gutes tut!

III

Welches ist nun die vollkommene Bedingung für das Vollbringen von guten Werken?

Die vollkommene Bedingung ist, die Werke nur für die Augen des Allmächtigen zu tun.

Was lesen wir über Jakob: Jakob verteilte alles, was er hatte, und blieb allein. Nachdem Jakob alles, was er bei sich hatte, und all jene, die ihn begleiteten, über die Furt gesetzt hatte, da überließ er sich in einer Einöde zur Nachtzeit dem Gebet … Einöde und Nacht – da konnten ihn nur Gottes Augen sehen. Er hatte alles weggeben, er verbarg sich vor den Menschen.

Sich vor den Menschen verbergen!

Das, Hochverehrte, solltet ihr bedenken, denn ihr lebt in der Hauptstadt der Welt und auch hier gilt, Einöden und Einsiedelei zu suchen. Bedenkt es stets – die Tat der guten Werke soll nicht gesehen werden.

Für die Augen der Menschen schuf Gott die Farben, und für Seine Augen schuf er die Herzen. Er richtete es also so ein, dass nur Er selbst die guten Werke sehen kann.

Die Menschen können die Werke sehen, aber deren Güte, deren Qualität können sie nicht bemessen.

Und da das Herz die Quelle der Güte ist, wodurch die Werke das Gepräge edler Handlungen erhalten, und nur Gott den Blick in die Herzen hat, sollen andere Augen nicht auf unsere guten Werke gerichtet werden.

Der heilige Augustinus sagt, wenn er gegen die Götzendiener spricht: »Der Götze hat zwar Augen, aber er sieht nicht. Der Allmächtige sieht alles.«

Wenn auch die Augen des Götzen nicht sehen, so sehen doch die Götzendiener. Ja, es sollte die Tat richtig zugeordnet werden, denn die Neigung, uns nur von dem, was wir sehen, leiten zu lassen, das ist eine Ausprägung des Götzendienens. Götzendiener weihen ihre guten Werke den Augen der Menschen, um sich dadurch den Ruf »guter Menschen« zu erwerben.

IV

Wir kommen zur heldenhaften Bedingung, sie besteht darin, das behaupte ich, dass wir so handeln, als ob der Allmächtige keine Augen hätte. Es ist wie beim Diener – ein treuer Diener ist der, welcher seinem Herrn dient, obwohl dieser ihn nicht sieht; er dient stets in der gleichen Qualität – egal, ob der Herr ihn sieht oder nicht sieht.

Erinnern wir uns an folgende wichtige Stelle in der Heiligen Schrift:

Christus sagte von Magdalena – ihr werden viele Sünden vergeben, weil sie viel geliebt hat (Lukas 7, 47). Doch was hatte diese Liebe Großes? Tränen, viele Tränen.

Dann zerbricht sie das Gefäß mit dem kostbaren Öl, sie salbte Christus die Füße.

Und wie tut sie das? Der heilige Petrus Chrysologus fand die Worte in der Heiligen Schrift: »Sie stellte sich hinter die Füße des Herrn.«

Ja, alles was Magdalena in dieser Stunde tat, geschah nicht vor den Augen Christi, sondern hinter Seinen Füßen, und darin lag die Fülle ihrer Liebe, Ihm in dieser Art zu dienen.

Sie salbte, weinte und diente, als ob Christus sie nicht sähe. Daher wurde ihre Liebe als heldenhaft gelobt!

Ich bin am Ende meiner Predigt. Ob ich euch überzeugen konnte?

Damit die drei Bedingungen dienlich sein können, sage ich:

Ihr erhabenen Gemüter, Hochverehrte, die ihr immer höher strebt und wirkt: Verrichtet eure guten Werke so, als ob Gott keine Augen hätte, und verrichtet sie trotzdem!

Ihr Seelen, die ihr nach christlicher Vollkommenheit trachtet, tut und wirkt nur für Gott, so erfüllt ihr die vollkommene Bedingung.

Und hütet euch, irgendetwas für die Augen der Menschen zu tun.

Erinnert euch stets, was der heilige Epiphanius sagt: Nach dem Tod sind die wahren Freunde zu erkennen. Christus traf nach Seinem Tode nur Nikodemus und Joseph von Arimathea. Warum traf Er nur diese zwei? Weil beide geheime Jünger von Christus waren. Seine offenen, bekannten Jünger verließen Ihn, sie flohen. Nur seine geheimen Jünger waren Ihm treu im Leben, im Tod und nach dem Tod.

Nehmt also eine Mahnung zum Schluss: Die missbräuchlich verwendete Grabschrift »Niemand tut etwas im Verborgenen« sollte ihrerseits begraben werden.

Dritter Teil der Predigten:
Leben mit Jesus Christus

Maria, Mutter und Gefährtin Christi:

Rosenkranzpredigt

Gehalten am 27. Dezember 1633 in Bahia, auf einer Zuckermühle.

Antonio Vieira SJ war 25 Jahre alt und er sprach zu allen Menschen, die auf der Zuckermühle lebten, er sprach vor allem
zu den Sklaven, die aus Afrika eingeschleppt worden waren.
Trost ist die Matrix dieser Predigt; Trost gibt Maria, die Mutter
Christi; Maria, die Mutter aller Christen.

Matthäus 1, 16:
»Maria, von der geboren wurde Jesus, genannt Christus.«

Extrakt:
Die besondere Mutterschaft von Maria ist:
   Maria, die unter dem Kreuz stehend, Christus ein zweites
Mal gebar,
   Maria, die Johannes, den Evangelisten, als Sohn annahm,
   Maria, die von einem Äthiopier, also einem Afrikaner, als
Mutter angenommen wurde.
   Die erste Geburt von Christus war in Bethlehem, die zweite
Geburt, die Maria erlitt, war, als sie erleben musste, wie ihr
Sohn qualvoll Sein Leben aushauchte.
   »Siehe, dein Sohn«, sagte Christus zu Maria, Seiner Mutter,
und Johannes, der Evangelist, wurde ihr Sohn.
   Ein Äthiopier schließlich, Kämmerer der Königin von Äthio-
pien, war der erste christliche Afrikaner, der Maria seine Mut-
ter nannte, und damit wurde Maria die Mutter aller Christen
Afrikas.

Hinführung (von Gloria Kaiser)

Diese Predigt nimmt eine Sonderstellung ein, denn sie wurde auf einer Zuckermühle in Bahia gehalten, und zwar vor der Rosenkranzbruderschaft der Afrikaner (im Original *os Pretos* genannt).

Ein kurzer Exkurs zur Organisation einer Zuckermühle sei gestattet:

In Bahia waren die Bedingungen für den Zuckerrohranbau ideal, denn die Nähe zum Äquator garantierte tropisches Klima, also Wärme, Regen, Luftfeuchtigkeit, und diese guten landwirtschaftlichen Gegebenheiten wurden durch Jahreszeiten kaum unterbrochen, auch in den Wintermonaten Juli und August waren Wärme und Feuchtigkeit tropisch.

Die Zuckerrohrsetzlinge wuchsen und entwickelten sich rasch zum meterhohen Zuckerrohr, und da die Zeilen mit dem Zuckerrohr lang, kilometerlang waren, ergab sich ein geschlossener Arbeitskreislauf; schon wenige Wochen nachdem die Setzlinge in die rote Erde gepflanzt waren, konnte mit dem Schneiden der Zuckerrohrstangen begonnen werden. Das Zuckerrohr wurde gepresst, der grünliche Saft in riesigen Kesseln erhitzt, und in Formen gegossen ergab er die wolkenweißen Zuckerhüte.

Eine Zuckermühle bestand – in der ersten Hälfte des 17. Jahrhunderts – aus mehreren Gebäuden, angeordnet meist wie ein kleines Dorf. In einem größeren Herrenhaus lebte der Engenho, der Zuckerbaron, mit seiner Familie. Zuckerbaron und Ehefrau waren fast immer Einwanderer aus Europa. Oft hatte der Hausherr noch eine Zweitfamilie mit einer Indigena. In Nebengebäuden lebte das Hauspersonal: die Köche mit den Gehilfen, die Servierer, die Gärtner, die Kutscher, das Reinigungspersonal, Dienstboten – alle Menschen, die für den Alltag auf der Zuckermühle zu sorgen hatten.

In Entfernung zum Herrenhaus lagen die Stallgebäude mit Pferden und Maultieren, es musste auch der Transport zum Hafen nach Salvador sichergestellt sein. Die Feldarbeiter und die Arbeiter an den Siedebottichen waren Sklaven aus Afrika, sie wurden angetrieben von einem Verwalter, meist einem weißen Einwanderer aus Europa.

In diesem abgeschlossenen Dorf gab es auch einen Unterstand, gedeckt mit Bananenblättern, dort verlas der Zuckerbaron Anweisungen und Befehle; weiters wurden dort kleine Feste veranstaltet, Geburtstage oder Hochzeiten des Dienstpersonals gefeiert, und alle paar Monate fanden an jenem Ort religiöse Feiern statt – wie eben jene der Rosenkranzbruderschaft der Afrikaner.

Für eine gute Reputation des Zuckerbarons war es Voraussetzung, dass er Mitglied oder Vorsitzender der Rosenkranzbruderschaft der Afrikaner war.

Antonio Vieira kannte das Leben auf den Zuckermühlen. Er hatte schon als fünfzehnjähriger Novize mit einigen Mitbrüdern den Auftrag erfüllt, religiöses Leben und Grunderziehung der Sklaven und deren Kinder auf einer Missionsstation, die einer Zuckermühle angeschlossen war, zu organisieren.

Am 27. Dezember 1633, am Tag des Johannes des Evangelisten, durfte er auf einer Zuckermühle vor der Rosenkranzbruderschaft der Afrikaner predigen. Es war seine erste öffentlich vorgetragene Predigt. Vieira war damals 25 Jahre alt. Schon während seines Noviziats war er mit brillanter Rhetorik, mit klar formulierten Schriftsätzen aufgefallen. Diese Fähigkeiten und sein Fleiß brachten ihn bereits mit 17 Jahren an die Universität nach Olinda, dort war er Rhetoriklehrer und gleichzeitig Student.

Im Jahr 1633, als er diese, seine erste Predigt hielt, hatte er seine Studien der Philosophie, der Theologie und der

Kunst abgeschlossen, allerdings war er noch nicht zum Priester geweiht.

Er spürte Zweifel und Unsicherheit vor seiner ersten öffentlichen Predigt, zu Beginn spricht er sogar darüber.

Die Matrix dieser Predigt ist Trost. Anders als in den streitbaren späteren Jahren hielt Vieira in dieser Predigt seinen kritischen Geist in Zaum, denn er wollte den Geschundenen seelische Stärkung vermitteln und stellte sich ganz auf die Seite der Sklaven, in einem Gestus der Empathie, der logischerweise den Gegensatz zum Leben der Herren benennen musste. Erst im siebenten Abschnitt seiner Predigt verwendet Vieira die Wörter »Beschämung« und »geschunden«, die der Zuckerbaron, wenn er aufmerksam zuhörte, eigentlich nur auf sein Verhältnis zu den Sklaven und auf deren Lebenslage beziehen konnte.

* * *

I

Hochverehrte!
Wie soll derjenige beginnen, der nicht nur eines großen Geistes entbehrt, sondern auch noch ein Neuling im Amt der Predigtkunst ist und der zum ersten Mal eine so erhabene Stätte betritt und von da aus öffentlich sprechen soll? Wie soll derjenige beginnen! Hohe Königin der Engel und der Menschen, ich bitte Dich mir beizustehen, mit dem Licht und dem Schutz der Gnade – Gegrüßet seist du, Maria!

II

Heute, am Tag des heiligen Johannes, will ich über die besondere Mutterschaft von Maria sprechen, deshalb wird die Lobrede auf den heiligen Johannes eine Rosenkranzpredigt sein.

Der Rosenkranz und der heilige Johannes sind am heutigen Tage vereint. Wir werden davon hören.

Wir feiern heute drei Feste an einem Tag:

den Tag des heiligen Johannes (des Evangelisten), der in zweiter Geburt von Maria geboren worden war,

den Tag von Maria, die Christus gebar,

den Tag des Äthiopiers, der Maria in Verehrung als Mutter annahm, und damit allen Christen Afrikas Maria zur Mutter gab.

III

Geboren wurde Christus, der Gesalbte, der Mensch Gewordene, von Maria ohne Geburtsschmerz. Bei Isaias lesen wir (66, 7): »Noch ehe sie in Wehen kam, hat sie schon geboren; bevor ihre Schmerzen einsetzten, brachte sie einen Knaben zur Welt.«

Wie lässt sich das erklären?

Es gab die zweite Geburt.

Die erste Geburt in Bethlehem zu Lebensbeginn geschah ohne Schmerz.

Und 33 Jahre später war die zweite Geburt. Am Lebensende ihres Sohnes, auf dem Kalvarienberg in Jerusalem, wo Maria unter dem Kreuz stand und erleben musste, wie Jesus, der Heiland und Retter, Sein Leben aushauchte, und dass sie als Mutter dabei einen zweiten, qualvollen Geburtsvorgang erlitt.

Wir sollten berücksichtigen:

Bei der ersten Geburt gebar sie Christus, den Mensch gewordenen Gott.

Bei der zweiten Geburt erlebte sie die Geburt von Jesus, dem Heiland, dem Retter.

Denn nicht in der Wiege, sondern am Kreuz wurde Christus der Heiland und Retter.

IV

Der zweite Sohn, der auf dem Kalvarienberg geboren wurde, war Johannes, der Evangelist.

Was hat er alles mitgelitten!

Er war bei Ihm im Ölgarten, er war anwesend bei der Geißelung im Richthaus des Pilatus, er war zugegen bei der Krönung mit den Dornen; er folgte dem Herrn, der das Kreuz auf den Schultern trug, auf den Kalvarienberg und entfernte sich erst, als Er ausgehaucht hatte.

Als Christus am Kreuze hing, sagte Er zu seiner Mutter: »Siehe, dein Sohn.«

Und Er sprach zum Jünger Johannes, den Er liebte: »Siehe, deine Mutter.«

So wurde Johannes zum zweiten Mal geboren, von Maria.

»Und von jener Stunde an nahm der Jünger Johannes die Mutter Maria zu sich.«

(Joh 19, 26)

V

Die dritte Geburt, die unter dem Kreuz am Kalvarienberg sich ereignete, war jene der Afrikaner und all jener, die im Geist von Christus leben.

Ja! Mensch um Mensch wurde von Maria geboren, und das sollen alle Afrikaner wissen und davon überzeugt sein, dass, obwohl sie ihrer Heimat entrissen wurden, die Mutter Gottes ihre Mutter ist, Maria zählt die Afrikaner zu ihren Kindern.

Kinder des Kalvarienberges, Kinder des Leidens Christi, Kinder des Kreuzes genannt – sie alle wurden und werden von Maria geboren, denn sie ist die Mutter aller Christen.

VI

Damit habe ich auf die dreifache Geburt hingewiesen, die Geburt Christi, die Geburt des heiligen Johannes, wir feiern heute sein Fest, und die Geburt der Afrikaner, weil wir mit ihnen die Mutter Christi verehren.

Nun werde ich zu den Afrikanern sprechen, die hier auf der Zuckermühle arbeiten, und ich behandle das Thema der Rosenkranzandacht, die eine Verpflichtung sein sollte. Mit dem Rosenkranzgebet sollten die hier arbeitenden Afrikaner trotz der schweren Arbeit, die sie verrichten müssen, gegenüber ihrer Mutter Maria Verehrung ausdrücken, wenigstens mit einem Teil des Rosenkranzes, vielleicht mit einzelnen Sätzen daraus, wenn sie den Rosenkranz nicht vollständig beten können.

Welche Bedeutung hat der Rosenkranz?

Es waren einst die beiden Brüder Esau und Jakob. Esau wurde nicht geliebt und erhielt nicht den Segen des Vaters. Auch bei Jakob zögerte der Vater lange mit seinem Segen. Jedoch an einem Abend rochen die Kleider von Jakob nach Blüten und Rosen, und als der Vater diesen Geruch wahrnahm, gab er dem Sohn Jakob den Segen.

Blüten- und Rosenduft nahmen dem Vater die Zweifel und er gab seinem Sohn Jakob den Segen. Die Erinnerung an den Wohlgeruch der Blüten des Rosenkranzes möge euch immer wieder zum Gebet führen, zum Gebet in Verehrung eurer Mutter Maria.

VII

Doch ich sehe wohl, euer unaufhörliches Geschundenwerden macht euch zu müde, euch auch noch mit Rosenkranzandacht zu beschäftigen. Denken wir daran, dass David Lieder für Werkstätten verfasste. Welche Absicht lag bei diesem heiligen König darin? Er wollte, dass die Arbeiter in den Werkstätten die Arbeit mit dem Gebet verbinden, und er war besorgt, dass der Geist der Arbeiter, wenn sie schuften und nichts anderes tun als die Früchte der Erde zu sammeln, unfruchtbar wird.

Welch gutes Beispiel!

Und welche Beschämung für diejenigen, die als Gebieter nur auf jene Vorteile bedacht sind, die durch unmenschliche Arbeit in unmenschlichem Zeitmaß, in reiner Hast gewonnen werden. Welche Beschämung für diejenigen Gebieter, die sich nicht um die Seelen ihrer arbeitsbeladenen Sklaven kümmern, denen es kein Anliegen ist, dass ihre Arbeiter auch beten.

Ach, wir wissen es, es gibt in der weiten Welt keine so mühevolle Lebensweise, die dem Leiden Christi so ähnlich wäre, wie die eure in den brasilianischen Zuckermühlen.

Christus ist entblößt, und auch ihr seid es. Christus entbehrt der Speisen und auch ihr entbehrt der Speisen. Christus wird an allen Gliedern gemartert – wie auch ihr, durch Ketten, Geißelstreiche, Wunden, Schimpfworte!

Mitten in eurem Arbeiten solltet ihr ein Gegrüßet-seist-du-Maria als Worte des Trostes denken oder murmeln. Erinnert euch daran, dass sie eure Mutter ist, sie, die Mutter Gottes ist eure Mutter, die ihr anrufen sollt, und dadurch wird eure harte und bittere Arbeit erträglicher und die Niedrigkeit, in die ihr geworfen seid, wird veredelt. Ihr seid vereint mit eurer Mutter, denkt daran, wie sie gelitten hat unter dem Kreuz, und sprecht mit ihr einige Zeilen des Rosenkranzes, dadurch wird eure schwere Arbeit, eure Lebenslast zwar nicht geringer, doch sie wird geheiligt.

VIII

Hört nun die Geschichte vom Äthiopier, dem ersten getauften Afrikaner.

Der Apostel Philippus traf auf seinem Weg von Jerusalem nach Gaza auf einen Afrikaner; es war der Kämmerer der

Königin von Äthiopien. Sie kamen ins Gespräch, und als der Äthiopier die Leidensgeschichte von Christus hörte, bat er Philippus, er möge ihn taufen.

Und dieser Äthiopier war der erste christliche Afrikaner und in ihm leben alle Stammesverwandten, die nachher die Taufe empfingen. Es erfüllen sich damit die Worte Davids: Äthiopien soll als erstes seine Hände zu Gott erheben. Und bei Augustinus heißt es sinngemäß: Die Geduld, mit der Christus die Leiden ertragen hat, hilft uns beispielhaft zu verstehen, dass diese Geduld ein Linderungsmittel für die Drangsale des Lebens und des Todes ist.

Es sagt der Prophet (im Psalm 17, 6): »Die Schmerzen der Hölle umgaben mich.«

Und was gibt es, im Gewirre dieser Welt, das der Hölle ähnlicher wäre als die Zuckermühlen,

auf denen ihr schuftet. Der Begriff »süße Hölle« drückt den Platz eurer Arbeit gut aus.

Oh, wer in der Dunkelheit der Nacht die Öfen sieht, die fort und fort glühen, und die Flammen, die aus zwei Öffnungen hervor sprühen, wo sie ihre Glut aushauchen; wer die Afrikaner sieht, die schweißbedeckt dem Feuer die raue und harte Speise reichen, und die Gabelspieße, mit denen sie die brennenden Stücke wenden und schüren; wer die Kessel sieht, in denen es siedet und brodelt und sich Schaum und Dampfwolken über die Brühen ziehen, wer das Geklapper der Räder hört, das Klirren der Ketten an euren Füßen, das Seufzen der nachtschwarzen Afrikaner, die unter ihrer Fron ächzen, ohne auch nur einen Augenblick zu rasten; wer all das beobachtet oder auch nur kurz gesehen hat, der wird nicht zweifeln können, dass diese Orte Ähnlichkeit mit der Hölle haben.

Und wenn unter all diesen Beschwernissen und Geräuschen, dem Seufzen und Keuchen, Worte des Rosenkranzes zu hören sind, dann werden diese Worte als Trost auf euch tropfen und das wird eure Verzweiflung und Erschöpfung nicht verscheuchen, jedoch lindern, und innere Stärke wird sich in euch ausbreiten und ihr werdet unempfindlich sein gegen die Hiebe und Verwünschungen eurer Gebieter.

Die Gebieter nennen sich eure Herren. Sie gebieten, und ihr dient ihnen; sie schlafen, und ihr wacht, sie pflegen der Ruhe und ihr müht euch ab, sie genießen die Frucht eurer Arbeit und ihr erntet Mühe auf Mühe. Ihr gleicht den Bienen, von denen die Dichter sagen – ihr Bienen bereitet den Honig nicht für euch.

Ach, es kann euch nichts versprochen werden, nichts an Erleichterung für das diesseitige Leben. Doch denkt an den heiligen Johannes, folgt seinem Beispiel, er war der Gefährte von Christus in allen Stationen Seines Leidens. Daran denken eure Gebieter nicht, sie wollen gewiss in den Himmel, in die Seligkeit kommen, sie wollen verherrlicht werden, am besten noch hier auf Erden, aber sie wollen nicht leiden, sie finden den Weg nicht zu innerer Ruhe, sie finden den Weg nicht zum Frieden in der Seele.

Die Ordnung des Allmächtigen ist klar, euer Leiden wird später Verherrlichung zur Folge haben. Deshalb bleibt dabei, dem Beispiel von Maria, ihrem Sohn Christus, und dem heiligen Johannes zu folgen und aus dem Rosenkranz Kraft und Mut zu beziehen, und durch die stete Übung werdet ihr bald Engel spüren, die euch begleiten.

IX

Nun habe ich die Beweggründe dargelegt, warum ihr Verehrer des Rosenkranzes sein sollt, warum der Rosenkranz eure Mühen mildert, euch mit eurem Geschick versöhnt. Es ist eure Mutter mit euch, die Mutter von Gottes Sohn und die Mutter des heiligen Johannes ist auch eure Mutter. Maria hat diese zwei schon geborenen Söhne zum zweiten Mal unter dem Kreuz geboren. Lasst es nicht fehlen an der Nachahmung und an der Erfüllung eurer Verpflichtungen für eure so erhabene

Mutter. Maria darf sich rühmen, die Mutter Christi zu sein, sie darf sich rühmen, die Mutter des heiligen Johannes zu sein, und sie möge allen Grund haben, sich zu rühmen, die Mutter aller Afrikaner zu sein.

So wurde Maria unter dem Kreuz durch die zweite Geburt Christus zur vielfachen Mutter und Er wurde von Maria nicht einmal, sondern dreimal geboren – in Jesus, in Johannes, im Äthiopier, dem Vater aller Christen Afrikas.

Auf das Fest der Gnade von Maria

Gehalten am 15. August 1651 in der Kirche Da Nossa Senhora dos Mártires in Lissabon

Johannes 19, 25:
»Es stand bei dem Kreuze Jesu seine Mutter«

Extrakt:
Als Maria den Kreuzestod ihres Sohnes mit zu erleiden hatte, erreichte sie die höhere Stufe der Gnade.

Marias Gnade sollte nach dem Kreuz und nicht nur nach der Mutterschaft bemessen werden.

Durch die Würde wurde Maria zur Königin, durch die Gnade zur Heiligen.

Würde erhob sie über alle Geschöpfe, Gnade vereinte sie mit Gott.

* * *

»Es standen bei dem Kreuze Jesu seine Mutter –
und die Schwester seiner Mutter, Maria, die Frau des
Klopas, und Maria Magdalena.« (Johannes 19, 25)

I

Hochverehrte!
Am heutigen Tag wird das Fest der Himmelfahrt Mariens und damit das Fest der Gnade von Maria gefeiert, und die Kirche ordnet uns eine Bibelstelle an, in der von Gnade nicht die Rede ist. Ein Widerspruch? Ein Geheimnis?

Wir wollen uns nicht verwirren lassen, sondern den schönen Begriff Gnade nach allen Seiten hin betrachten.

Das wird der Inhalt meiner Predigt sein.

»Sei gegrüßt, Maria voll der Gnaden, der Herr ist mit dir«. So steht es bei Lukas (1, 28) und weiter: »Fürchte dich nicht, Maria, denn du hast Gnade gefunden bei Gott.« (1, 30)

Es ist also vom Lichtglanz der Gnade Mariens die Rede und gleichzeitig wird uns aufgetragen, heute, am Festtag der Gnade von Maria, auf die dunkle Seite des Kalvarienberges zu schauen, auf das Kreuz.

»Es stand bei dem Kreuze Jesu seine Mutter –«

Das Kreuz – was teilt es uns mit? Es ist Stab und Waage.

Es ist der blühende Stab Aarons, es ist der Wanderstab des Moses, es ist das Zepter des Xerxes, dessen Spitze Ester berührte und so ihr Volk von der Tyrannei des Haman befreite.

Ein Sinnbild des Kreuzes ist das Bild, das Hiob uns gibt (6, 2): »Ach, dass mein Kummer gewogen würde ...«. Die Balken des Kreuzes versinnbildlichen die Waage, auf die eine Waagschale könnten unsere Sünden gelegt werden, auf die andere die Leiden Christi.

Und wie könnten wir Marias Gnade messen? Nur angesichts der ausgestreckten Arme von Christus auf dem Kreuz dürfen wir das versuchen.

Es ist etwas Unermessliches, etwas Unfassbares.

Bei diesem Thema brauchen wir alle, ich besonders, die Gnade von Maria, der Mutter Gottes. Ave Maria. Gegrüßet seist du, Maria.

II

Wonach sollte die Gnade Mariens gemessen werden? Sofort wird man mir antworten: nach der Mutterschaft, danach, dass sie die Mutter Jesu ist, und nicht danach, dass sie neben dem Kreuz steht.

Die Gnade von Maria also gemessen nach ihrer Mutterschaft.

Und hier wage ich einen Einwand. Dass Maria, die Mutter,

es ist, ist für mich noch kein Maßstab für die Größe der Gnade, die sie erhalten hatte. Ihre Gnade war größer als ihre Mutterschaft Gottes.

Nun, Hochverehrte, gestattet mir, dass ich wie ein Scholastiker spreche. Einmal lasst es euch gefallen:

Gnade – darunter verstehen wir das dem Menschen zugewandte Wohlwollen Gottes. Wollen wir berücksichtigen – wir sprechen nicht von einem Recht!

Gottes Gnade ist im theologischen Sinn ein Begriff im Singular: Gottes Gnade sei mit mir.

Im Weltlichen sprechen wir von Gnaden, die ein Höhergestellter einem Geringeren erweist, diese Gnaden, auch Ehren, sind meist an Bedingungen geknüpft.

Die Gnade des Allmächtigen erreichen wir – wir wissen das von Paulus – bedingungslos.

Wir erreichen sie durch unseren Glauben.

Die Gottesgelehrten werfen manchmal die Frage auf: Wenn Adam nicht gesündigt hätte, wäre Gott dann auch Mensch geworden? Und sie beantworten diese Frage in großer Sicherheit mit: Ja!

In weiterer Folge bedeutet dies: Wäre es so gewesen, hätte Maria eine geringere Gnade erhalten, denn sie hätte nicht zu leiden gehabt.

Von der Gnade Mariens, der Mutter Gottes, haben wir zwei Vorstellungen:

Maria, durch Erwählung zur Gottesmutter in den Gnadenstand gehoben,

Maria als Mittlerin, die durch ihre Fürbitte bei Gott Hilfe für uns erbittet.

Ich möchte das Thema um folgenden Aspekt erweitern: Als die Jungfrau Maria das ewige Wort in ihrem Schoß empfing, da erhielt sie in diesem Augenblick jene Gnade, jene Fülle von Gnade, die einer Mutterschaft entsprechend ist. Wie der Engel sagt: »Sei gegrüßt, Begnadete.«.

Sie bekam also Gnade und doch wurde diese Gnade noch vermehrt, unter dem Kreuz.

Denn durch das Kreuz, durch die Folgen des Kreuzes für ihren Sohn, hatte sie die höchste Stufe der Gnade erreicht, viel mehr als nur die Gnade, Mutter Gottes zu sein.

Maria hatte viel gelitten und überstanden, da sie voll der Gnade war – den Mangel an Beistand bei der Krippe zu Bethlehem, die Verfolgung des Herodes, die Flucht nach Ägypten – sie hatte soviel zu erleiden.

Maria hatte so viel Gnade erhalten, wie es der Mutter Gottes entsprach, jedoch erst als sie neben dem Kreuz stand, erst als sie den Kreuzestod ihres Sohnes mit zu erleiden hatte, hatte sie eine höhere Stufe der Gnade erreicht als allein durch die Mutterschaft, als allein dadurch, die Mutter Gottes zu sein.

III

Nun wollen wir uns der Frage zuwenden, welche Gnade war Maria zugedacht – von der Mutter Gottes zur bedrängten Mutter? Qual, Betrübnis, Angst, Kreuz gehören nicht unbedingt zu unserer Vorstellung von einer Mutter.

Christus war es vorherbestimmt, Mensch zu werden, und es war Ihm vorherbestimmt, ein leidensfähiger Mensch zu werden. Maria war es vorherbestimmt, Mutter und Gefährtin des leidensfähigen Christus zu sein, sie hatte also die Gnade der Mutterschaft und die Gnade, Gefährtin in Seinem Leiden zu sein.

So wurde die erste Gnade, die Mutterschaft, übertroffen von jener Gnade, dass sie mit dem Sohn gelitten hatte.

»Es stand bei dem Kreuze Jesu seine Mutter –«.

Es sollte also Marias Gnade nach dem Kreuz und nicht nur nach der Mutterschaft bemessen werden. Denn unter dem Kreuz überschritt sie die Mutterwürde, unter dem Kreuz musste sie mehr sein als Mutter.

Jesus sagte zu ihr: »Frau, siehe dein Sohn!« Er versagt ihr die Bezeichnung »Mutter«!

Wie können wir das erklären?

Der heilige Johannes nennt Maria an dieser Stelle seines Evangeliums viermal Mutter:

Es standen neben dem Kreuz Jesu Seine Mutter und die Schwester Seiner Mutter; als Jesus Seine Mutter sah, da sprach er zu ihr ...» Ja, viermal nennt Johannes Maria «Mutter"!

Nehmen wir ein anderes Bild: Christus hebt die Augen zum Himmel und ruft: »Mein Gott, mein Gott, warum hast du mich verlassen!«

Alle diskutieren über die Worte »hast du mich verlassen«.

Ich nehme die Worte »mein Gott« und frage: Warum sagte Christus nicht »mein Vater«?

Als Er im Ölgarten betete, da sagte Er: »Vater, wenn es möglich ist« –, und später betete Er für seine Feinde – »Vater, vergib ihnen«, – und als Er seinen Geist aufgab, sagte Er – »Vater, in deine Hände ...«

Dass er Gott in der Stunde ärgster Bedrängnis nicht Vater nennt, zeigt, dass Er die unerbittliche Standhaftigkeit Gottes akzeptiert hatte.

Und die gleiche Standhaftigkeit sah Er in Maria, als Er ihr Johannes, den Er liebte, anvertraute. Er nahm in beiden Fällen nicht mehr Worte in den Mund, die kindlich und zärtlich klingen – Vater, Mutter, sondern nannte sie bei ihrer Stellung – Gott und Frau.

Die Mutterschaft verlieh Maria die Gnade einer Mutter Gottes, doch danach ist ihre Gnade nicht zu bemessen, sondern danach, dass sie beim Kreuz Christi stand; nicht dass sie Ihn geboren hatte, sondern dass sie mit Ihm in Seiner Sterbequal gelitten hatte. Das Kreuz verlieh ihr noch mehr Gnade.

V

Es standen bei dem Kreuze Jesu seine Mutter, und weiters, Maria, die Schwester seiner Mutter, weiters Maria Magdalena und Johannes, der Jünger, den Jesus liebhatte.

Sie alle standen hoch in der Gnade von Christus.

Johannes hatte das volle Wohlwollen von Christus, ihn hatte Christus lieb. Johannes war auch voll des Vertrauens in Gottes Gnade.

Gottes Gnade ist etwas Geistiges.

Wir sind Fleisch, wir sind in allem der Natur unterworfen. Wollen wir deshalb über die weltliche Seite des Begriffes Gnade nachdenken – die Gnade der Könige, sie währt niemals lange. Und mit welchen Kunstgriffen die Menschen die Gnade der Könige erlangen wollen! Schmeichelei, Ehrsucht, Verleumdung, Neid, einem anderen den Weg abschneiden – alles soll Eingang zu einer Gnade verschaffen, die die einen erhebt und die anderen stürzt. Alle sind mit der Erhaltung ihres eigenen Standes beschäftigt, ohne sich um das Leben, die Ehre, den Zustand, den Fortgang anderer zu bekümmern.

Kann in diesem Ton, in solchen Bildern von der Gnade Gottes, der Gnade des Allmächtigen geredet werden? Niemals. Die Gnade Gottes und die Gnaden der Könige sind nicht miteinander zu vergleichen.

Hochverehrte, ihr werdet mir einwenden, die Gnaden der Fürsten mögen Sünden sein, doch sie bringen Vorteile. Ich aber sage, die Gnaden der Fürsten sind von geringem Gewicht, meist sind sie sogar eine Last, eine schwere Last. Denn sie zu bewahren, das bringt viele Sorgen.

Die Gnaden der Fürsten und Könige sind Höflichkeit, Notwendigkeit, Augenblickslaune; immer hat ihre Zuneigung, ihr

Wohlwollen nur wenig von Vollkommenheit. Sosehr auch die Gnaden der Fürsten den Günstling erheben, sosehr lassen sie ihn zugleich in den Kreis von Untertanen fallen.

Ganz anders die Gnade des Allmächtigen: Sie erhebt den Menschen zum vertrauten Freund Gottes, zur Ähnlichkeit mit Gott. Das Maß der Gnade des allmächtigen Gottes ist die Liebe und diese vermindert sich nie.

Die Gnaden der Fürsten sind veränderlich, denn sie gründen auf menschlichem Willen, sind deshalb unbeständig. Die Gnaden der Fürsten dauern auch selten so lange wie das Leben des Günstlings, spätestens enden die Gnaden mit dem Leben des Fürsten.

Gottes Gnade dagegen nimmt im Leben zu und wird im Tode vollendet. Gottes Gnade könnt ihr nur mit eurem Willen verlieren, die Gnaden der Fürsten könnt ihr auch gegen euren Willen verlieren.

Die Gnaden und die Gunst der Fürsten können euch oft entzogen werden. Die Gnade und die Freundschaft Gottes können immer wieder erlangt werden, Reue ist dafür die heilende Medizin.

Nur in einem Punkt ist die Gnade Gottes den Gnaden der Könige ähnlich: dass beide Gnaden die Menschen verändern. Die einen und die anderen sind nicht mehr, was sie vorher waren.

Jedoch mit diesem Unterschied: Jene, die bei Fürsten in Gnaden stehen, vergessen, was sie waren. Jene, die im Besitz der Gnade Gottes sind, denken nur noch daran, was und wie sie werden sollten.

Dies alles, Hochverehrte, seien euch ausreichende Beweise dafür, dass die Gnade Gottes mehr wiegt als die Gnaden der Könige und Fürsten.

VI

Wir haben über den heiligen Johannes gesprochen, der hoch in der Gnade Gottes stand.

Wollen wir nun über Maria Magdalena sprechen, auch sie stand hoch in der Gnade von Christus.

Nun glaube ich bereits, euren Einwand zu hören.

Maria Magdalena? Das ist doch die Frau, deren erster Lebenswandel von Begierden und Annehmlichkeiten geprägt war; sie strebte nach Prunk und Pracht, nach Eitelkeit, nach Zeitvertreib und Lustbarkeiten.

Holen wir uns als Schiedsrichter den heiligen Augustinus, er hatte jede Lust gekostet, und was sprach er beim Beginn seiner Bekehrung: »Wenn ich die Freuden und Annehmlichkeiten der Vergangenheit mit denen der Gegenwart vergleiche, sage ich, jetzt empfinde ich größere Lust, sobald ich mich eben jener Freuden und Genüssen enthalte.«

Es ist ihm also Entbehren eine größere Lust als alle jene Lustempfindungen, die er zuvor erlebt hatte.

Und so hatte Maria Magdalena die Freuden gewogen und erkannt, wie wenig die Freuden der Welt wiegen, und welch unendliches Gewicht die Gnade des Allmächtigen hat.

Denn Freuden genießen, das geschieht, um die Angst vor der Hölle zu verdrängen. Welch ein Irrweg! Einzig die Gnade Gottes kann uns verlässlich die Furcht vor der Hölle nehmen.

VII

Auch Maria Cléofas stand bei dem Kreuz Jesu. Maria Cléofas, die Frau des Klopas, die Schwester der Mutter von Christus; in ihren Adern floss königliches Blut, sie war eine Nachkommin von David und Salomon und stand durch Verwandtschaft und Lebenswandel in der Gnade Gottes.

VIII

Oft wird von der Würde der Mutter Gottes geredet.

Was wiegt mehr, die Würde oder die Gnade?

Die Würde formte Maria zur Mutter, durch die Gnade wurde sie des Mutterstandes würdig.

Durch ihre Würde wurde sie Königin, durch Gnade wurde sie zur Heiligen.

Würde erhob sie über alle Geschöpfe, Gnade verband sie mit Gott.

Doch lasst mich noch zur Würde etwas sagen:

Ach, hätte ich jetzt eine Stimme, die an allen Höfen der weiten Welt gehört würde! Sind sie nicht Orte ungezählter eitler Würden? So viele Beschwernisse herrschen dort, so viele Sorgen, schlaflose Nächte, Bemühungen, vielfältige Formen der Bestechung, raffinierte Schmeichelei, schnöde Huldigung, Niedertracht – alles zur Erlangung eines Amtes, einer Würde, einer Ehrenbenennung, eines eitlen Scheines.

Ich rate euch: Besprengt euch in christlicher Frömmigkeit mit Weihwasser und erwerbt ein Gran von Gottes Gnade – ein einzelnes Körnchen, das mehr wiegt als alle Ehrengrade, als alle Würden dieser Welt!

IX

Lässt sich die Gnade Gottes bemessen?

Stellt euch vor, Johannes legte die Gunst des Herrn, Magdalena die Erdenfreuden, Maria Cléofas den Adel, Maria, die Mutter Gottes, ihre Würde in die Waagschale.

Schaut auf eure Begierden – auf der Waage der weltlichen Bewertung wiegt jede sinnliche Begierde mehr als Gottes Gnade.

Legt nun auf die Waagschale Königreiche, Kaiserreiche, Kronen, Zepter – das ist die höchste Bewertung, die Menschen vergeben. Und doch: Nichts davon wiegt etwas im Vergleich zur Gnade des Allmächtigen.

Wir können die Gnade Gottes immer erringen, immer und immer wieder.

Und Nossa Senhora da Graça, unsere Mutter der Gnade und der Barmherzigkeit ... hört, was sie sagen würde:

Werdet durch die Gnade des Allmächtigen Kinder der Mutter Gottes!

Fasst einen Entschluss, verabscheut eure Vergehen, meidet alle Gelegenheit dazu, und das möge noch in dieser Stunde geschehen!

Es möge uns die Schönheit der Gnade bewegen, die uns von Sorge und Furcht befreit; es möge uns die Gnade von Maria, der Mutter Gottes bewegen, deren Gnade vollkommen wurde, als sie beim Kreuz ihres Sohnes stand.

Es stand bei dem Kreuze Jesu seine Mutter –.

Die Morgenstunde der Auferstehung
Sermão da Madrugada da Ressurreição

Gehalten (etwa) 1656 in Belém (Pará) – am Amazonas,
in der Kirche Da Nossa Senhora da Graça

Markus 16, 6:
»Er ist auferstanden, er ist nicht hier.«

Extrakt:
Drei Marien – Maria Magdala, Maria Jakobe, Maria Salome – kamen zum Grabe, suchten Jesus, den Gekreuzigten, und fanden Ihn nicht.

Wo war Er?

Er war bei seiner Mutter.

Maria, die Mutter von Jesus, hatte ihr Haus nicht verlassen, für sie war es gewiss, dass ihr Sohn kommen würde, sie zu trösten.

Vertraut darauf – wenn ihr leidet, verfolgt werdet, in größter Drangsal Christus um Trost anfleht, ihr werdet Ihn finden, und mit Ihm auch immer Seine Mutter.

Anmerkung Gloria Kaiser:
Mit »Madrugada«/»Morgenstunde« meint Antonio Vieira die Zeit des Morgengrauens.

Vieira nimmt in seiner Predigt speziell auf die Stadt Belém Bezug. Sie liegt im nördlichen Brasilien, in Pará am Amazonas. Der Name Belém, Bethlehem, kommt von der gleichnamigen Vorstadt Lissabons, im Mutterland Portugal.

*   *   *

I

Hochverehrte!

Die drei Marien – Maria Magdala, Maria Jakobe, Maria Salome – kamen zum Grabe und fanden nicht, den sie suchten.

Der Morgenhimmel war noch dunkel und als die drei Frauen in das Grab gingen, sahen sie einen Engel, weiß gekleidet, beleuchtet von der Morgensonne. Er sagte zu den Frauen: »Ihr sucht Jesus von Nazareth, den Gekreuzigten. Er ist auferstanden. Er ist nicht hier.«

Wenn also Jesus nicht im Grab war, wo war Er dann?

Wo finden wir Jesus?

Die Beantwortung dieser Frage wird der Gegenstand meiner Predigt sein. Sie wird kurz sein, ganz der Madrugada-Stunde, der Stunde der Morgenfrühe, entsprechend.

II

Christus erschien Magdalena beim Grabe, aber Er weilte nicht bei Magdalena. Er erschien den zwei Jüngern auf dem Weg nach Emmaus, aber Er weilte nicht bei ihnen.

Wo weilte Er? Wo war Er?

Er weckte seine Mutter auf, Er war bei seiner Mutter, das war der Ort, wo Er weilte.

Durch Schmerz und Liebe war die Seele der Mutter mit dem toten Sohn verbunden, deshalb war Er »nicht hier«, nicht im Grabe. In der Morgenfrühe des Auferstehungstages war Er nicht im Grabe?

Die Kirche vergleicht den Tag der Auferstehung mit dem Tag der Geburt Christi und sagt, Er wurde zweimal geboren:

einmal für das irdische Leben, als Er den Schoß der Mutter verließ,

und einmal für das ewige Leben, als Er aus dem Grabe hervorging.

III

Die drei Marien waren früh aufgestanden, hatten Salben und Spezereien gekauft, um den toten Erlöser zu salben. Maria, die Mutter des Herrn, tat keinen Schritt aus der Wohnung, sie war sich ganz gewiss, dass ihr Sohn kommen würde, sie zu trösten.

Deshalb wollen wir die Bitte aussprechen: Heilige Maria, hilf uns, Jesus immer dort zu suchen, wo wir Ihn sicher finden, in deiner mütterlichen Nähe, die auch Nähe zu Gott ist.

IV

Es ist doch etwas Merkwürdiges, dass die drei Marien, obwohl sie alles taten, um Ihn zu finden, Jesus nicht fanden und ihnen nicht der Ort in den Sinn kam, wo Jesus sein könnte.

Auch Johannes (der Evangelist) und Maria Salome kamen nicht auf die Idee, wo Jesus zu finden sei.

Als Christus am Kreuz Seiner Mutter den Johannes empfahl: »Sieh, dein Sohn«, da nahm Johannes die Heilige, die verlassene Mutter Maria, zu sich. Johannes, der noch unter der elterlichen Gewalt stand, hatte kein eigenes Haus, also nahm er Maria in das Haus seiner Mutter Maria Salome.

Da ergibt sich die weitere Frage – warum ahnte Maria Salome nicht, dass Jesus bei Seiner Mutter sein könnte.

Ich halte folgende Begründung für zuverlässig: Christus selbst hatte diese Überlegung von Maria Salome und den beiden anderen Marien ferngehalten, denn sie sollten an ihrem vergeblichen Suchen nach Christus erkennen, wie wenig fest ihr Glaube war, wenn sie Ihn nicht dort suchten, wo Seine Mutter war – das wäre doch eigentlich selbstverständlich gewesen.

Denn Maria, die Mutter Jesu, ist überall dort, wo der Sohn, wo Jesus ist; sie ist wie Sein Schatten.

V

Denken wir an die drei Weisen, die aus dem Morgenland kamen und Jesus suchten, um Ihn anzubeten. Ein Stern führte
die Weisen, und wie es scheint, verfehlte der Stern zuerst den
Weg, denn er führte die Heiligen nach Jerusalem. In Jerusalem
gab es drei Orte, wo die Weisen meinten, Jesus zu finden: den
Tempel, den königlichen Palast, das Richthaus.

Allerdings bekamen sie überall die Antwort: »Er ist nicht
hier.«

Wie kam das?

Im Richthaus war statt Gerechtigkeit Habsucht,

im königlichen Palast war statt Majestät Tyrannei,

im Tempel war statt Gottesverehrung Heuchelei.

Deshalb verbarg sich der Stern.

Als der Stern endlich wieder erschien, strahlender als zuvor, und die Weisen dem Stern folgten, kamen sie nach Bethlehem. Und bei wem hatten sie Jesus gefunden? Bei Maria, Seiner Mutter.

So steht es im Heiligen Buch. Der Stern führte die Weisen,
bis er über dem Ort, wo das Kind war, stille stand. Der Stern
machte deutlich: Hier ist das Kind, und hier ist die Mutter des
Kindes.

VI

Wenn ihr also Christus sucht, so will ich darauf hinweisen,
was darüber bereits aufgezeichnet ist, denn dieses Thema ist
von so großer Wichtigkeit, dass der Schreibstift der Evangelisten ganz besonders gelenkt und geleitet wurde:

Hört, Hochverehrte!

Wenn ihr, weil es euch am Notwendigsten mangelt, Christus sucht, so sucht Ihn bei Seiner Mutter. Wenn ihr den
Wunsch habt, Christus möge euch bei eurer Arbeit, die ihr für

euren Lebensunterhalt im Schweiß eures Angesichtes verrichtet, beistehen, so sucht Ihn in der Werkstätte von Joseph und ihr werdet Ihn dort finden und Seine Mutter bei ihm.

Wenn ihr, von allen verachtet und verstoßen, in die größte Not kommt, so sucht Christus in Bethlehem, und ihr werdet Ihn finden, zwischen Tieren in einer Krippe, bei Seiner Mutter.

Wenn ihr verfolgt werdet und ihr versucht lebend zu entkommen, erinnert euch an Christus auf Seiner Flucht nach Ägypten, und ihr werdet Ihn finden: in den Armen Seiner Mutter.

Wenn eure Unschuld von Verdacht und falschen Angaben bedrängt ist und euch eine Verurteilung bevorsteht, so legt eure Sorge in die Hände Christi, sucht Ihn in Nazareth, und ihr werdet Ihn bei Seiner Mutter finden.

Wenn ihr in irgendeinem Leiden, einem Drangsal, fleht, Christus möge euch trösten, so bittet Ihn, Er möge euch mit Seiner Mutter besuchen.

Wenn ihr krank oder in Lebensgefahr seid, wenn ihr an die Pforten des Todes kommt, so erinnert euch an Christus am Kalvarienberg, und ihr werdet unter Seinem Kreuz Seine Mutter finden.

Wo immer ihr Ihn sucht, ihr werdet Ihn bei Seiner Mutter finden.

All dies, was ich gesagt habe, gilt für alle in jedem Erdteil, und doch besonders für die Bewohner dieser Stadt Belém. Lasst uns Ihn suchen in dieser Kirche, der Kirche Da Nossa Senhora da Graça, die das Haus der Mutter Christi ist. Und derselbe Engel, der am Grabe sagte: »Er ist nicht hier!«, er wird uns sagen: »Hier ist Er!« Hier, in dieser Kirche Da Nossa Senhora da Graça.

Die Tränen des heiligen Petrus

Gehalten in der Karwoche des Jahres 1669,
in der Kathedrale von Lissabon.

Lukas 22, 60, 61:
»Es krähte der Hahn. Da wandte sich der Herr um, blickte Petrus an. Und Petrus ging hinaus und weinte bitterlich.«

Extrakt:
Es krähte der Hahn. Christus sah Petrus an. Petrus weinte bitterlich.

Die Zunge von Petrus hatte Verleugnungen gesprochen.

Der Blick von Christus ließ die Tränen von Petrus fließen und, um den Blick von Christus nicht mehr wahrzunehmen, ging Petrus hinaus und weinte.

Die Quelle der Tränen des Petrus waren die Augen Christi.

Die Augen, wunderbare Werkzeuge der Natur, sind zugleich Ursprung der Sünde und Quelle der Gnade.

Warum weinen die Augen? Weil sie sehen.

* * *

I

Hochverehrte!
Es krähte der Hahn; Christus sah Petrus an; Petrus weinte.

Welcher Prediger würde zu diesem Thema nicht sprechen wollen, kann er doch in dieser Stunde mit besonders aufmerksamen Zuhörern rechnen, die zur Umkehr bereit sind.

Mit Judas sprach Christus siebenmal, und siebenmal ermahnte Er ihn, sich zu bekehren. Christus richtete an Judas Worte der Liebe, Worte des Mitleids, Worte des Schreckens

– wehe jenem Menschen, durch welchen der Menschensohn verraten wird!

Diese Worte bringen uns heute noch zum Zittern und Beben. Doch weder liebevolle noch drohende Worte erweckten in Judas Einsicht und Bereitschaft zur Umkehr.

In derselben Nacht verleugnete Petrus Christus; er verleugnete Christus einmal, verleugnete Ihn zweimal, verleugnete Ihn dreimal. Bei der letzten Verleugnung krähte der Hahn; Christus blickte Petrus an und Petrus ging aus dem Hof des Kaiphas und weinte bitterlich.

Merkwürdiger Vorfall.

Christus ermahnte Judas siebenmal und Judas ist nicht bereit zur Umkehr.

Es kräht der Hahn nur dreimal und Petrus bekehrt sich? Ja, so ist es!

Denn der Unterschied besteht darin, ob Christus auf den Sünder blickt oder nicht. Christus wandte auf Petrus seine Augen. Auf Judas wandte Er seine Augen nicht.

Daran lesen wir ab: Christus, Deine Augen sind es, die unseren Augen Tränen verleihen.

Die Quelle der Tränen des Petrus waren die Augen Christi. Durch die Augen Christi wurden die Tränen hervorgerufen und aus den Augen des Petrus strömten sie.

Als jenem Volk, das ein Vorbild des unsrigen ist, in der Wüste Wasser mangelte, da näherte sich Moses einem Felsen und schlug mit seinem Stab an denselben, doch es kam kein Wasser. Er schlug zum zweiten Mal an den Felsen und es flossen Ströme hervor. Was ist dieser Fels anderes als mein und eure Herzen. Heute, am Tag der Tränen des Petrus, will ich über die Botschaft sprechen, die seine Tränen für uns enthalten.

Christus, Deine Augen sind es, die heute die Härte unserer Augen erreichen sollen. Verleihe uns heute Tränen, damit wir unsere Sünden beweinen und dabei auf die Gnade Deiner barmherzigen Augen hoffen können.

Die Augen sind merkwürdige Organe; wunderbare Gebilde der Natur, erstaunliche Werkzeuge der Vorsehung. Sie sind der Ursprung der Sünden, sie sind die Quelle der Gnade. Die Augen liegen in zwei Höhlen, in welche die Versuchung das Gift, und die Reue das Gegengift legt.

Bedenken wir: Alle Sinne des Menschen haben nur **eine** Aufgabe, nur die Augen haben eine doppelte Aufgabe, nämlich zu sehen und zu weinen.

Das werden die zwei Angelpunkte meiner Predigt sein.

Das Sehen ist die freudigste, das Weinen die traurigste Handlung.

Ohne das Augenlicht, sagt Tobias, gibt es keine Freude. Welche Freude soll mit mir sein, da ich im Finstern sitze und das Licht des Himmels nicht sehe?

Das Sehen ist Freude, das Weinen ist der herabträufelnde Schmerz, das Blut der Seele, die Tinte des Herzens, die Galle des Lebens.

Warum verband die Natur in denselben Augen zwei so entgegengesetzte Wirkungen – Sehen und Weinen? Die Natur verband das Augenlicht mit den Tränen, weil die Tränen eine Folge des Augenlichts sind. Denn warum weinen die Augen? Weil sie sehen.

David weinte sein ganzes Leben hindurch, weinte ununterbrochen. »Meine Tränen sind meine Speise Tag und Nacht«. Doch warum weinte David so sehr? Weil er eine Frau sah. Vidit mulierem. Es weinte der Kanaanerkönig Sichem, es weinte Jakob, es weinte Samson. Doch wozu mit besonderen Beispielen und Details erläutern, was eine so allgemeine Angelegenheit ist, die alle Augen angeht.

Alle Tränen, welche geweint wurden, die jetzt gerade fließen oder später noch fließen werden – wo haben sie ihre Quelle? In einem einzigen Blick. Eva sah die verbotene Frucht und jener

Anblick war die Quelle der Erbsünde und auch die Quelle aller Tränen, die wir weinen.

Wären die Menschen im Stande der ursprünglichen Gerechtigkeit geblieben, worin die ersten Menschen geschaffen worden waren, hätte es dann Tränen auf Erden gegeben? Nein, keine einzige! Wir würden nicht weinend auf die Welt kommen, wir würden überhaupt nie weinen.

Jener erste menschliche Blick war es, der das Paradies in ein Tränental verwandelte, wegen jenes Blickes weinen wir alle. Eva weinte, weil sie »sah«, und wir Kinder Evas weinen, weil wir »sehen«.

Wir sollten auch berücksichtigen, dass nur die Augen der vernunftbegabten Geschöpfe weinen, Tiere weinen nicht.

Ha! Ihr blinden Augen, ihr unklugen Augen, die ihr eure eigenen Feinde seid, wenn ihr seht, um zu weinen, oder wenn ihr weinen müsst, weil ihr gesehen habt.

So ist es: Das Weinen ist das traurige Ende des Sehens, und das Sehen ist der traurige Anfang des Weinens.

Petrus weinte bitterlich. Woher kam dieses Weinen? Vom Sehen, vom Blick Christi, davon, dass Christus ihn angeschaut hatte.

In jener trauervollen Nacht des Leidens Christi ging Petrus in den Vorhof des Hohepriesters Kaiphas, um den Ausgang der Verhandlung zu sehen.

O Petrus, du gehst hinein, um zu sehen? Tu es, du wirst herauskommen, um zu weinen!

III

Aus dem bisher Gesagten erkennen wir, dass das Weinen eine Folge des Sehens ist.

Aus dem Sehen folgt das Sündigen, aus dem Sündigen das Weinen.

Nachdem Eva und Adam gesündigt hatten, wurden »beiden die Augen aufgetan«, sagt die Heilige Schrift. Waren Adams und Evas Augen vor dieser Stunde nicht offen? Ja, sie hatten das Paradies gesehen, die Schlange, den Baum, den Apfel, sich selbst. Sie hatten alles gesehen. Dann wurden ihnen die Augen aufgetan: Sie sollten weinen!

Sie wurden ihnen zu etwas aufgetan, das sagt Augustinus, wozu sie vorher nicht offenstanden. Gott schuf die menschlichen Augen, deren Pforten zum Sehen offen, zum Weinen aber geschlossen sind.

Die Augen sahen, sündigten, und die Sünde, welche durch die Pforten des Sehens hineingegangen war, ging durch die Pforte des Weinens heraus. Eva und Adam – sie sündigten, weil sie sahen, sie weinten, weil sie sündigten.

Hochverehrte! Ihr werdet mir vielleicht einwenden, bei Eva und ihrer Sünde fand dies so statt, nicht aber bei uns und bei unseren Augen, zumindest nicht bei allen. Denn finden auch manche unserer Sünden durch unsere Augen Eingang, so haben doch viele Vergehen andere Eingänge. Ich behaupte, bei allen Vergehen ist das Weinen eine Folge des Sehens und ich kann keinen anderen Beweis erbringen als die Tränen selbst.

Vergönnt mir auch dafür eure Aufmerksamkeit.

Es ist etwas Merkwürdiges, dass der Allmächtige als Genugtuung für alle Vergehen Tränen verlangt und annimmt. Ist das Gerechtigkeit? Sind des Menschen Sünden verkehrte Schritte, dann mögen die Füße büßen; oder böse Werke, dann mögen die Hände büßen; oder böse Worte, dann möge die Zunge büßen. Die bedauernswerten Augen sollen für alles büßen?

Ja! Wer die Ursache aller Vergehen, wer das Werkzeug für alles ist, der muss gerechterweise für alles büßen. Alle Vergehen welche die Menschen mit Gedanken, Worten und Werken begehen, gehen aus dem Herzen hervor. Aus dem Herzen kommen Ehebruch, Diebstahl, falsches Zeugnis, Gotteslästerung. Und wem folgt das Herz bei diesen Vergehen? Den Augen!

Wenn ihr mit Gier nach der Eitelkeit der Welt trachtet, so sind es eure Augen, die euch zur Eitelkeit führen. Wenn ihr auf unersättliche Weise nach Reichtum strebt, so sind es eure

Augen, die von dieser Gier gequält werden. Wenn ihr von bösen Neigungen und Begierden gefesselt und geknechtet werdet, so sind es eure Augen, die euch die Fesseln anlegen. Es ist das ein Thema, welches ins Unermessliche ginge, würde ich von all den Handlungen sprechen, deren Ursache die Augen sind.

IV

Wollen wir nun das Bild des Petrus genau betrachten: dreimalige Verleugnung und seine Tränen. Die Zunge war es, die die Verleugnungen sprach.

Ich bin es nicht, sagte Petrus bei der ersten Verleugnung.

Ich kenne den Menschen nicht, sagte Petrus bei der zweiten Verleugnung.

Ich weiß nicht, wovon du sprichst, sagte Petrus bei der dritten Verleugnung.

Warum erscheinen uns seine Tränen als Strafe, als müssten seine Augen büßen. Es war doch die Zunge das Werkzeug. Doch die Augen nahmen den Blick von Christus auf; und dieser Blick öffnete Petrus die Schleusen der Tränen in seinen Augen.

Christus hatte nicht das Wort an ihn gerichtet, nein! Er lenkte nur Seinen Blick in die Augen von Petrus – und Petrus weinte bitterlich.

Die Augen des Petrus weinten über die Schuld seiner Zunge und damit war der Kreis der Schuld in sich geschlossen, denn die Augen des Petrus sahen, seine Zunge hatte verleugnet und nach dem Blick von Christus versanken seine Augen in Tränen.

V

Petrus verleugnete Christus, Christus blickte ihn an, Petrus ging hinaus.

Um den Blick von Christus nicht mehr ertragen zu müssen, deshalb entfernte sich Petrus. Es sagt der Evangelist Markus: Petrus verhüllte mit dem Mantel sein Gesicht, dann fing er an zu weinen. Petrus verhüllte seine Augen, um die Augen von Christus nicht mehr zu sehen ... um weinen zu können.

Erinnern wir uns an die Trauerkunde vom Tod des Königs Dom Manoel, des ersten und wahren Vaters des lusitanischen Reiches. Sobald die traurige Nachricht in der Kirche ausgesprochen wurde, da zog der Statthalter die Kapuze über sein Angesicht und weinte – und die ganze Versammlung tat dasselbe.

Das ist der Gebrauch der portugiesischen Kapuze. Man zieht sie über den Kopf bis an die Brust, bedeckt und verhüllt die Augen und weint über den Verstorbenen.

Bei Petrus war es aber nicht nur die Trauer über die Verleugnung, weshalb er seine Augen verhüllte, sondern auch um dem Blick von Christus nicht mehr begegnen zu müssen.

VI

So verließ Petrus den Ort seines Elends. Und wohin ging er? Er hatte versprochen, mit Christus zu sterben, doch weil er nicht den Mut hatte zu sterben, wollte er sich begraben.

Im einsamen, dunklen Grab hatten seine Augen genügend Raum zum Weinen.

Wie lässt es sich begreifen, das maßlose Weinen und die maßlose Zahl der Tränen?

Wir sehen das an zwei Beispielen der Buße, an Petrus und David.

David war der Petrus des Alten Bundes; Petrus ist der David des Neuen Bundes.

Petrus wählte sich für seine Tränen einen besonderen Ort. David wählte sich für seine Tränen eine besondere Zeit.

Die Zeit, die sich David für seine Tränen wählte, war die Zeit der dunklen Nacht.

Am Tag herrschte er, des Nachts weinte er. Den Tag widmete er den Geschäften, die Nacht den Tränen.

Warum wählte David die Nachtzeit zum Weinen? Weil am Tag durch den Einfluss des Lichtes die Sehkraft ungehindert und frei waltet und dadurch das Weinen behindert wird. Des Nachts ist der Lauf der Tränen frei und ungehindert.

Aus demselben Grund wählte Petrus seine Höhle: Es sollte um ihn immer Nacht sein und er wollte unausgesetzt weinen können.

So ist Petrus gelungen, was der Prophet Jeremias sich wünschte: Wer gibt meinen Augen eine Tränenquelle, dass ich Tag und Nacht weinen kann? Jeremias flehte nicht um Tränen, sondern um Tränenquellen, denn Quellen fließen ständig, Tag und Nacht.

Und von dieser Art der Tränenquellen waren die Tränen des Apostels Petrus in der dunklen Höhle. Petrus weinte bitterlich, er hatte die Augen Christi gesehen, die nach der dreimaligen Verleugnung auf ihn gerichtet waren. Petrus weinte ohne Unterlass.

VII

Bis jetzt haben wir von den Augen des heiligen Petrus gesprochen, jetzt wollen wir über unsere Augen sprechen. Ich sage nicht, wir sollten uns in eine dunkle Höhle begeben, denn solchen Mut gibt es heutzutage nicht mehr. Aber werden wir unser Schauen beherrschen können?

Denken wir an Hiob, der sagte: »Ich schloss einen Bund mit meinen Augen, nie lüstern auf eine Jungfrau zu blicken.«

Hiob sprach also von der Sünde wider die Keuschheit, wozu die Augen viel beitragen. Merkwürdig. Wäre es nicht logisch, dieses Versprechen, diesen Bund nicht mit den Augen, sondern mit dem Verstand und dem Willen einzugehen? Keineswegs, denn die Sünde findet durch den Anblick Eingang in die

Vorstellung und von der Vorstellung entwickelt sie sich weiter zur Einwilligung.

Deshalb: In die Augen müsst ihr den Widerstand legen!

Werden wir also, aus Ehrfurcht vor den Augen Christi, unsere Augen, die Pforten unserer Seele wenigstens in diesen Tagen der Karwoche verschließen? Warum soll das etwas so Schwieriges sein? Denken wir daran, wäre es für Holofernes nicht besser gewesen, er hätte Judith nicht gesehen?

Ihr Christen, aus Liebe zu diesen Augen, welche Christus auf Petrus richtete, lasst uns wünschen und hoffen, dass er sie auch uns zuwendet! Und wir werden endlich unsere Augen verschließen, um nicht zu sündigen, zumindest nicht in dieser Woche!

VIII

Wenn die Augen geschlossen sind, wenn unsere Augen nicht sehen, dann werden sie bald weinen. Lasst uns nicht vergessen, dass wir in einem Tal der Tränen sind.

Dieses Leben, sagt der heilige Chrysostomus, dient unseren Augen zum Weinen. Das andere Leben ist dazu da, um zu schauen. Die Augen, welche auf Erden weinen, werden im Himmel schauen. Die Augen, die auf Erden schauen wollen, werden in der Hölle weinen.

Ach, bedauernswerte Augen! Ach, beweinenswerte Seele! Der heilige Petrus muss und darf im Buch der Schulden eine dreimalige Verleugnung und im Buch des Guthabens unermesslich viele Tränen zählen.

Bei wie vielen Christen stehen im Buch der Schulden unzählige Sünden und im Buch des Guthabens keine drei Tränen, die sie aufrichtig geweint hätten!

Petrus verharrte nicht einmal zwei Stunden in seiner Sünde, während er Christus verleugnete, und er weinte dann bis zu seinem Tode. Und wir, die wir unser ganzes Leben in Sünden verbringen, wann denken wir daran, Tränen zu vergießen?

Petrus wusste zuverlässig, dass Gott ihm verziehen hatte, und trotzdem weinte er fort und fort. Wie steht es um uns?

Können wir ausschließen, dass es einige gibt, die in Todsünde leben? Nein, wir können es nicht!

O Herr! Judas weinte nicht, weil Du Deine Augen nicht auf ihn gerichtet hattest. Petrus jedoch weinte, weil Du Deine Augen auf ihn gerichtet hattest. Sieh auf uns, gütiger Christus, sieh auf uns mit jenen barmherzigen Augen, mit denen Du Petrus anblicktest! Erweiche die Härte unserer Herzen, entferne die hartnäckige Blindheit unserer Augen! Verschließe uns diese Augen, damit sie nicht die Eitelkeiten und Torheiten der Welt sehen – öffne diese Augen, dass sie in Tränen zerfließen, weil sie Dich verleugneten, weil sie Dich so oft beleidigten!

Heiliger Petrus, gedenke derer, die so blind sind, lass fließen auf uns deine Tränen, derer wir sosehr bedürfen. Und in dieser heiligen Woche, da gib uns, heiliger Petrus, Vater der Kirche, deinen Segen und erflehe mit uns das Einzige, was das Ziel unseres Schauens sein sollte: zu schauen den Allmächtigen in Seiner Herrlichkeit!

Vierter Teil der Predigten:
Nur die Liebe zählt

Liebet eure Feinde!

Predigt auf den ersten Freitag in der Fastenzeit

Gehalten 1644 im Kloster von Odivelas bei Lissabon

Matthäus 5, 44:
»Ich aber sage euch: Liebet eure Feinde, und betet für die, die euch verfolgen.«

Extrakt:
Liebe und Hass sind die zwei gewaltigsten und gefährlichsten Regungen des menschlichen Willens.

Die Liebe hat das Gute zum Gegenstand, der Hass das Böse.

Da das Böse oft im schönen Gewand kommt, und das Gute im schlechten Kleid, wird der Wille getäuscht und dann liebt er das Böse und hasst das Gute.

Nehmen wir als Gewissheit die Macht der Liebe.

Und willst du geliebt werden, so liebe.

*   *   *

I

Hochverehrte!

Wir sprechen heute über die zwei gewaltigsten und gefährlichsten Regungen des menschlichen Willens. Diese beiden Regungen sind die Liebe und der Hass. Sie sind mächtig und nur wenn der Wille diese Regungen bewältigt, beherrscht man sie.

Wenn sie jedoch den Willen besiegen, ist man Sklave.

Die Liebe hat das Gute zum Gegenstand, der Hass das Böse – und daraus speist sich die Allgewalt, die sich über die ganze Welt erstreckt.

Da das Böse aber oft im schönen Gewande kommt und das Gute im schlechten Kleid, wird der Wille getäuscht und dann liebt er das Böse und hasst das Gute. Das ist eine große Gefahr.

Im heutigen Evangelium gibt uns Christus das Gebot, unsere Feinde zu lieben; Er gibt uns also das Gebot, jene zu lieben, die uns hassen.

Ein schwieriges Gebot. Denn es täuscht uns das Böse im Gewande des Guten und gewinnt unsere Liebe. Und es täuscht das Gute im Gewande des Bösen und flößt Hass in unser Herz.

Über dieses Thema werde ich heute sprechen.

II

Liebet eure Feinde. Das ist das strengste Gebot des Neuen Bundes, der schwierigste Auftrag in der christlichen Religion.

Ich komme damit zur Frage: Heißt das, Liebe mit Hass zu erwidern oder Hass mit Liebe?

Darauf versuche ich in meiner Predigt eine Antwort zu finden.

III

Den lieben, der uns hasst?

Den hassen, der uns liebt?

Die Kränkung, die uns der Feind zufügt, ist ein Schmerz im eigenen Herzen.

Unsere Nichterwiderung der Liebe unseres Freundes ist ein Schmerz im Herzen des Freundes.

Wenn wir jenen lieben, der uns liebt, dann wird unser Wille von der Vernunft geleitet.

Wenn wir aber jenen hassen, der uns hasst, wird unser Wille vom Zorn gelenkt, und die Bewegungen des Zornes sind immer gewaltiger als die Regungen der Vernunft.

Immer bewirkt Beleidigung oder Kränkung mehr als Dankschuld es tut, denn Kränkung berührt die Emotion. Dankschuld hingegen ist eine Verpflichtung und berührt die Ratio; und es ist erträglicher, undankbar genannt zu werden, als Beleidigung und Kränkung hinzunehmen.

Wenn wir denjenigen lieben, der uns liebt, so geben wir zurück, was wir erhalten, wir gleichen aus. Wenn wir uns an demjenigen rächen, der uns beleidigt hat, so holen wir uns mit unserer Rache, was man uns schuldet. Wir holen uns Genugtuung.

Wollen wir nun über die Begriffe »Undank« und »Rache« nachdenken.

Zur Rache bedarf es geistiger Kraft; zum Undank reicht der Wille, es ist also kein Kraftaufwand nötig. Und wenn weniger Rache als Undank waltet, dann deshalb, weil die Menschen weniger Kraft haben, und nicht deshalb, weil sie weniger feindselig wären. Sind die Menschen weniger rachsüchtig, so kommt das daher, dass sie zu schwach für Rache sind, und nicht, weil sie weniger feindselig wären.

Hinsichtlich des Kraftaufwandes ist der Wille mehr zum Lieben geneigt als zum Hassen; denn Lieben ist eine natürliche Handlung, Hassen ist meist eine erzwungene Handlung.

Es ist ein Faktum, man ist eher geneigt, den Freund zu lieben als den Feind zu hassen.

IV

Was ist schwieriger – Liebe gegen eure Feinde oder Hass gegen eure Freunde?

Ihr schweigt? Alle schweigen. Es kommt keine Antwort. Ich sehe schon, ihr wünscht, eure Stimmen, eure Meinungen sollen geheim bleiben.

Es sind manche hier, deren Gemüt ständig auf Rache sinnt, und diese halten es für schwieriger, die Feinde zu lieben und ihnen Beleidigungen zu verzeihen. Trotzdem weiß ich, dass die Liebe unter den hier Anwesenden die meisten Stimmen für sich hat.

Und doch gibt es den besonders schwierigen Fall, dass wir denjenigen, der uns liebt, nicht lieben, und das ist unmenschlicher als ihn zu hassen.

Die Antwort der Liebe ist nichts anderes, als der Widerstrahl der Liebe, der doppelt zurückkehrt. Die Macht der Liebe ist gewiss, wir entnehmen das dem einstimmigen Urteil aller tief Denkenden, dem Urteil der Dichter und der Weisen. Wenn jemand wünscht geliebt zu werden, dann verlange er nicht Kräuter oder Heilmittel aus der Arzneikunst, sondern er halte sich an das Wort des Weisen:

Willst du geliebt werden, so liebe.

In diesen wenigen Worten ist die ganze Wissenschaft der Liebe enthalten. Lieben und geliebt werden sind wechselseitige Verhältnisse und wir können uns die Liebe nur durch Liebe erwerben.

V

Liebe ist Vereinigung. Es verbindet sich eine Seele mit der anderen. Und es sagt der heilige Augustinus: Es gibt kein zuverlässigeres Mittel, als wenn derjenige, der sich Liebe erringen will, mit seiner Liebe zuvorkommt.

Alle anderen Mittel, und erschienen sie noch so wirksam, ergeben nur Eitelkeit und Täuschung, aber nicht wahre Liebe. Schönheit ergötzt das Auge, Geschenke füllen die Hände, höfliche und artige Worte schmeicheln den Ohren, Macht bewirkt, dass das Knie gebeugt wird – doch das Herz zu gewinnen, das vermag nur die Liebe.

Wir kommen nun zur Frage – ist es möglich nicht zu lieben, obwohl man geliebt wird?

Der heilige Augustinus betrachtet in allen Details den Vorgang von Joseph in Ägypten, seinen übermenschlichen Mut

... denn Joseph flieht. Er wird geliebt und erwidert diese Liebe nicht.

Darin stimme ich nicht mit Augustinus überein, denn Joseph liebte in hohem Maße in edelster Form, und zwar seinen Gebieter und Meister. Ihn wollte er nicht kränken, deshalb floh er.

Die Ägypterin, niedrigen Sinnes wie sie war, wollte Joseph, den Sklaven, verführen, und er widerstand. Was also als Liebe begonnen hatte, schlug in Rache um und Joseph wurde in den Kerker geworfen.

Sprechen wir für die Ägypterin. Nehmen wir an, sie habe Joseph geliebt und keine Gegenliebe gefunden. Joseph sei also geliebt worden und habe keine Gegenliebe gehegt. Lieben und nicht geliebt werden, ist die größte Qual. Geliebt werden und nicht lieben bedeutet die größte Ungerechtigkeit zufügen.

VI

Nachdem wir nun die Schwierigkeiten, denen unser Wille ausgesetzt ist, ja, von denen er umlagert ist, betrachtet haben, wollen wir uns der Frage zuwenden: Wohin soll unser Wille gelenkt werden? Als ein fühlendes, vernünftiges Geschöpf sieht sich hier der Mensch in der größten Bedrängnis.

Denn den Feind lieben, würde heißen, der Mensch solle gefühllos sein.

Den Freund hassen, würde heißen, dem Menschen die Vernunft rauben zu wollen.

Und Liebe nicht zu erwidern, würde heißen, der Mensch sei ein Stein.

Wie soll also in diesem Geflecht von Widersprüchen ein Weg gefunden werden, und zwar so, dass die Vernunft nicht mutlos wird, der Wille nicht hoffnungslos, und die Seele nicht kraftlos?

Wir erinnern uns – es erging an uns das Gebot, unsere Feinde zu lieben. Versuchen wir dieses Gebot zu enträtseln. Es gibt zwei Arten von Feinden. Feinde, die uns übelwollen und uns Böses zufügen – durch Hass. Und Feinde, die uns übelwollen und uns Böses zufügen – durch Liebe.

Wir alle wissen, wer sie sind. Es sind all jene, welche euch auf eine spekulative Weise lieben – wegen Verwandtschaft oder freundschaftlicher Verbindung, aus natürlicher Zuneigung oder wegen Hoffnungen und Aussichten oder wegen Abhängigkeitsverhältnissen oder aus einem anderen Grund.

Eine geordnete Zuneigung, eine Zuneigung ohne Spekulation, das ist Liebe.

Eine spekulative Zuneigung, und sei die Spekulation auch noch so geringfügig, das ist nicht Liebe, das ist Hass.

Wenn wir diese zuverlässige Wahrheit akzeptieren, dann sehen wir, in welcher Beziehung sich viele täuschen und verblendet sind, da sie glauben zu lieben und geliebt zu werden, während sie doch hassen und gehasst werden.

Wer uns unlauter liebt, der hasst uns, und weil er uns hasst, darum ist er unser Feind.

Wie, er ist unser Feind? Und wir sind verpflichtet ihn zu lieben?

Wir sollten ihn edel hassen, ohne Spekulation, denn dann lieben wir ihn, weil edler Hass Liebe ist.

VII

Nach diesen weitläufigen Betrachtungen wollen wir über Freundschaft, Liebe und Zuneigung sprechen, und damit sich die Erklärung an alle wendet, spreche ich von den Gefühlen, die in weltlichen Kreisen üblich sind.

Als die Freunde noch wahre Freunde waren, war auch das Wort »Freund« fast heilig. Doch die wahre Freundschaft, welche im Kreise der Tugenden einen so ehrenvollen Platz behauptete, wurde rar, sie verlor von ihrer Würde und verband sich mit Lastern.

Oder, Hochverehrte, sagt mir und gesteht es ohne Rückhalt, wozu dienen euch jene, die ihr für eure innigsten Freunde haltet? Dazu, dass sie euch ins Spielhaus oder in schlechte Gesellschaftshäuser mitnehmen; dass sie die Vertrauten bei all euren Gedanken, Wünschen und Bestrebungen sind, und die Ratgeber bei der Ausführung eurer Torheiten und der Befriedigung eurer zügellosen Begierden und Leidenschaften; dass sie die unzertrennlichen Teilnehmer an euren Lastern sind, und dies alles mit solcher Verachtung der Vernunft, als gäbe es kein Gewissen und nie und nimmer Rechenschaft, keine Seele, keinen Allmächtigen.

Urteilt selbst, ob es einen größeren Feind geben könnte, als diese Freunde. Sie rauben euch tausendmal das Leben der Seele. Diese feindliche Freundschaft ist grausam, denn ihre Liebe ist Abscheu, ihre Eintracht ist Zwietracht, ihre Treue ist Verrat und ihre ganze Freundschaft ist der größte Hass.

Jawohl, so ist es!

In einer falschen Freundschaft wird, je nach Spekulation, der eine geliebt, geschätzt, verteidigt, begünstigt und aufmerksam und liebevoll behandelt, und der andere gehasst, gekränkt, verfolgt, zu Grunde gerichtet. Was ist in Wahrheit die Freundschaft solcher Freunde? Hass!

VIII

Wollen wir nun die Netze einziehen und Schlüsse aus dem bisher Formulierten gewinnen:

Ich sage, diejenigen, welche einander lieben und einander auch wohlwollen, sollen einander nicht übelwollen. Sie sollen einander auf eine Weise lieben, die ihnen beiden gebührt.

Und bedenkt immer, wer euch liebt, der wird nur dann zufrieden sein, wenn er auch von euch geliebt wird, und zwar so wie ihr eure Seele liebt, wie ihr euer Leben liebt, wie ihr euch selbst liebt. Wir sollten unsere gegenseitige, oft nicht wahre

Liebe in eine wahre Liebe verwandeln. Ihr werdet dann denjenigen, der euch liebt, an Leib und Seele lieben, wie euer Leben, wie eure Seele, und wie euch selbst.

Und wenn Glaube in eurem Herzen wohnt, dann denkt an das »ewige Leben«, dort erwartet uns die wahre Liebe. Ihr müsst euch selbst die Antwort geben: Wünscht ihr, könnt ihr euch vorstellen wegen einer falschen Liebe von wenigen Tagen, die wahre Liebe in alle Ewigkeit zu verlieren. Wird es euch erstrebenswert sein, dass sich die Art eurer Liebe in ewigen Hass verwandelt?

IX

Liebe! Schon das portugiesische Wort »amor« ist schön, klingt poetisch.

Was ist die Wahrheit an der Liebe, wie viel Wahrheit steckt in der Liebe?

Lasst mich euch ein Beispiel vor Augen führen, damit jeder die Wahrheit erkenne, die im Wort Liebe enthalten ist.

Gab es einen Liebenden, der heißer geliebt hätte, als Adam seine Eva liebte? Er liebte sie so grenzenlos, dass er für die Hälfte eines Apfels eine ganze Welt hingab – nicht dafür, was der Apfel an sich war, sondern für die Hand, von welcher er kam.

Er liebte sie so grenzenlos, dass er das Paradies aus den Augen verlor, sich selbst aus den Augen verlor, auch uns, all seine Nachkommen, und das tat er wegen einer kleinen Gefälligkeit, die Eva höchst willkommen war.

Jedoch, so wie sich Adam in dem Apfel täuschte, so täuschte er sich in seiner Liebe. Denn es kam die Gelegenheit, wo sich zeigte, was seine Liebe wert war. Um der Strafe zu entgehen, welche die Übertretung des Gebotes nach sich zog, ließ er von seiner Zärtlichkeit und Liebe für Eva ab und klagte sie an: Das Weib, das du mir zugesellt hast, hat mir vom Baum gegeben und ich aß.

Solange er glaubte, die Strafe des Gesetzes sei nur Drohung, legte er die zärtlichste Liebe an den Tag; sobald er aber sah, dass die angedrohte Strafe in Erfüllung ging, sann er nur noch darauf, der Strafe zu entrinnen, auch wenn Eva deshalb leiden sollte.

O Adam! Das war deine Liebe, und das ist die Liebe all deiner Söhne.

Daran lernt das weibliche Geschlecht die Liebe des Mannes kennen. Möge das weibliche Geschlecht daraus lernen.

Und woraus hat das männliche Geschlecht die Liebe der Frauen kennen gelernt?

Es bedarf sicher nicht der Wiederholung des Beispiels von Joseph und der Fürstin aus Ägypten. Sie achtete weder auf ihr Ansehen, sie war Fürstin, noch auf ihren Rang, sie war Gattin, noch auf ihre Nichtebenbürtigkeit, denn sie war Gebieterin und er war Sklave! Sie handelte wie eine Blinde, und als ihr Geist wieder sehend war, führte sie Anklage beim Ehemann – wie Adam seine Eva vor Gott anklagte: Der hebräische Knecht, den du ins Haus brachtest, kam zu mir, mich zu schänden.

Oh Falsche, o Treulose, Meineidige, Verräterin! Erst jetzt, durch den Rückzug von Joseph, erkennst du die Falschheit deines Herzens und deines Willens, du hast dich selbst betrogen!

Hochverehrte!

Die Frau, so höre ich, und nicht der Mann, steht im Ruf der Unbeständigkeit; jedoch, halten wir uns stets vor Augen: Der Mann ist ein Sohn der Frau.

Die Frau ist gleich dem Mond, unbeständig und veränderlich durch ihre Natur. Der Mann ist gleich dem Meer, unbeständig und veränderlich durch Einfluss und Einwirkung.

Fassen wir zusammen: Kann es eine größere Qual geben als zu lieben in ewiger Ungewissheit, ob man seinerseits geliebt werde oder nicht? Das Paradies der Liebe müsste darin bestehen, dass wir lieben und geliebt werden mit der Gewissheit, nie gehasst zu werden.

Da es aber diese Liebe und diese Gewissheit auf Erden nicht gibt, sondern stattdessen Zweifel, Angst, Ungewissheit,

Unruhe, Misstrauen, Besorgnis, Argwohn, ob wir geliebt werden oder nicht oder ob die Liebe gegen uns mit der Liebe gegen einen anderen vertauscht wird, so ist dieses Gefühl immer zweifelnd, und die Liebenden fühlen sich immer gepeinigt.

Wenn ich meinen Blick nach oben richte, dann brauche ich nicht zu zweifeln, ob ich geliebt werde, ich bin dieser, Seiner Liebe gewiss.

Es mögen also jene, die einander in Wahrheit übelwollen, einander wirklich wohlwollen.

Nehmt diesen Gedanken als Gebot mit!

Die Güte des Allmächtigen möge uns beschützen und erwirken, dass die falsche und kurze Liebe in wahre Liebe umgewandelt werde und fortdaure – ohne Ende.

Vollendete Liebe
Zweite Predigt auf den Gründonnerstag

Gehalten 1645 in Lissabon, in der Königlichen Hospitalkirche

Johannes 13, 1:
»Da Jesus wusste, dass seine Stunde gekommen, um aus dieser
Welt zum Vater zu gehen, zeigte er den Seinen, die er in dieser
Welt liebte, die Liebe bis zur Vollendung.«

Extrakt:
Liebe hat Hindernisse und Schwierigkeiten zu bestehen. Die
vier häufigsten sind:

die Zeit, die Abwesenheit, die Undankbarkeit, die Erlangung eines Gegenstandes der Liebe, der vollkommener zu sein
scheint.

Liebe, die mit der Zeit schwindet, ist nicht Liebe, denn die
Zeit vermindert die Liebe nicht, sondern die Liebe vermindert
die Zeit.

Abwesenheit, Entfernung können Körper trennen, doch
niemals die Herzen.

Wenn Undankbarkeit die Liebe verändert, dann billigt das
der Verstand, also der Wille.

Wenn ein besserer Gegenstand der Liebe den ersten an Vollkommenheit zu überragen scheint, erkaltet die Liebe zugunsten des neuen Gegenstandes.

Jedoch sollten wir berücksichtigen, die vier genannten Hindernisse haben irdischen Charakter. Wir aber sollen in Richtung der vollendeten Liebe schauen, die sich weder durch Zeit
noch durch Abwesenheit noch durch Undankbarkeit vermindert – schauen wir in das Licht Christi.

* * *

I

Hochverehrte!
Ganz dem Evangelium folgend werde ich nun über die Liebe
sprechen und dieses große Thema werde ich versuchen auszu-
leuchten; all meine Betrachtungen haben das Ziel:

Eure Aufmerksamkeit auf die eine, auf die vollendete Form
der Liebe zu lenken.

II

Liebe, wir wissen es, hat Hindernisse und Schwierigkeiten,
von denen sie bedrängt und gemindert wird, zu bestehen und
zu durchlaufen.

Es sind vor allem vier Hindernisse und Schwierigkeiten zu
nennen:
die Zeit,
die Abwesenheit
die Undankbarkeit,
die Erlangung eines Gegenstandes der Liebe, der vollkommener zu sein scheint.

Sofort weise ich darauf hin, dass diese Hindernisse und
Schwierigkeiten irdischen Charakter haben, also sind sie uns
bekannt und sollten bewältigt werden.

Wenn das Vorhaben der Bewältigung zu groß erscheint, so
will ich an das Licht erinnern, an jene Liebe der Vollendung,
die auf uns alle wartet – denn die Liebe von Jesus Christus zu
den Seinigen, zu uns, vermindert sich weder durch die Zeit
noch durch die Abwesenheit noch durch Undankbarkeit.

III

Das erste Hindernis, die erste Schwierigkeit für den Bestand der Liebe ist die Zeit.

Die Zeit löst alles auf, alles verzehrt sie, alles beendet sie. Die Zeit wagt sich an Marmorsäulen, sie zernagt sie zu Sand. Die Zeit nimmt der Liebe alle Werkzeuge, mit denen die Natur sie ausstattete. Sie öffnet die Augen und zeigt, was vorher nicht gesehen wurde. Die Zeit nimmt allen Dingen die Neuheit, sie enthüllt Mängel, bringt Abneigung, wo Zutrauen war.

Denken wir an David und seine Liebe zu Batseba. Was sehnliches Verlangen war, verwandelte sich durch die Zeit in herben Schmerz, was Verblendung war, in klare Einsicht.

Das ist die Gewalt der Zeit über die Liebe, über die menschliche Liebe.

Bedenken wir – Liebe, die den Namen Liebe verdient, ist erhaben über alle Hindernisse und Wandelbarkeiten, die Macht der Zeit kann ihr nichts anhaben. Allerdings, war es sinnliche Begierde oder war es ein Grund der Vernunft, dass eine Wallung unseres Geistes, unseres Gemütes von uns als Liebe eingestuft wurde? Das kommt häufig vor, jedoch: Es handelt sich dabei nicht um Liebe.

Liebe, die mit der Zeit schwindet, ist nicht Liebe.

Denn hat eine Liebe aufgehört zu sein, so ist sie nie Liebe gewesen.

Ja, ihr liebt nicht mehr, weil ihr niemals geliebt habt! Die vollkommene, vollendete Liebe ist unsterblich. Denn nicht die Zeit vermindert die Liebe, sondern die Liebe vermindert die Zeit.

Von Jakob erzählt die Heilige Schrift, dass ihm die sieben Jahre, während der er Rachel diente und um sie warb, nur als wenige Tage erschienen, denn das Maß seiner Liebe verkürzte, verminderte für ihn die Zeit; es war seine Liebe, die ihm die Zeit verminderte, sie war Abglanz der göttlichen Liebe. Denn wo findet sich eine Liebe, die frei ist von der Macht der Zeit? Bei Jesus, dem Erlöser.

IV

Das zweite Hindernis, die nächste Schwierigkeit gegen die Liebe ist die Abwesenheit, die Entfernung.

Die Abwesenheit kann auch als Tod bezeichnet werden. Und wie wirkt der Tod? Er trennt und lässt erkalten. So ist es beim menschlichen Herzen, so ist es bei den Menschen.

Abwesenheit kann tödliche Wirkung haben.

Liebe ist Vereinigung der Gemüter, und wenn jene, die sich innig geliebt haben, sich trennen, tun sie es mit tiefem Schmerz, mit Tränen und Seufzern.

Und wenn sie zurückkehren? Was wird gefunden? Trockene Augen, verstummte Lippen, Vergessenheit und Kälte. Die Abwesenheit hat ihr Werk getan, genau wie der Tod, sie hat getrennt und Kälte herbeigeführt.

Das ist die gewaltige Macht der Abwesenheit.

Dass die Liebe entschwindet, wenn der Liebende scheidet, das ist die gewöhnliche Folge dessen, was wir hier, im Diesseits, Liebe nennen.

Allein, wenn auch die Entfernung unendlich wäre, die Ferne kann die Körper trennen, doch niemals die Herzen; die Abwesenheit kann den Anblick verhindern, aber nie kann sie bewirken, dass vollendete Liebe erkaltet.

So ist es mit der Liebe von Christus, sie erkaltet nicht, die vollkommene, vollendete Liebe hängt nicht vom Sehen ab.

V

Das dritte Hindernis gegen die Liebe ist die Undankbarkeit, es ist das schmerzlichste Hindernis.

Ordnen wir:

Die Zeit vermindert die Liebe,

Abwesenheit und Entfernung bringen die Liebe zum Erkalten.

Die Zeit ist etwas Natürliches und die Entfernung oder die Abwesenheit können unverschuldet, also gewaltsam herbeigeführt worden sein.

Undankbarkeit jedoch ist immer ein Vergehen, denn Undankbarkeit hat die Vernunft auf ihrer Seite. Wenn Undankbarkeit die Liebe verändert, sie in Abscheu verwandelt, dann billigt das die Vernunft, und was wäre gerechter, als dem Undankbaren die Liebe zu entziehen.

Zeit und Abwesenheit bekämpfen die Liebe mit dem schwindenden Gedächtnis, Undankbarkeit bekämpft sie durch den Willen.

Gegen Christus zeigten die Menschen jede Art von Undankbarkeit – doch keine Tat, nichts, wirklich nichts konnte Seine vollendete Liebe verringern.

Versetzen wir uns in Gedanken in die Schönheit der seelischen Liebe, wie die Apostel sie im Speisesaal zu Jerusalem erlebten. Zwei Schläge sollten das Herz Jesu verwunden und Jesus wusste darum.

Einen Schlag gab ihm Judas, der Ihn verkaufte.

Einen anderen Schlag gab ihm Petrus, der Ihn verleugnete.

Judas, der Ihn am meisten beleidigte, Petrus, der ihn am meisten kränkte – das wären für uns genügend Gründe zum Hass!

Würde die Liebe Christi unserer irdischen Liebe gleichen, dann wären diese Beweise des Undanks genügend Beweggründe zum Hass.

Und was geschah, was tat Jesus? Er wusch die Füße Seiner Jünger.

VI

Das vierte Hindernis für die Liebe, die vierte Schwierigkeit, ist die Hoffnung einen besseren Gegenstand, ein vollkommeneres Objekt der Liebe zu erlangen. Dann erlischt eine Liebe durch Einwirkung einer anderen.

Mit der Liebe verhält es sich wie mit dem Licht. Man sagt üblicherweise, dem Licht sei die Finsternis entgegengesetzt. Doch das ist nicht so.

Dem einen Licht steht ein anderes, ein größeres gegenüber.

Die Sterne leuchten in der Finsternis. Doch wenn die Sonne erscheint, die ein größeres Licht ist, verschwinden die Sterne.

Johannes der Täufer war ein großes Licht, doch als Christus erschien und die Welt erleuchtete, hörte der Täufer auf, das Licht zu sein.

So verhält es sich mit der Liebe. Wenn ein besserer Gegenstand erscheint, dann erkaltet die Liebe zugunsten jenes Gegenstandes, der den ersten an Vollkommenheit überragt, oder zumindest zu überragen scheint.

Das gilt zwischen Menschen, das gilt nicht im Herzen Christi.

VII

Seht, Hochverehrte, keines der Hindernisse und Schwierigkeiten, die üblicherweise das Ende der Liebe herbeiführen oder sie vermindern, konnte bewirken, dass die Liebe von Christus an Stärke verlor. Seine Liebe siegte über die Zeit, über die Abwesenheit und Entfernung, über den Undank, über den Wankelmut.

Deshalb wollen wir um den Abglanz Seiner vollendeten Liebe flehen.

An Seiner vollendeten Liebe wollen wir messen, was wir Menschen als Liebe bezeichnen, und alle Gründe wollen wir prüfen, die uns glauben machen, dass wir lieben. Die Gnade der himmlischen Hilfe wird uns den Weg zeigen, heraus aus unseren Verfehlungen, aus unseren sündhaften Gewohnheiten.

Denn endlich erkennen wir, dass es die Liebe Christi in Ewigkeit für uns gibt und dass sie auf uns wartet – und wir wissen, dass wir dieser vollendeten Liebe vertrauen können.

Überblick über die Predigten
Chronologisch gereiht, mit geografischer Zuordnung

Biografische Daten von Antonio Vieira SJ

6. 2. 1608	geboren in Lissabon, Vater: Ravasco Cristóvão Vieira Mutter: Maria de Azevedo
1614	Übersiedlung der Familie nach Salvador, Brasilien
1615	Antonio besucht das Colégio dos Jesuítas
1623	Offenbarungserlebnis, Eintritt als Novize in die Gesellschaft Jesu (Companhia de Jesus)
1624	erste Missionstätigkeit in Espírito Santo, er lernt Tupi und Guarani, beginnt den Katechismus in sieben Indigenasprachen zu übertragen
1625	endgültige Ordensgelübde, er verfasst den Jahresbericht »Carta Anual ao Geral dos Jesuítas«
1626, 1627	Rhetoriklehrer und Student in Olinda, Pernambuco
1634	Priesterweihe
bis 1640	Studien in Theologie, Philosophie, Kunst und in Brasílica, der brasilianischen Variante des Portugiesischen; Missionstätigkeit
1641	Reise nach Lissabon, erstes Treffen mit König Dom João und Dona Luísa Francisca de Gusmão, Beginn der Tätigkeit als Diplomat im Auftrag des Königs
1642–1652	diplomatische Reisen nach Paris, Amsterdam, Rom
1652	Reise von Lissabon nach Maranhão, Missionstätigkeit
1654	Reise nach Lissabon

Literatur, Archive und Kontakte

Neben dem umfangreichen Werk von Heinz W. Wittschier, *Rochuspredigten aus den Restaurationskriegsjahren*, Münster 1981 seien hier einige wichtige Institutionen genannt, in denen sich zu Antonio Vieira ein riesiger Material- und Forschungsfundus befindet:

André de Barros, Loyola University Chicago
Portugiesische Forschungen der Görres-Gesellschaft Lissabon
National Library, Den Haag
Biblioteca Vaticana, Rom, Frau Dr. Christine Maria Grafinger
Arquivo Publico do Estado da Bahia, Salvador, Quinta do
    Tanque
Archivum Romanum Societatis Iesu, Rom (Jesuitenarchiv)
Centro Universitário Padre Antonio Vieira, Lissabon
Academia de Letras da Bahia, Salvador,
Instituto Geográfico e Histórico da Bahia, Salvador

Die Primärquelle sind die Predigten im portugiesischen Original, enthalten in den 5 Bänden Obras Completas do Padre Antonio Vieira, da Editora Lello & Irmão, Porto, 1959. Von diesen Predigten wurde hier eine Auswahl interpretierend und gekürzt ins Deutsche übertragen. Sehr hilfreich war mir die Basisübersetzung von Dr. Franz Joseph Schermer, sie stammt aus den Jahren von etwa 1850 bis 1880.

Gloria Kaiser

Übersetzung – Übertragung. Eine Betrachtung

Übersetzen ist einen Übergang schaffen: eine Furt von einer Kultur zu einer anderen.

Literarische Übersetzung läuft fast immer auf zwei Ebenen, denn man sollte sich von einem Text im Innersten bewegt fühlen, wenn man sich zur Übersetzung entschließt. Fast immer begibt man sich dabei in eine Sehnsuchtskultur, in eine Sehnsuchtssprache; für mich sind das die lusitanische Kultur und die portugiesische Sprache. Da schwingt schon beim ersten Lesen eines literarischen Textes Saudade mit. Saudade – ein Begriff, der im Wörterbuch kalt und glatt mit Sehnsucht erklärt wird. Saudade, sie ist tief in der lusitanischen Seele verwurzelt; es ist ein Schmerz über Abwesendes, Verlorenes, Unerreichbares; Freude und Traurigkeit atmen darin, und vor allem das Wissen um die Macht der Saudade, denn daraus wachsen Kräfte, von denen Menschen anderer Kulturen und Sprachen nicht ahnen, dass es sie gibt. Und das galt auch für Pater Antonio Vieira SJ, dessen Sprachkraft auch die emotionale Komponente eine Kultur wiederzugeben trachtete.

Ganz pragmatisch gesprochen ist Übersetzung immer Übertragung; es sind Inhalt und Duktus eines Textes von der Ausgangssprache in die Zielsprache zu übertragen. Dazu sind der historische und sozio-kulturelle Kontext zu berücksichtigen, also, woher kommt der Originaltext und in welcher Zeit, in welchem Jahrhundert wurde das Original geschrieben.

Der Genotext der Predigten, geschrieben im Portugiesisch des Antonio Vieira SJ von etwa 1650, wurde also in einen Phänotext des heutigen Deutsch übertragen. Diese mehrstufige Übertragung ergibt stets einen Phänotext in Interpretation; oft muss auch von der Linguistik zur Semiotik übergegangen werden, denn der Autor der Übertragung bringt einen weiteren Ton, eine Farbe mehr in den Gesamttext. Kurz gesagt – es ist in einer literarischen Übersetzung immer der Autor der

Übersetzung, der Autor der Übertragung im Phänotext enthalten.

Auf diese Weise wurden die nun in Deutsch vorliegenden Predigten erarbeitet, gewiss gekürzt und verdichtet, dabei jedoch möglichst treu dem Original, und doch wiederum so frei, dass Antonio Vieira mit der Übertragung, mit der Interpretation seiner Predigten einverstanden wäre, ganz seiner Prämisse folgend: »Worte sollen sein – klar und verständlich.«

Gloria Kaiser

Der lange Weg zur Anerkennung
Eine kulturanthropologische Vignette

Die Ohren sind das Tor des Verstandes
Shlomo Ibn Gabirol

Als die erste Kontaktnahme zwischen Europäern und den in den Amerikas lebenden Indigenen stattfand, waren beide Seiten überrascht. Viele Indigenen meinten, Geisterwesen oder Götterboten vor sich zu haben. Erst als sie feststellten, dass diese Fremden nach der Bestattung in Gräbern verfaulten, waren sie sicher, dass es sich um keine Geisterwesen handelte, sondern um Menschen.

Die Europäer wiederum, welche einen Doppelkontinent betreten hatten, sahen sich Menschen gegenüber, die sie zunächst für Inder hielten. Erst später wurde ihnen bewusst, dass sie eine »neue Welt« entdeckt hatten. Der Begriff der neuen Welt wird selbstverständlich falsch, wenn die Indigenen über ihre Heimaten sprechen, die sie seit Jahrtausenden bewohnen.

Die »Entdeckung« Amerikas brachte traumatische Erlebnisse für die Indigenen, so manche Bevölkerungsgruppe wurde ausgerottet; die Europäer hingegen sahen sich unvorbereitet vor schier unlösbare weltanschauliche Probleme gestellt. Als man erkannte, dass weder Indien noch die Ostküste Asiens erreicht worden waren, hatte man sich mit Fremden auseinanderzusetzen, die vorerst nicht einzuordnen waren. Nach dem christlich geprägten Selbstverständnis stammten alle Menschen von einem der drei Söhne Noahs ab: Sem, Ham und Japhet. Diesen dreien entsprachen Europäer, Asiaten und Afrikaner. In dieser Vorstellung war kein Platz für eine weitere Gruppe an Menschen.

Es bedurfte des *Breve Veritas ipsa* (1537) und der Bulle *Sublimis Deus* (1537) von Papst Paul III. (1534–1549), um der

Meinung entgegenzutreten, dass die indigene Bevölkerung in Amerika nicht den Menschen zuzurechnen sei: »Wir indessen sagen, dass die Indianer wahrhaftige Menschen sind.« Der Papst erklärte die Erniedrigung der Indigenen zu Sklaven als null und nichtig. Dies gelte für alle Völker, auch für bisher unentdeckte. Er sprach ihnen das Recht auf Freiheit und Eigentum zu und schloss mit einem Aufruf zu deren Christianisierung. Die Missionare sollen »durch Predigt und gutes Beispiel zum christlichen Glauben einladen«. Denn den »Indianern« stehe infolge ihrer Freiheit vor Gott und dem Gesetz das Recht zu, sich taufen zu lassen. Die päpstlichen Erklärungen formulieren indes einen Widerspruch zu den weltlichen Mächten:

Politisch gesehen war die Inbesitznahme Lateinamerikas die Fortsetzung der iberischen Reconquista des Mittelalters. Die dynastische Einheit Spaniens war 1479 hergestellt worden, die Kapitulation des letzten maurischen Königreichs in Granada erfolgte im Jahr 1492. Die Fortführung der Reconquista in die Conquista bedeutet: So wie damals die wiedergewonnenen Gebiete der Krone gehörten und der König als Herr über Land und Leute eine Neuverteilung von Grund und Boden vornahm, indem er den christlichen Einwanderern Siedlungsland *(heredamientos)* zuwies, wurden die in Amerika in Besitz genommenen Ländereien zu Königsland *(tierra de realengo)*. Prinzipiell besaßen die spanischen Könige alle Wälder, Wiesen, Äcker und Gewässer, es sei denn, Besitzrechte von Indigenen wurden von ihnen ausdrücklich anerkannt. Dieses Herrschaftsrecht führte dazu, dass privates und öffentliches Grundeigentum nur durch königliche Verleihung erworben werden konnte. Der formale Akt der Besitznahme des Landes wurde von symbolischen Handlungen begleitet. Hölzerne oder steinerne Kreuze wurden aufgestellt, Zweige von Bäumen abgehauen oder in deren Rinde Kerben geschnitten, eine Handvoll Erde aufgehoben oder Wasser getrunken. Auf der Insel Guanahani beispielsweise entfaltete Christoph

Kolumbus das königliche Banner sowie zwei Kreuzfahnen und gab außerdem vor Zeugen die erforderlichen Erklärungen ab. Über den Akt ließ er ein Protokoll fertigen. Damit war die Insel auch formal in den Besitz des Königs übergegangen. Man darf annehmen, die Indigenen, die solchen Rechtsakten beiwohnten, welche über ihr zukünftiges Leben entschieden, hatten keine Ahnung, was vor ihren Augen geschah. Unversehens waren sie in den Besitz der Katholischen Könige *(Los Reyes Católicos)* geraten, von denen sie niemals zuvor gehört hatten. Kolumbus bot den Katholischen Königen an, so viele Eingeborene als Sklaven zu senden, wie die Majestäten verlangen würden. Die billigen Arbeitskräfte für Europa sollten selbst die finanziellen Aufwendungen abarbeiten, die notwendig waren, um die Schiffe für die Unterwerfung fremder Länder auszurüsten. Kolumbus begann sofort mit der Verschiffung der Sklaven. Am 14. April 1495 erteilten die Katholischen Könige die Anweisung, die Sklaven in Andalusien zu verkaufen. Am 16. April 1495 suspendierten sie den Menschenhandel mit der Begründung, dass sie sich »von Juristen, Theologen und Kennern des Kirchenrechts unterrichten lassen wollten, ob man die Indianer mit gutem Gewissen als Sklaven verkaufen kann oder nicht.« Der Sklavenhandel mit Indigenen aus Amerika wurde nie mehr eingeführt. Wahrscheinlich setzte sich die Auffassung durch, dass nur in einem gerechten Krieg unterworfene Ungläubige zu Sklaven gemacht werden könnten.

Diese Entrechtung von eigenem Grund und Boden, der Kampf um Sicherstellung der eigenen kulturellen Identität, der mit der »Entdeckung der Amerikas« begann, reicht bis in die Gegenwart hinein. Wenig deutet darauf hin, dass den eingesessenen Bevölkerungsgruppen die Rechte in der Praxis zugestanden werden, die ihnen in den einzelnen Verfassungen eingeräumt werden. Seit Generationen schützen Indigene ihre Habitate: Sie teilen und praktizieren die Weisheit der Vorfahren und der Kosmologie und verteidigen ihre

Verwandten, die Tiere, die Flüsse und die Wälder vor anhaltenden kolonialen Bedrohungen. Die Umwelt – wahrscheinlich ist es treffender, von einer Mitwelt zu sprechen – wird als Verwandtschaft der Menschen aufgefasst. Bei den in Kanada lebenden Innu gelten Wale als die Urmütter/Urahnen/Großmütter der Menschheit, dem (früher) in Mexiko verehrten Quetzalcóatl gelang die Metamorphose von der menschlichen Gestalt in eine gefiederte Schlange und diese konnte sich wieder in einen Menschen zurückverwandeln. Zahlreiche weitere Totemtiere (Biber, Hirsch, Condor etc.) werden als unmittelbare Verwandtschaft betrachtet. Im Gegensatz zu der europäisch-christlichen Vorstellung, jeder Mensch habe nur eine Seele, sind zahlreiche indigene Gruppen der Ansicht, mehrere Seelen wohnten gemeinsam in einem Menschen. Jede dieser Seelen tauscht sich mit einem Teil der Mitwelt aus. Dass solch eine Vorstellung zu einer intensiveren Verflechtung des einzelnen mit dem führt, was ihn umgibt, ist naheliegend. Diese fein gesponnene Verflechtung zwischen Menschen und der von ihnen bewohnten Welt erkannten die Invasoren aus Europa nicht. Sie wollten Beute machen, Schätze nach Hause bringen (wenn möglich aus dem legendären El Dorado) und, nachdem den Indigenen das Menschsein zugesprochen worden war, diese unter das Joch der Kirche spannen, galt doch der christliche Glaube als die einzig wahre »Wahrheit«. Wer sein Handeln im Einverständnis mit einem allmächtigen Gott sieht, läuft Gefahr größere blinde Flecken zu entwickeln. Und bis weit ins 20. Jahrhundert hinein betrachteten katholische Missionare die Indigenen in Lateinamerika als »Kinder«, die zu unterweisen seien. Noch in den 70er-Jahren des 20. Jahrhunderts wurden an der Universität Wien solche Einstellungen *ex cathedra* gelehrt. Und erst im 21. Jahrhundert autorisierte Papst Franziskus die Übersetzung der Formeln für die Sakramente der Taufe, der Kommunion und der Firmung in die zwei indigenen Sprachen Mexikos, das *Tzotzil* und das *Tzeltal.* Es sind dies damit die ersten indigenen Sprachen Mexikos, die eine solche Übersetzungs-Autorisierung aus Rom erhalten haben. »Die Ureinwohner Mexikos sind vor 500 Jahren in einer fremden Sprache evangelisiert worden und können nun die Sakramente in ihrer eigenen Sprache feiern«, sagte der Adveniat-Geschäftsführer des Lateinamerika-Hilfswerkes Prälat Bernd Klaschka. Dadurch sei für die Indigenen ein ganz anderer Zugang zum Glauben möglich, was ein wichtiger Schritt in Bezug auf die Inkulturation des christlichen Glaubens sei. »Die Autorisierung des Papstes ist gleichzeitig auch ein Beitrag zur Autonomie der indigenen Völker«, meint Prälat Klaschka. Ihre Sprache werde damit von der Kirche als gleichberechtigt angesehen, was in Mexiko nicht selbstverständlich sei, wo die Amtssprache Spanisch ist. Für die Kirche selbst bedeute diese Autorisierung die Realisierung der Liturgiekonstitution (*Sacrosanctum Concilium*) des II. Vatikanischen Konzils, die den Gebrauch der Muttersprache bei der Sakramentenspendung und in der Liturgie für äußerst nützlich für das Volk hält.

Dieses Beispiel zeigt beredt, wie zögerlich die katholische Kirche vorgeht. 500 Jahre lang nicht mit dem zu verehrenden Gott in der Sprache sprechen zu können, die einem am nächsten ist, lässt sich nur als Benachteiligung benennen. Und wie viele weitere indigene Sprachen gibt es, die noch nicht für würdig genug befunden worden sind, dass man in ihnen mit dem Herrn unmittelbar spricht und dadurch fein ziseliert darüber Auskunft erhält, was tief in einem versteckt ist.

Dass es auch andere gab und gibt, die sich um die Rechte und die Achtung der Indigenen mühten, soll an dieser Stelle nicht verschwiegen sein. Die Theologie der Befreiung wollte den Armen und Benachteiligten die ihnen gebührende Stimme geben. So kritisierte Leonardo Boff das paternalistische Sakramentenverständnis: »Die Kirche der Reichen für die Armen verneint die Macht des Volkes, sich zu befreien.« Ideologisch nicht allzu weit entfernt ist Erwin Kräutler, der Erzbischof und Prälat von Xingu, der flächenmäßig größten Diözese Brasiliens, war. Er fasste mit folgenden Worten zusammen, wie man die indigenen Benachteiligten über Bestechung noch weiter in die Hoffnungslosigkeit treibt: »Die Energiewirtschaft tut alles, um die Indios gefügig zu machen. Man kauft Lebensmittelpakete, man bezahlt ihnen den Treibstoff [...] Im Bildungs- und Gesundheitswesen, in der Verwaltung waren sie immer ausgegrenzt. Und jetzt gibt ihnen plötzlich jemand Beachtung [...] Selbstverständlich nehmen sie da auch vieles an.« Nachdem die vom Kapital getragenen Pläne verwirklicht sind, ist auch das Interesse an den Indigenen geschwunden.

Kräutler, Boff und die anderen katholischen Theologen und Würdenträger, die sich einer auch politischen Befreiung unterdrückter Gruppen verpflichtet sehen, haben unter ihren Vorgängern den lusitanischen Jesuitenpater Antonio Vieira (1608–1697), der sich engagiert und wortgewaltig für die angestammte Bevölkerung Brasiliens einsetzte. Man kann ihn mit Fug und Recht als Vorläufer der Theologie der Befreiung sehen. Mit glasklaren Worten benannte er die Ausbeutung der Einheimischen und sagte über die Kolonisatoren: »Sie stehlen im Imperativ, denn sie dienen einem Imperium, in dem Diebstahl und Raub befohlen werden« (aus der Predigt: »Der gute Dieb«).

Nicht weniger schonungslos ist Vieira in der Predigt »Blindheit bei offenen Augen« zu vernehmen: »Oh, wenn ich jetzt die ganze Welt hier versammelt sehen könnte! Wenn mich Spanien hören könnte, Frankreich hören könnte, selbst Rom hören könnte. Ihr Fürsten, Könige, Kaiser, seht ihr den Verfall, das Unglück in euren Reichen, seht ihr die Leiden und das Elend eurer Untertanen, seht ihr die Gewalttätigkeiten, die Unterdrückungen, die Erpressungen, die Armut, die Hungersnot, die Zwietracht, die Mordtaten, die Verwüstung? Entweder ihr seht es, oder ihr seht es nicht. Wenn ihr es seht, warum sucht ihr nicht abzuhelfen? Und wenn ihr ihm nicht abzuhelfen sucht, was seht ihr dann? Ihr seid blind! [...] Ihr Staatsräte, seht ihr die Nachlässigkeiten in der

Amtsverwaltung, seht ihr die Ungerechtigkeiten, seht ihr die Diebstähle und Räubereien, die Betrügereien, die Bestechungen, die Macht der Großen, die Bedrückung der Geringen, die Tränen der Armen?«

Diese Aufrufe eines Mannes, den die Inquisition im Visier hatte, lesen sich so, als wären sie soeben geschrieben worden und sie werden dadurch zu einem Zeugnis des schier endlosen Ringens um mehr Gerechtigkeit. Die fortgesetzte Zeitdauer hat etwas Ermüdendes an sich, weil jeder Fortschritt so mühselig zu erreichen ist. Gleichzeitig wohnt der langen Zeit auch etwas Tröstliches inne: Solange soziale Gerechtigkeit, Chancengleichheit und Anerkennung verschiedener Kulturen und Sprachen nicht erreicht sind, wird es kein Verstummen der Forderungen geben. Daran konnte weder die Inquisition etwas ändern, noch wird Killerkommandos, Todesschwadronen und sonstigem Politgesindel ein dauerhafter Erfolg beschieden sein. Im Psalm 85,11 steht: »Gerechtigkeit und Friede umarmen sich.« Anders gesagt: Wer den Frieden will, muss Gerechtigkeit zu erreichen suchen.

Wie weit – nicht nur in Brasilien – Indigene unterdrückt und benachteiligt sind, lässt die Literatur von Autor:innen erkennen, deren Heimat immer wieder in den Nachrichten aufscheint, weil in diesen Regionen umweltzerstörendes Treiben Lebensräume kontinuierlich vernichtet. Wer die Mitwelt zerstört, löscht Menschen aus. Von den zahlreichen Stimmen sei der in Porto Murtino (im Süden von Mato Grosso gelegen) geborenen Autorin Delasnieve Daspet, **eigentlich** Delasnieve Miranda Daspet de Souza, das letzte Wort überlassen (hier in einer Übertragung aus dem brasilianischen Portugiesischen durch Erika Maria Heiss Lopes und Dorothea Nürnberg):

Heute ist das Volk der Guaraní
ein lebendiges Zeichen der Vernichtung,
an den Rand der Gesellschaft gedrängt,
verarmt, vergessen, missachtet.

Ein Volk, das darauf besteht,
seinen Platz an der Sonne wiederzufinden,
sein Land von den Besetzern zurückzuerhalten,
die Wahrung seiner Menschenrechte einzufordern.
Die Guaraní verlangen Arbeit, die ihrer würdig ist,
ein gesichertes, friedvolles Alter, behütete Kindheit.
Sie bestehen auf der Wahrung ihrer Würde.

Helmuth A. Niederle,
Präsident des Österreichischen P.E.N.

Das wandernde Herz von Pater Antonio.
Beobachtungen zur Nähe

0. EINLEITUNG. – Eigentümliche Überschrift eines kurzen Textes über einen Barockprediger. Fortbewegung, Wandern – oder Nähe, Verweilen? Und dann: »Sein Herz begibt sich auf Wanderschaft«. Damit ist ja gemeinhin gemeint, dass ein zumeist junger Mann eine Reihe von Liebesabenteuern zu erleben sich anschickt. Man könnte diesen Satz auch gendern, würde dabei aber einen Anachronismus begehen, weil die Redewendung recht altertümlich klingt, konkret: auf die noch männerperspektivische Frühromantik, etwa den Liederzyklus »Die schöne Müllerin« von Franz Schubert/Wilhelm Müller, verweist.

Was hat derlei mit dem portugiesisch-brasilianischen Jesuitenpater Antonio Vieira zu tun? Doch herzlich wenig, oder? Nun, in Form eines Pastiches zu Vieiras häufig Paradoxa setzenden Predigt-Einleitungen könnte man ausrufen: Schenkt mir eure Aufmerksamkeit! Dass man Vieiras Herz sehr wohl als wandernd bezeichnen und in die Nähe der Nähe bringen darf, wird Inhalt dieser Vignette sein.

1. THEORIE. – »Achill ist (stark) wie ein Löwe« – ein Vergleich dank des Wortes »wie«. »Der Löwe Achill« – eine Metapher durch den Wegfall von »wie«. Metaphern, das lernt man zumeist noch im Literatur-Unterricht der Schule, wirken unmittelbarer, weniger belehrend als Vergleiche. Gelegentlich wird Schülerinnen und Schülern auch die Kenntnis des *tertium comparationis* aufgebrummt, jenes dritten Begriffs, der den vergleichenden [2 – »Löwe«] und den verglichenen Begriff [1 – »Achill«] gedanklich eint [3 – »Stärke«] – manchmal ausformuliert im Vergleich, stets stillschweigend als gemeinsame Eigenschaft nahegelegt in der Metapher. Jedenfalls, das wird lehrerInnenseits ebenfalls nachgereicht, wäre es naiv zu glauben,

in der *Ilias* sitze ein Löwe neben Achilles. Sprache ist bitteschön nicht bloß Abbildung der Wirklichkeit, sondern auch Abstraktion.

Und was ist mit »winddurchwehten Wortgefechten der Wiener zu Wahlzeiten«? Klar, zunächst ein Beweis für die zentralistische Arroganz einer heurigenlied- oder donauinselsongfreudigen Bundeshauptstadt ... Als ob es in Hainburg, Köflach, Innsbruck oder Bregenz keine lebhaften Dispute zu Wahlzeiten gäbe! Dann freilich eine Alliteration wegen der Wiederholung des Konsonanten »W«; und schließlich eine Metapher, weil Wind [2] und Wortgefechte [1] energiegeladen [3] sind.

Was dabei übersehen wird, ist die klimatische Konstanz des Windes im Wiener Becken. Ich habe mich immer gewundert, warum in meinem Geografie-Unterricht in einem Wiedner Gymnasium das Dauerphänomen Wind, ja Sturm in Wien nie erklärt wurde. Selbst rhetorikbezogen endet hier zumeist das Schulwissen. Denn wegen der permanenten Luftbewegung in Wien sind die »winddurchwehten Wortgefechte« auch eine Metonymie. In dieser rhetorischen Figur ist das *tertium comparationis* nicht eine gemeinsame Eigenschaft, sondern die Nachbarschaft innerhalb eines größeren Ganzen, also die beidseitige Zugehörigkeit zum selben (erzählten) Wirklichkeitsausschnitt: Wien [3]!

Die Metonymie wirkt meist noch viel unmittelbarer als die zu Gedankenakrobatik verleitende Metapher, denn sie macht einen Erlebnisraum fühlbar, geht gleichsam direkt ins Herz. Was für ein Zauber eröffnet sich einem in einer Erzählung (»Les cargos noirs de la guerre«) des frankokanadischen Autors Jacques Ferron, wenn das endlose Warten einer alten Frau auf die Heimkehr ihres Sohnes aus dem Krieg zur halbbewussten Beobachtung der Jahreszeiten führt und sie eines Morgens, am Ende der Frühlingsschmelze [3], aus ihrem einsamen Fenster auf den mächtigen »Saint Laurent«, den Sankt-Lorenz-Strom [3], weit hinausblickend, feststellen muss, dass die letzte

Eisscholle [1 oder 2], die sie auszunehmen glaubte, in Wirklichkeit eine Möwe [2 oder 1] ist, die gerade zum Flug abhebt!

Oder Marcel Proust: »Der goldbraune Klang des Namens ‚Brabant'« – eine sinnliche Metapher, die synästhetisch eine schöne, geheimnisvoll dunkle Vergangenheit beschwört, sich aber zur Metonymie wandelt, wenn man weiß, dass der damals etwa achtjährige Protagonist Marcel allabendlich in einem goldbraun eingebundenen Buch von den alten Geschichten Brabants liest, wodurch der Leser der »Suche nach der verlorenen Zeit« unvermittelt in die magische Kindeswelt eintaucht, selbst Kind wird.

Weit mehr als die Metapher verleitet die Metonymie zur Entgrenzung der Identitäten, ja zu ihrer Fusion. Darf Achill ein Löwe werden? Sorry: nein, weil der Löwe der Metapher weit weg ist. Wohl aber vermag das lyrische Ich bei Rainer Maria Rilke – »Ich lebe mein Leben in wachsenden Ringen« – sich der Natur, die es beobachtet, bis zu ihrem Zellgeschehen zu nähern, darf zum unsichtbaren Baumstamminneren, ja zu immaterieller Wellenbewegung (Sturm, Gesang) werden, der es ein Leichtes ist, aus der Kontingenz des Jetzt auszubrechen, um schließlich in einem uralten Turm, den sie falkengleich oder als wirklicher Falke – was tut das schon zur Sache! – jahrtausendelang umkreist, Gott zu erkennen. Durchwandern von Identitäten als theologisch-kosmisches Abenteuer ... Das Abenteuer der Nähe ...

2. PRAXIS – Ein Leben lang hat Antonio Vieira SJ Nähe gesucht. Das beginnt mit seinen frühen Kontakten zu Brasiliens indigenen Völkern, deren Sprachen er erlernt, um in diese die Bibel zu übersetzen. Es setzt sich fort in seinem politischen Bemühen um Versöhnung zwischen den Volksgruppen in einem neuen, unabhängigen Portugal, das wieder Heimat auch für schon Vertriebene werden soll. Es drückt sich aus in der Unerbittlichkeit, mit der er die ihm vertrauten Kreise des Adels und der Verwaltung analysiert, und zwar vor deren Augen, in

seinen Predigten an die Hochverehrten. Dass sie ihm wirklich Hochverehrte ohne Anführungszeichen sind und er sie wieder zu christlichen Tugenden zurückführen will, ist ein weiterer Beweis seiner Treue zur Nähe: Alles und alle, die er in seinem Weltbezirk erlebt, sind ihm ein Anliegen, ob dies nun europäischer Hochadel, Kolonialherren oder Sklaven in Brasilien sind. Zu den Rechten der Rechtlosen auf Menschsein bekennt er sich unmissverständlich vor den Herrschenden, indem er diese – zu ihrer eigenen Seelenrettung – an die Möglichkeit einer gerechteren Welt im Zeichen eines ursprünglichen Christentums erinnert.

Die in barocken religiösen Texten häufige didaktische Metapher gibt es in Vieiras Predigten allemal, auch der dem 17. Jahrhundert so teure Gegensatz zwischen Gut und Böse taucht darin als Denkfigur immer wieder auf. Doch das Antipodische bleibt in der Abstraktion gedacht, konkretisiert sich bei Pater Antonio nicht zu donnernder, definitiver Verurteilung seines Gegenübers. Vielmehr will der Prediger seiner unterschiedlichen Zuhörerschaft nach empathischer oder aber gar nicht schmeichelhafter Analyse Wege der Veränderung aufzeigen. Sie führen letztlich zur Anerkennung des Anderen, zur Suche des Göttlichen nicht pharisäisch in sich selbst, sondern im Nächsten, gemäß dem Christus-Wort: »Was ihr dem Geringsten meiner Geschwister getan habt, das habt ihr mir getan.« (Mt 25, 40)

Dabei kennt Vieira natürlich seine Pappenheimer und weiß, mit welchem Interpretationsansatz er den Bibeltext in der Überzeugungsarbeit fruchtbar machen kann. Die prinzipielle Du-Ausrichtung dieses Priesters hat auch einen hermeneutischen Niederschlag. Das erwähnte Matthäus-Zitat kann man dafür als prägend ansehen. Es ist ja gleichsam die Krönung des im Neuen Testament revolutionierten Gottesbildes: Gott in der Gestalt von Christus weilte und weilt weiterhin unter uns als einer von uns, man kann und soll ihn im Du erkennen. Im Grunde handelt es sich dabei um eine – diese Wortfügung sei hier gewagt – Metonymisierung Gottes: der andere Mensch [1], Gott [2], unser in den Himmel eingebundenes Hienieden [3]. – Für den radikalen Umsatz dieses Gottesbildes war im von Hierarchien geprägten Barockzeitalter wohl noch kein Denkraum gegeben. Doch Vieira reizte den vorhandenen Spielraum aus, indem er die biblischen Geschichten nicht als ferne, hehre, bloß gleichnishafte Erzählungen wiedergab, sondern in ihren Figuren ein Du zeichnete, mit dem die Identifikation umso leichter fiel und fällt, als es sich um Menschen wie dich und mich mit all ihren aus der Nahsicht verzeihbaren Schwächen handelt. Wenn das Herz von einer zur anderen Gestalt oder Seele wandert, erlebt es viel, wird es sehr weit und vieles hat darin nachbarlich Platz. Diese Weite und Nähe durchmisst man in Antonio Vieiras Predigten. Wann wurde je die moralische Zerknirschtheit des Petrus nach seiner dreimaligen Verleugnung Christi so empathisch geschildert? Wem ist zuvor eine Predigt gelungen, die das Leben des mit Jesus gekreuzigten rechten Schächers als die geradezu modellhafte Biographie eines »guten Diebes« schildert, die uns als nachahmenswertes Beispiel alle berührt, vor allem im Kontrast zur zynischen Plünderung ganzer Völker durch die Mächtigen! Nachvollziehbarkeit und Nähe ... Der Jesuit Vieira erschloss eine Perspektive auf den Bibeltext, die bereits den Keim einer späteren Entwicklung ebenfalls auf dem südamerikanischen Kontinent enthielt. Pater Antonio wanderte weiter.

3. FORTGEFÜHRTE PRAXIS – In der zweiten Hälfte des 20. Jahrhunderts war es dann soweit. Die Metonymisierung des Gottesbegriffes wurde in der Praxis vieler Ortskirchen in Lateinamerika vollzogen. Kirche sollte die Bezüge des Evangeliums zum *hic et nunc* leben. In der Sicht der sogenannten Befreiungstheologie, der sich auch viele Jesuiten anschlossen, war Befreiung kein ausschließlich abstrakter, auf das individuelle Seelenheil fokussierter Begriff, sondern sie sollte große Bevölkerungsteile gleichermaßen aus Armut und Unterdrückung

herausführen. Dazu gab es gleichsam ein Anleitungsbuch: das Neue Testament. Also Entheiligung des Heiligen Textes? Verlagerung auf das rein Materielle? Gefährliche Verwandtschaft mit einem militanten Marxismus? So sah es zumindest die maßgebende Stelle in Rom, die katholische Glaubenskongregation unter der Leitung des Kardinals Ratzinger, des späteren Papstes Benedikt XVI. Sie leitete drastische kirchenpolitische Maßnahmen ein, die der sogar in anderen Erdteilen erfolgreichen Befreiungstheologie die Flügel stutzten, entscheidend stutzten. Gewiss, die Sanktionen der Inquisition von Coimbra fielen gegen Antonio Vieira einst viel weniger umfassend aus, aber eine Analogie zu dem, was vor 30 Jahren geschah, kann nicht geleugnet werden.

Es ist hier nicht der Ort, über die Rechtfertigung und Sinnhaftigkeit sowie über die langfristigen politischen Folgen dieses Eingriffs aus Rom zu urteilen. Zudem hat sich das Verhältnis des Vatikans zur Befreiungstheologie inzwischen »entkrampft«, wie kirchliche Kommentatoren das euphemistisch nennen. Ohne Zweifel geht das wesentlich auf den neuen Papst Franziskus argentinischen Ursprungs – auch er ein Jesuit – und seinen Wunsch nach weltweiten ökosozialen Umwälzungen zurück, ausgedrückt unter anderem in der an Franz von Assisi inspirierten Enzyklika *Laudato si'*. Kontinuität des lateinamerikanischen Geistes der 1980er Jahre gibt es auch durch Christen wie den aus Vorarlberg gebürtigen Erwin Kräutler, der bis 2015 Bischof der Diözese Xingu in Brasilien war und sich bis heute unermüdlich für die Menschenrechte der indigenen Völker und den Erhalt des Regenwalds einsetzt. – Was jedoch hier abschließend interessieren kann, ist die Frage, ob die von Antonio Vieira SJ stets angestrebte Verankerung christlich-weltlichen Handelns in einer göttlichen, also jenseitigen Ordnung, der sogar – in seiner Interpretation – die Hölle unterworfen ist, durch die befreiungstheologische Bibeldeutung verlassen wird. Gibt es darin noch das eingangs zitierte, von Rilke beschriebene Kreisen des aus Materie gewonnenen Geistigen um das Mysterium Gottes oder geht es in kommunitaristischem Aktivismus unter? Wenn man die Schriften eines der prominentesten Befreiungstheologen, Leonardo Boff, etwa seine *Kleine Trinitätslehre* liest, gewinnt man den Eindruck, dass diese Gefahr nie bestanden hat. Mystik sieht er in Verbindung mit Handeln. Am Beispiel des Begriffes »Auferstehung« erklärt Boff, wie wir diese jenseitige Verheißung, die fundamental für den christlichen Glauben ist, bereits im Diesseits einüben dürfen, indem wir in gelebter Solidarität jeden Tag einem Mitmenschen in unserem Umfeld Auferstehung bereiten, durch gemeinsame Schulterung seiner materiellen und/oder seelischen Nöte; wenn jemandem auf diese Weise im Geist des Evangeliums geholfen wird, dann stellt sich ihm und den Menschen um ihn Befreiung als die wirkliche Gegenwart Gottes dar. Wie schon der von den Nazis verfolgte und getötete evangelische Theologe Dietrich Bonhoeffer leiten die Befreiungstheologen aus der doppelten – göttlichen wie menschlichen – Bedeutung von ein und demselben Du ein »neues Leben im Dasein-für-andere« ab, das nichts Geringeres als ein authentisches Verhältnis zu Gott ermöglicht.

Im gar nicht so fernen 17. Jahrhundert sagte einmal ein vielgereister Jesuit, auch Gottes Sohn habe eine zweifache Existenz gehabt: »Christus wurde zweimal geboren: einmal für das irdische Leben, als Er den Schoß der Mutter verließ, und einmal für das ewige Leben, als Er aus dem Grabe hervorging.« Nachzulesen in diesem Buch, in Pater Antonio Vieiras Predigt über »Die Morgenstunde der Auferstehung«.

Reinhart Hosch,
Vorstandsmitglied des Österreichischen P.E.N.

Worte des Dankes

Jedes Werk durchläuft, wenn es gelingen soll, Wachstumsphasen, die nicht abgekürzt oder übersprungen werden können, es geht meist ganz organisch von der Idee zur Erarbeitung und zum Ergebnis. Auf diese Weise entwickelte sich auch die vorliegende Predigtsammlung.

Nach einer Gedenkfeier (2015) anlässlich der Konvertierung von Christina von Schweden zum Katholizismus in Innsbruck regte Univ.-Prof. Dr. Roman A. Siebenrock, Universität Innsbruck, an, Leben und Werk des Seelenfreundes von Christina, des Jesuitenpaters Antonio Vieira, näher zu betrachten.

Es kam mein Roman über Antonio Vieira, es kam das wissenschaftliche Buch zu Vieira.

Beide Bücher entstanden betreut, geleitet und begleitet von Univ. Prof. Siebenrock; eine Zusammenarbeit zwischen Innsbruck und Graz begann, die mir wahrlich unverdienter Weise zufiel und bei der ich bis heute Nutznießerin sein darf.

Anlässlich der Buchpräsentation (2019) sprach Dr. Helmuth A. Niederle über den lusitanischen Jesuitenprediger der Barockzeit.

Dr. Niederle durchschreitet stets aus drei Perspektiven eine Textlandschaft – er schreitet als Kulturanthropologe, er schreitet als Präsident des Österreichischen PEN und schließlich als selbst Schreibender. Bei der Buchpräsentation gab er den Anstoß, eine Sammlung von Vieiras Predigttexten in einem gesonderten Buch zu bündeln.

Das bedeutete für mich Morgenröte. Sofort begann ich das bei mir im Übermaß vorhandene Forschungsmaterial neu zu bearbeiten, zu ergänzen – wieder geleitet und orientiert von Univ. Prof. Siebenrock. Nach vielen Monaten war der Text fertiggestellt.

Jeder Text bedarf eines Lektors, eines Experten, der sich auf das Thema und die Sprache des Textes einlässt, der Fragen stellt, aufgrund von Anmerkungen Varianten vorschlägt, auf Plausibilität achtet. Der Lektor dieses Buches war Mag. Reinhart Hosch – ein Glücksfall für das Vieira-Projekt!

Mag. Hosch hat mit seinem tiefen Wissen der romanischen Sprachen und Kulturen, er hat als Wissenschafter und Liebhaber der Literatur und der deutschen Sprache den Text lektoriert und diese arbeitsintensive Aufgabe in guter Kooperation und freundlicher Atmosphäre bewerkstelligt.

Auf den Schaffensprozess zurückblickend darf ich sagen: Es hat alles im Guten zueinander gepasst, das Thema, die Zeit, die Menschen, die sich dem Thema widmeten – welch seltenes Aufeinandertreffen! Ich bin voll tiefer Dankbarkeit gegenüber Roman A. Siebenrock, Helmuth A. Niederle, Reinhart Hosch.

Gloria Kaiser

Bücher zu Antonio Vieira:

Gloria Kaiser, *Der Jesuit aus Lusit*anien, Seifert Verlag, Wien 2019,

Gloria Kaiser, Roman A. Siebenrock, *P. Antonio Vieira SJ (1608–1697). Biografische und systematische Zugänge zu einem Jesuiten zwischen den Welten*, innsbruck university press, 2019.

BIOGRAFIEN

Gloria Kaiser,
lebt in Graz und Salvador, Brasilien
Autorin von literarischen Biografien
Realisierung von Kulturprojekten in Salvador, u. a. »Rilke e
Rodin. Um Encontro«
Forschungstätigkeit an der Library of Congress, Wash.DC. u.a.
zu den Themen: deutschsprachige Einwanderungsströme
in Brasilien, Exil-Literatur
Weitere Forschungen u. a. an Loyola University, Chicago und
Biblioteca Vaticana, Rom
Membro Correspondente da Academia de Letras da Bahia

Roman A. Siebenrock,
Dr. theol., Professor für Dogmatik (mit Fundamentaltheologie
und Religionswissenschaften) an der Katholisch-
Theologischen Fakultät der Universität Innsbruck
Koordinator des Forschungszentrums »Religion – Gewalt –
Kommunikation – Weltordnung«
Vorsitzender der Internationalen Deutschen Newman-
Gesellschaft
Mitgliedschaften: »European Academy of Sciences and Arts«
und »Karl Rahner-Édition critique autorisée; Comité
d´Honneur« (Paris)
Forschungsschwerpunkte: Theologiegeschichte des 19. und
20. Jahrhunderts (Vaticanum II.; v.a. John Henry Newman
und Karl Rahner); Theologische Erkenntnislehre,
Christliches Martyrium, Theologie der Religionen